工程建设理论与实践丛书

GAOSU TIELU
SHIGONG JISHU YU XIANGMU GUANLI

高速铁路
施工技术与项目管理

张智杰 朱福典 孙 吉 主编

华中科技大学出版社
http://press.hust.edu.cn
中国·武汉

图书在版编目(CIP)数据

高速铁路施工技术与项目管理/张智杰,朱福典,孙吉主编. —武汉:华中科技大学出版社,
2022.11
　　ISBN 978-7-5680-8780-3

　　Ⅰ.①高… Ⅱ.①张… ②朱… ③孙… Ⅲ.①高速铁路-铁路施工　②高速铁路-铁路工程-工程项目管理　Ⅳ.①U238

中国版本图书馆 CIP 数据核字(2022)第 185630 号

高速铁路施工技术与项目管理
Gaosu Tielu Shigong Jishu yu Xiangmu Guanli

张智杰　朱福典　孙　吉　主编

策划编辑:周永华
责任编辑:叶向荣
封面设计:王　娜
责任监印:朱　玢

出版发行:华中科技大学出版社(中国·武汉)　　电话:(027)81321913
　　　　　武汉市东湖新技术开发区华工科技园　　邮编:430223
录　　排:华中科技大学惠友文印中心
印　　刷:武汉科源印刷设计有限公司
开　　本:710mm×1000mm　1/16
印　　张:20
字　　数:359 千字
版　　次:2022 年 11 月第 1 版第 1 次印刷
定　　价:98.00 元

本书若有印装质量问题,请向出版社营销中心调换
全国免费服务热线:400-6679-118　竭诚为您服务
版权所有　侵权必究

编 委 会

主　编　张智杰　陕西西法(北线)城际铁路有限公司
　　　　　朱福典　西安铁一院工程咨询监理有限责任公司
　　　　　孙　吉　中铁电气化局集团有限公司

副主编　闫江燕　新疆海利晟建设工程有限公司
　　　　　梁志亮　中铁二院工程集团有限责任公司
　　　　　吴　迪　贵州铁路投资集团有限责任公司
　　　　　杨星智　中铁二十局集团有限公司
　　　　　吴战成　中铁建设集团有限公司
　　　　　王佰林　川藏铁路有限公司

前　言

目前，铁路工程建设在我国已得到较为广泛的发展，成为促进社会经济发展的主要动力之一。一般而言，铁路作为一种交通运输方式，深深地影响着人们的生产生活，在提高人们生活质量的同时也促进了经济的快速发展。铁路运输以自身的优势和特点，广泛地联系着不同区域之间的经济、文化，有效地促进了经济全球化的发展，推动了整个社会的进步。因此，大力发展铁路工程建设事业是十分有必要的，也是大势所趋。

本书从理论联系实际出发，对高速铁路施工技术与管理由浅入深地进行了系统阐述。全书共分为9章：第1章为高速铁路发展动态；第2章为高速铁路线路设计；第3章～第7章分别为路基施工技术、桥梁施工技术、隧道施工技术、轨道施工技术、"四电"施工技术；第8章为防灾安全监控与环境保护；第9章为高速铁路施工项目管理。

本书编审委员会在编写过程中多次组织会议讨论，听取了施工企业等各方的建议，并组织了编委内部互审与外部专家对书稿的审阅。在撰写本书的过程中，引用了现行铁路的相关技术标准，同时还参考了国内外许多文献和资料，由于参考的文献和资料较多，未能一一列出。在此谨向所有文献和资料的作者表示衷心的感谢和敬意。

本书所涉及的内容多为高新技术，各方面的技术都处在不断变化之中，同时限于时间和作者的水平，书中难免有不妥之处，敬请各位读者批评指正。

目 录

第1章 高速铁路发展动态 ·· (1)
  1.1 世界高速铁路发展历程 ·· (1)
  1.2 高速铁路主要技术经济优势 ··· (8)
  1.3 认识我国高速铁路的规划与建设 ···································· (12)

第2章 高速铁路线路设计 ·· (29)
  2.1 线路平面设计 ·· (29)
  2.2 线路纵断面设计 ··· (35)

第3章 路基施工技术 ·· (39)
  3.1 地基处理施工 ·· (39)
  3.2 路基填筑压实 ·· (45)
  3.3 路基与地基加固 ··· (50)
  3.4 路基常见病害及防治 ·· (55)

第4章 桥梁施工技术 ·· (67)
  4.1 高速铁路桥梁的特点及设计要素 ···································· (67)
  4.2 铁路桥梁的桥型 ··· (77)
  4.3 高速铁路桥梁工程新技术 ·· (80)

第5章 隧道施工技术 ·· (96)
  5.1 隧道施工技术概述 ·· (96)
  5.2 隧道洞身开挖施工 ·· (98)
  5.3 隧道支护结构施工 ·· (106)
  5.4 隧道衬砌结构施工 ·· (116)
  5.5 隧道防排水施工 ··· (120)
  5.6 隧道病害及整治措施 ·· (123)

第6章 轨道施工技术 ·· (141)
  6.1 无砟轨道施工 ·· (141)
  6.2 无缝线路铺设 ·· (154)
  6.3 高铁道岔施工 ·· (162)

6.4 轨道维护作业 …………………………………………………… (176)

第7章 "四电"施工技术 …………………………………………… (187)
7.1 "四电"系统集成概述 …………………………………………… (187)
7.2 通信工程施工 …………………………………………………… (191)
7.3 信号工程施工 …………………………………………………… (198)
7.4 牵引供电工程施工 ……………………………………………… (205)
7.5 电力工程施工 …………………………………………………… (222)

第8章 防灾安全监控与环境保护 ………………………………… (232)
8.1 防灾安全监控系统 ……………………………………………… (232)
8.2 噪声及其控制 …………………………………………………… (235)
8.3 振动及其控制 …………………………………………………… (240)
8.4 对其他环境的影响及其防护 …………………………………… (242)

第9章 高速铁路施工项目管理 …………………………………… (246)
9.1 施工项目成本管理 ……………………………………………… (246)
9.2 施工项目进度管理 ……………………………………………… (254)
9.3 施工项目质量管理 ……………………………………………… (258)
9.4 施工项目合同管理 ……………………………………………… (263)
9.5 施工项目安全管理 ……………………………………………… (284)
9.6 高速铁路竣工验收 ……………………………………………… (300)

参考文献 ……………………………………………………………… (309)

后记 ………………………………………………………………… (312)

第1章 高速铁路发展动态

1.1 世界高速铁路发展历程

1825年,英国人修建了世界上第一条铁路。铁路以运量大、可靠性高、全天候等优点很快成为世界各国交通运输的骨干。从20世纪初至20世纪50年代,德国、法国、日本等国家进行了大量的有关高速列车的理论研究和试验工作。1964年10月1日,世界上第一条高速铁路——日本东海道新干线正式投入运营,列车运行速度达到210 km/h。随着世界性能源危机、环境污染等问题愈演愈烈,高速铁路受到了各国的高度重视,进入了快速发展期,在世界范围内引发了一场声势浩大的交通革命。

1.1.1 高速铁路的定义

中国高速铁路是指新建设计开行250 km/h(含预留)及以上动车组列车、初期运营速度不小于200 km/h的客运专线铁路。国际铁路联盟(UIC)认为,高速铁路的定义相当广泛,包含高速铁路领域下的众多系统,即高速铁路是指组成这一"系统"的所有元素的组合,包括基础设施(新线设计速度250 km/h以上,提速线路速度200~220 km/h)、高速动车组合运营条件。目前世界各国新建高速铁路大多把最高速度限定在250~350 km/h。

1.1.2 高速铁路的产生

自有铁路以来,人们就在不断致力于提高列车的运行速度。1825年,出现在英国的第一条铁路,其列车最高运行速度只有24 km/h;1829年,"火箭号"蒸汽机车牵引的列车最高运行速度就达到了47 km/h,几乎提高了一倍;19世纪40年代,英国列车试验速度达到120 km/h;1890年法国将列车试验速度提高到144 km/h;1903年德国制造的电动车组试验速度达到了209.3 km/h。这时期英国西海岸铁路用蒸汽机车牵引的列车旅行速度达到了101 km/h。1955年法国电力机车牵引的试验车组最高运行速度突破了300 km/h,达到了311 km/h; 1964年10月,日本东海道新干线列车最高运行速度达到了210 km/h,旅行速度也达到了160 km/h。此后列车试验速度不断刷新:1981年2月,法国高速列车(TGV)试验速度达到280 km/h;1988年5月,德国ICE把这一速度提高到406.9 km/h;半年后法国人创造了482.4 km/h的新纪录;1990年5月18日,法国再次刷新了自己的纪录,法国TGV-A型高速列车把试验速度提高到515.3 km/h。与此同时,德国和日本还在研究试验非轮轨接触式的磁浮列车,2003年12月2日,日本磁浮列车试验速度达到了581 km/h。

在列车试验速度扶摇直上的同时,为适应社会发展的需要及提高竞争能力,列车的运行速度和旅行速度也在不断提高。1963年世界铁路就有13000 km的客运专线,其旅客列车最高运行速度达到140 km/h。1994年有25个国家旅客列车最高运行速度达到或超过140 km/h,旅行速度超过100 km/h。日本既有线(1067 mm窄轨距)旅客列车速度普遍达到130 km/h,计划达到200 km/h。日本、法国、德国、西班牙和意大利高速列车最高运行速度分别达到了300 km/h、320 km/h、300 km/h、300 km/h和250 km/h;旅行速度分别达到了242.5 km/h、245.6 km/h、192.4 km/h、217.9 km/h和163.7 km/h。高速列车最高运行速度近期有望达到并突破350 km/h。

近年来,由于社会主义市场经济的发展和运输市场竞争的加剧,我国也开始重视提高旅客列车的速度并取得了可喜成绩。沪杭城际高速铁路运行试验中最高速度达到416.6 km/h,设计速度达到350 km/h,创造了世界运营铁路最高速度的新纪录。

1.1.3 世界高速铁路发展现状

高速铁路规划建设必须以高客流密度和高度发达的经济作为支撑,才能承受高速铁路昂贵的建设、运营及维护成本,这也使得世界上最先进的高速铁路技术在人口、城市密集以及社会经济发达的日本、法国、德国以及中国大规模发展。这里将分别从技术装备、线路建设、更高速度高速铁路技术的推广应用等方面来介绍这四个典型国家的发展现状。

1. 日本

日本高速铁路走独立发展之路,以成熟、稳定的新干线技术著称,目前开通的线路总里程约3443 km(运营中3041 km,施工中402 km),全球排名第3(截至2020年2月)。日本运营的高速列车种类多达11种,是世界上列车种类最多的国家,全部采用动力分散型,使得列车总功率不再受机车功率限制,同时缓解了列车高速运行时对轨道的冲击破坏。在更高速度高速铁路技术发展方面,日本基于自身技术积累的优势,在不对既有线进行过多特殊处理的基础上开展了大量高速列车试验,从WIN350的350.4 km/h,到STAR21的425 km/h,再到300X的443 km/h,均创造了当时世界高速列车最高试验速度纪录。另外,日本早在1962年就开始推进超导磁悬浮高速铁路技术的研究工作,以MLX01、LO等多款磁悬浮列车为代表,目前已达到了准商业运营标准。

2. 法国

法国高速铁路以不断创造最高速度世界纪录而领跑全球,从1955年创造的331 km/h世界纪录,到1990年创造的515.3 km/h世界纪录,再到2007年创造的574.8 km/h新世界纪录,法国TGV列车多次刷新了当时世界轮轨极限速度,并保持世界最高试验速度574.8 km/h至今。目前法国有6条高铁线路,总运营里程2734 km,居全球第4(截至2020年2月)。TGV列车技术别具一格,采用动力集中方式,相较于世界广泛应用的动力分散技术,该方式具有维护成本低、车厢内振动噪声较小等优势,已经被韩国和西班牙引进,用于满足本国高速铁路建设初期的发展需要。

3. 德国

德国的高速铁路技术以城际特快列车ICE闻名全球。目前德国高速铁路运营里程位居世界第5,全长1718 km(运营中1571 km,施工中147 km)(截至2020年2月),已经初步建成网。德国高速铁路从1988年研发成功的ICE-V试验列车起步发展,并创造了时速406 km的世界高速铁路最高速度纪录,标志着德国新型铁路发展迈向新阶段。在ICE-V基础上,通过不断改进设计,逐步形成了以ICE1、ICE2、ICE3为代表的ICE家族。德国主要发展的常导高速磁悬浮技术,一直是除轮轨系统外的一个重要研究方向,以TR08磁悬浮列车为代表,设计运营速度达到505 km/h,目前已有商业化应用经验。

4. 中国

自2004年起,中国高速铁路发展风雨兼程,通过引进、消化、吸收再创新到自主创新,取得了举世瞩目的成绩。我国"四纵四横"高铁网已经建成、"八纵八横"高铁网加密初步成型,50万人口以上的城市中有接近90%已开通高铁,截至2020年底,我国总运营里程达37900 km,居世界第一。从2010年CRH380AL

高速动车组在京沪铁路创造的 486.1 km/h 动车速度,到 2014 年超速试验车 CIT500 创造的 605 km/h 轮轨试验台试验速度,再到 2016 年实现的明线 420 km/h 动车组交会和明洞 380 km/h 动车组交会,标志着中国高铁技术处于世界领先水平。另外,我国对超导磁悬浮、常导磁悬浮、电动磁悬浮等多种制式的高速磁悬浮均有深入研究,且已建成西南交通大学真空管道磁悬浮试验线,在高速磁悬浮领域积极进行技术储备。

1.1.4 高速铁路发展趋势

1. 高速铁路速度将进一步提升

随着科技发展日新月异,交通高速化的趋势愈加明显。为构建便捷顺畅、经济高效的交通网,实现国际国内互联互通、国内主要城市立体畅达,高速化已经成为全球现代交通发展的重要目标之一。各国对于速度的竞争已日趋白热化,中国更是率先提出了推进"全国 123 出行交通圈"建设的整体构想。

轮轨高速铁路方面,俄罗斯莫斯科至喀山高速铁路于 2015 年正式启动设计工作,最高运营速度 400 km/h;英国于 2020 年 9 月开工建设的高铁 2 号线速度达 402.3 km/h,预计 2033 年全线投入运营;日本公开的新一代新干线试验车辆"ALFA-X"最高速度为 360 km/h,已于 2020 年 12 月完成了速度 360 km/h 等级 5G 通信试验;中国全力推进实施 CR450 科技创新工程,启动了速度 400 km/h 高速列车研制及相关线路建设工作。此外,中国正在逐步启动实施高速铁路达速、提速等工作。

高速磁悬浮方面,世界上首条最高速度超过 500 km/h 的高速铁路东京品川—名古屋低温超导磁悬浮高铁于 2014 年正式动工,山梨磁悬浮试验线"LO 系"列车实现了 603 km/h 的最高载人运行速度;中国广深铁路、海南铁路、昆楚大铁路等多个项目均已开展可行性研究,最高运行速度可达 600 km/h;美国制造的超级高铁开始进入测试阶段,速度最高有望达到 1200 km/h;西南交通大学真空管道磁悬浮试验线进一步验证了人类创造更高速度交通工具的可行性。

2. 高速货运动车组为铁路货运注入新活力

进入新时代,面对日益增长的高价值、小批量、强时效的货物运输需求,在运输能力有富余的高铁线路,依托高铁动车组开展高铁快运业务,提高货物运输的时效性、安全性势在必行。法国高速铁路快运业务自 1984 年就由法国铁路公司和法国邮政联合推出,主要运输巴黎—里昂、巴黎—英国伦敦沿线的高附加值快捷货物,实现了快捷货物朝发夕至的运输需求。2012年,中国广州铁路集团公司依托客运列车推出高铁快运业务,包括高速动检车和图定动车组两种方式。

为实现高铁快运高效、经济、可靠的发展,一是要加强货运动车组快速装卸辅助装备、专用地板、大开度装载门系统、智能监管系统等研究,研发专用高速货运动车组,满足货物运输需要;二是要推进在高铁车站建立快递专用处理场所、运输通道和装卸设施的建设进程,尽量在重要的枢纽实现邮件快件集中安检、集中上机(车),以提升运输效率;三是要利用信息手段实现快件运输过程透明化,实时更新跟踪数据,实现信息共享,确保快件安全送达。此外,还要借鉴国外快运业务发展经验,关注沿线货物运量、定价标准以及运营模式等关键问题,避免法国当初曾因沿线快捷货物运量不足,快运业务盈利创收无法弥补列车购买、维修和运营等成本,造成TGV快运列车一度停运的窘境再次出现。

3. 高速铁路将更加注重高质量、高效益发展

高铁建设由于投资大、回收周期长等限制,全球大多数高铁线路都处于亏损状态。我国是世界上高铁网络最复杂、覆盖范围最广泛的国家,但目前只有6条高铁线路盈利,且均分布在经济最具活力、人口最为密集的长三角经济带。近年来,节约、集约发展受到高度重视,低成本、高效益发展趋势日渐显著,全球在修建高铁时,均十分注重考虑建设运营成本、沿线客流支撑、盈利预期、土地占用、能源消耗等综合效益,不再一味追求速度的提升、规模的扩张。

例如,中国高铁提出将告别早期的大规模、粗放式发展模式,通过融资模式、项目定位、规划设计、施工建设、运营维护等各环节的精细化管理创造新的盈利模式,逐步实现高速铁路建设从规模速度型向质量效益型转变。在铁路规划建设方面,国家发展和改革委员会将进一步明确项目实施需满足财务平衡的基本要求,同时规定不同铁路建设需满足的客流密度、城市规模、路网功能等条件,避免盲目、重复建设。在运营方面,我国基于高速铁路已有的优势不断升级服务品牌,通过为旅客提供高品质、多层次、个性化、联程式服务,开行"夕发朝至"列车,打造"江海小城之旅"和"熊猫专列"等一系列独特的"高铁+旅游"产品,走出一条高质量、高效益发展之路。

4. 高速铁路向更智能方向发展

高铁技术的进步越来越依赖科技发展,呈现出明显的智能化趋势。我国立足于智能铁路总体框架布局,利用BIM、大数据、5G通信等新兴技术,打造了智能京张、智能京雄等精品工程,实现了运行故障自诊断、自动驾驶、智能引导、生物特征自动识别等功能。在全球互联网、人工智能快速发展的新形势下,世界主要国家将利用新技术赋能高速铁路基础设施发展,实现信息化与建设管理、装备制造、运营监测深度融合,加强既有铁路基础设施提质升级,提高设施利用效率和服务水平,持续推进高速铁路智能化向纵深发展。

5. 高速铁路向更安全、更绿色方向发展

安全是高铁运输最基本的要求之一,以更高标准、全过程、稳定可控安全运营是高铁永恒追求的目标之一。为确保高铁安全运行万无一失,我国将持续完善高铁系统安全保障体系,针对突发事件构建精准应急体系,全方位提高高速铁路运输系统 RAMS 水平。在基础设施方面,推广使用新材料、新技术、新工艺,提高基础设施质量和使用寿命,注重预防性养护维护,及时消除安全隐患,形成集安全技术、安全管理和安全预防于一体的保障体系。

绿色一直是高铁可持续发展的内在要求。近年来,我国将绿色发展理念贯穿高速铁路发展全过程,广泛采用先进高效的绿色节能技术,努力建设与自然资源承载力相匹配、与铁路沿线生态环境相协调的绿色高铁。在明确的"减碳"目标下,我国进一步提出对不同线性基础设施的廊道进行整合,打造以铁路为主的国家综合立体交通网,进一步扩大绿色环保效应。

6. 高速铁路迈向多制式发展新时代

磁悬浮高速铁路可以解决轮轨铁路存在的黏着力不足、蛇形失稳、高速受流等问题,具有更高的提速潜力,近年来成为世界速度 500 km/h 以上高速铁路的研究热点。

高速磁悬浮以日本的超导磁悬浮和德国的常导磁悬浮制式为代表,其中常导磁悬浮制式在我国上海磁悬浮专线得到应用,最高运营速度可达 430 km/h,具备良好的工程化和产业化应用前景。磁悬浮高速铁路在速度方面优于轮轨铁路,但具有车内噪声大、与既有路网不兼容、道岔结构复杂等缺陷,在轮轨运营速度可达到的范围内不具备竞争优势,其速度优势范围主要集中在最高轮轨速度与航空运输速度之间的空白区,即 500~800 km/h。

在磁悬浮技术基础上,进一步构建真空运行环境以减少空气阻力和噪声,形成低真空管道+磁悬浮技术,在时速超过 1000 km 具有竞争优势,将成为未来新型交通运输工具的发展方向,美国、瑞士、中国、俄罗斯 4 个国家正在推动的"超级高铁"等超高速运输系统,速度可达 4000 km/h,届时北京与华盛顿将被纳入两小时交通圈,轻松实现数小时环游世界的梦想。

相比于其他交通方式,高速铁路在快速化、低碳化、集约化等方面具有突出的经济技术优势,有力地契合了现代经济社会发展理念,经过多年发展,成效显著,建设项目遍布世界各地。当下,全球各国在激烈的竞争中砥砺前行,呈现出更高速度、更高标准、更高质量以及多制式协同发展等方向。铁路运输是各国国民经济的支柱性产业,支撑着一个密切关联的全球经济社会,面对深刻变化的内外部环境以及铁路所自带的复杂属性,其未来的发展任重道远。

1.1.5 非黏着铁路

传统的黏着铁路因为牵引力受轮轨黏着条件等的限制,很难实现 500 km/h 的最高速度,为此需研制新的运输工具。

1. 气垫车

二十世纪六七十年代,最早着手研制的是气垫车。气垫车一般用燃气轮机作动力产生高压喷气,在导轨与车辆间形成气垫使车辆浮起,并用喷气机驱动车辆前进,英、法两国研制 10 年,制成试验车。法国试验的飞行列车,车长 26 m,质量 20 t,可载客 80 人,用 530 kW 的燃气轮机产生气垫,用 2956 kW 的动力驱动,在 18 km 的高架轨道试验上试运转时,最高速度达 422 km/h。1974 年能源危机时,为紧缩开支,且因喷气机污染环境,噪声太大,取消了研究计划。

苏联、美国都曾对气垫车进行过研究,因未取得显著成就而停顿。20 世纪 70 年代起,技术先进的国家都先后停止了对气垫车的进一步探索,转而研制磁悬浮车。

2. 磁悬浮车

根据磁悬浮车采用的电磁铁种类,磁悬浮车一般分为两大类,一类为常导吸引型,一类为超导排斥型,两种磁悬浮车技术都日臻成熟。

3. 管道悬浮

地面高速运输速度要克服巨大的空气阻力,当速度超过 500 km/h 后,空气阻力将非常大,所以产生了管道磁浮线路的设想。将磁浮车系统置于空气稀薄的管道中,列车时速几乎可以无限制地提高,美国兰德公司为此设想了一种管道高速运输系统。

该设想的轮廓是,由纽约到洛杉矶修建一条长 3950 km 的横贯美国东西的地下隧道,隧道内形成约 0.1 kPa(相当于 1‰ 个大气压)的真空,将磁浮系统安装在隧道内,悬浮力和驱动力都由超导电磁形成。速度受 3950 km 的加速距离与减速距离限制,3950 km 的一半用于加速,一半用于减速,中间速度最高为 22500 km/h。即使采用中速 13000 km/h,平均速度 6750 km/h,由纽约到洛杉矶也只需要 36.5 min 的旅行时间。隧道当然不宜转弯,转弯时,曲线半径需达 700~800 km。

为叙述方便,在后面的章节中,若无特殊说明,本书中"高速铁路"均指轮轨接触式高速铁路。

1.2 高速铁路主要技术经济优势

高速铁路受到各国政府的普遍重视绝非偶然,它克服了普通铁路速度较低的不足,与高速公路的汽车运输和中长途航空运输相比较,在下列各项技术经济指标中具有一定的优势。

1.2.1 速度快

速度是高速铁路的技术核心,也是其主要的技术经济优势所在。迄今,高速铁路是陆上运行距离最长、运行速度最高的交通运输方式。

目前,中国高铁的最高速度记录是 605 km/h,该速度记录是 2014 年 1 月 16 日,中国 CIT500 型高速列车在实验室内测试创造的。截至 2019 年,中国高铁的最高运营速度是 350 km/h。

旅客出行在途中所花费的时间由三部分组成:一是由出发地至始发站(港)的走行(或短途运输方式的运行)时间及等待时间;二是所乘坐的交通运输方式由始发站(港)至到站(港)的旅行时间;三是由到站(港)至目的地的走行(或短途运输方式)时间。不同的交通运输方式,其第一和第三部分时间(以下简称附加时间)是不同的。一般坐飞机,附加时间较长,而汽车的时间较短,但对一定距离而言飞机的运行时间要短于汽车的运行时间。就公路、铁路和航空而言,所谓某种交通运输方式的优势距离,即旅客出行花费的总时间比其他交通运输方式都少的距离范围。速度越高,附加时间越少,其优势距离范围就越大。当代大交通系统中,高速公路、航空运输与铁路并存,且都在迅速发展。旅客选择运输工具主要出于对速度、安全、经济及舒适度的综合比较。随着经济的发展、生活水平的提高和社会活动节奏的加快,人们对交通运输工具速度要求更为迫切。如果旅客出行的附加时间以高速公路为零,高速铁路为 1.0 h,航空为 2.5 h(上飞机前 1.5 h，下飞机后 1.0 h)，汽车平均运行速度取 120 km/h，飞机飞行速度取 700 km/h，高速铁路最高运行速度分别取 210 km/h、250 km/h、300 km/h 和 350 km/h，对旅客总旅行时间进行比较，其有利吸引范围如下。

小汽车：优势距离在 200 km 以内。

航空：优势距离在 1000 km 以上。

高速列车：速度为 210 km/h，优势距离仅为 300～500 km；速度为 250 km/h，优势距离为 250～600 km；速度为 300 km/h，优势距离为 200～800 km；速度为 350 km/h，优势距离为 180～1100 km。

旅客出行选择交通运输方式，除考虑时间外，还需考虑票价、舒适度、安全等因素。如果加上安全、舒适度及票价等因素，高速铁路的速度有利于将吸引范围有所扩展，即使速度目标定为 300 km/h，优势距离上限也将在 1000 km 以上。

1.2.2 运能大

高速铁路旅客列车最小行车间隔可达到 3 min，列车密度可达 20 列/h，每列车载客人数也比较多，如采用动力分散方式及双层客车，其列车定员可达 1200～1500 人/列，理论上每小时的输送能力可以达到 2×24000～2×30000 人。4 车道的高速公路每小时的输送能力约为 2×4800 人，两条跑道的机场每小时的吞吐能力约为 2×6000 人。可见高速铁路的运输能力是高速公路和民用航空等现代交通运输方式不可比的。

1.2.3 安全性高

安全是人们出行选择交通运输方式最关心的因素之一。尽管各种现代交通运输方式都在竭力提高自身的安全性能，但交通事故仍有发生。日本每 10 亿人，每千米死亡人数：既有铁路为 1.97 人，汽车为 18.3 人。欧洲铁路共同体 14 个成员国，每年因公路交通事故死亡 54000 人，伤 170 万人。美国死于高速公路交通事故者每年约 5 万人，伤亡人数则高达 200 多万人。据研究，我国交通运输中每 1 亿人，每千米交通事故死伤人数：公路为死亡 10.5 人，重伤 24.88 人；民航为死亡 0.1 人，受伤 0.01 人；铁路为 0.29 人，重伤 0.72 人。每人每千米交通事故造成的损失：公路为 0.0649 元；民航为 0.0005 元；铁路为 0.0018 元。

高速铁路采用了先进的列车运行控制系统，能保证前后两列车有必要的安全距离，防止列车追尾及正面冲撞事故。与行车有关的固定设施与移动设备，几乎都有信息化程度很高的诊断与检测设备,并有科学的养护维修制度。对一些有可能危及行车安全的自然灾害,设有预报预警装置。所有这些构成了高速铁路现代化的、完善的安全保障系统。这一系统可以防止人为过失、设备故障及自然灾害等突发事件引起的事故。高速铁路在国外已有近41年运营实践经验,除德国1998年6月3日发生的翻车事故(死亡101人)和日本2004年10月23日在新潟地震中首次出现了运行中的新干线列车发生脱轨的严重事故(无人员死亡)外,未发生其他乘客伤亡事故。相比之下,高速铁路是当今最安全的现代高速交通运输方式之一。

1.2.4 准确性高

高速铁路的安全保障系统不但保证了高速列车运行安全,也使铁路运输全天候的优势得到了更充分的发挥。除可危及行车安全的自然灾害外,几乎不受大气和气候条件的影响,24 h内都可以安全地正常运行。

随着生活节奏的加快,人们除时间价值观念日益增强外,还对较普通运输的准确性提出了更高的要求。航空运输受气候影响,航班很难做到准点,有时还会停航。国外高速公路经常发生堵塞,行车延误在所难免。由于高速铁路事故几乎为零,再加上全天候都可正常运行,高速列车始终是在一个十分稳定的系统中运行,其正点率非常高。日本东海道新干线列车平均晚点不到0.3 min,几乎与钟表一样准。这是其他任何一种现代交通运输方式都做不到的。西班牙AVE高速列车晚点5 min,就要向旅客退回全部票款。这是其他任何一种现代交通运输方式都不敢承诺的。

1.2.5 能耗小

交通运输是能源消耗大户,能耗标准是评价交通运输方式优劣的重要技术标准。研究表明:若以普通铁路每人每千米消耗的能源为1单位,则高速铁路为1.3,公共汽车为1.5,小汽车为8.8,飞机为9.8。高速铁路能耗不到小汽车和飞机能耗的1/5。高速铁路使用的是二次能源——电力,而汽车、飞机使用的是不可再生的一次能源——汽油。随着水电和核电的发展,高速铁路在能源消耗方面的优势还将更加突出。这也是在当今石油能源紧张的情况下,选择发展高速铁路的原因之一。

1.2.6 占地少

交通运输,尤其是陆地上交通运输,由于要修建道路和停车场,需要占用大量的土地,而且大部分是耕地。双线高速铁路路基面宽 9.6~14 m,而 4 车道高速公路路基面宽达 26 m。双线铁路连同两侧排水沟用地在内,每千米用地约 70 亩(1 亩约为 666.67 平方米);4 车道的高速公路每千米用地 105 亩。高速铁路占地只有 4 车道高速公路的 2/3,而每小时可完成的运量却是 4 车道高速公路的 4 倍以上。一个大型飞机场,包括跑道、滑行道、停机坪、候机大楼及其他设施,面积大,又多为市郊良田,而 500 km 的法国 TGV 高速铁路仅相当于一个大型机场用地。

1.2.7 污染环境轻

环境保护已成为全球性的紧迫问题,发展交通运输应注意环境生态问题,交通运输污染环境主要是废气和噪声。在旅客运输中,各种交通工具有害物质的换算排放量,公路每人每千米排放 CO 为 0.902 kg,公路为铁路的 8 倍。铁路的噪声污染也是最低的,日本航空运输 1000 人,每千米产生的噪声为 1,则小轿车为 1,大轿车为 0.2,高速铁路仅为 0.1。高速电气化铁路基本上消除了粉尘、烟油和其他废气污染,噪声比高速公路低 5~10 dB(A)。一架喷气式客机平均每小时排放 46.8 kg 的 CO_2、635 kg 的 CO、15 kg 的 SO_2,这些物质在大气中要停留 2 年以上,是造成大面积酸雨,植被生态遭到破坏和建筑物遭受侵蚀的主要原因。根据我国的研究,每人每千米污染治理费用,如以高速铁路为 1,则高速公路为 3.76,飞机为 5.21。有识之士建议,为防止地球上臭氧层被破坏而造成的气候异常现象,除应力争使汽车排放的废气减少 25% 和控制高速公路的发展之外,还应力争以高速铁路网部分替代国内和国际大城市间的航空运输。

1.2.8 舒适度高

随着生活水平的提高,乘坐舒适是人们出行选择交通运输方式的重要条件之一。高速铁路线路平顺、稳定且列车运行平稳,振动和摆动幅度很小。选择高速铁路的每一位旅客所占有的活动空间,比汽车和飞机都大得多。高速铁路列车座位宽敞,设施先进,装备齐全,旅客乘坐非常舒适而近似于享受,这些是飞机和汽车难以做到的。

1.2.9 效益好

高速公路的交通堵塞和事故给国民经济带来了巨大损失,欧洲共同体国家用于解决高速公路堵塞的费用占国民生产总值的 2.6%~3.1%,总金额为 900 亿~1100 亿美元,相当于整个欧洲高速铁路网的全部投资;用于处理公路事故的费用也占国民生产总值的 2.5%。

修建高速铁路的直接经济效益是很好的。据统计,日本东海道新干线总投资为 3800 亿日元,由于投入运营后客流迅速增长,而运输成本只有飞机的 1/5,正式投入运营的第 7 年便全部收回投资,在 20 世纪末其直接经济效益已是投资额的 13.5 倍。1964—1985 年间,日本的东海道新干线的营业系数(营业支出与营业收入之比)就达到了 0.42,山阳新干线的营业系数为 0.66。法国 TGV 高速线运营情况也很好,20 世纪 90 年代中期,TGV 东南线和大西洋线净利润率就分别达到 31%及 21%,运营 11 年或 12 年就能偿还投资。高速铁路除有很好的经济效益外,还有显著的社会效益。据研究,京沪高速铁路的社会成本为 0.3239 元/(人·km),而高速公路为 0.6594 元/(人·km),民航为 0.7476 元/(人·km);其比例为 1∶2.036∶2.308。在完成同等运量的情况下,修建京沪高速铁路每年节省的社会成本就达到 223 亿元,6~7 年期总额就相当于全部建设投资。此外,高速铁路还可以拉动沿线的经济增长,提供众多的就业机会。由于高速铁路具有诸多方面的技术经济优势,加之当今世界石油资源日益匮乏,生态环境日益恶化,道路严重堵塞与事故频发,所以高速铁路问世 40 多年来,就形成了一股巨大的潮流,高速铁路建设方兴未艾,高速铁路技术如日中天。国际上一些专家预言,高速铁路将是 21 世纪陆上高速交通的主要发展方向。

1.3 认识我国高速铁路的规划与建设

1.3.1 中国高速铁路的发展历程

在党的领导下,中国高铁经过长期的探索和技术积累之后,取得快速发展,实现了从探索到突破、从制造到创造、从追赶到领跑的崛起。中国高铁发展大致可以分为以下三个阶段。

1.3.1.1 探索积累阶段(2004年以前)

①中国开始了解高铁。1964年10月1日,世界上第一条商业性高速铁路——日本东海道新干线正式运营,从此,开启了"铁路发展的第二个时代"。1978年10月22日,邓小平同志访问日本,乘坐速度210 km/h的新干线列车时,回答记者提问说:"就感觉到快,有催人跑的意思,我们现在正合适坐这样的车。"随着邓小平同志乘坐新干线的画面在电视节目里播出,高铁开始为中国人所熟知。

②中国需要高铁。改革开放迎来了中国经济发展的春天,更迎来了铁路发展的春天。随着经济的快速发展,铁路干线长期满负荷运行,客货运输供给与需求的缺口不断加大,铁路运输成为制约经济发展的一大因素。发展才是硬道理,中国需要什么样的铁路,中国需不需要高速铁路,成为社会各界关注的一个重要问题。在党的领导下,国家组织专家进行广泛论证,积极开展一系列高铁技术攻关和科学研究,形成《关于"八五"期间开展高速铁路技术攻关的报告》《关于尽快修建高速铁路的建议报告》《北京至上海旅客列车专用高速铁路研究的初步设想》等报告。经过党的坚强领导,全国上下形成了修建高铁的共识。

③中国怎样建高铁。1993年4月,党领导国家科委、国家计委、国家经贸委、国家体改委和铁道部等部门,召集知名专家组成"京沪高速铁路重大技术经济问题前期研究"课题组,围绕工程建设方案、资金筹措及经济评价等重大技术经济问题,进行反复论证和前期研究,重点回答"建什么样的高铁,怎样建,由谁建"等一系列重大问题。面对"轮轨式"与"磁悬浮"列车之争,党中央决策部署,在理论研究的同时,采用"试验田"的方法进行实践试验。同时,我国铁路实施了多次既有线大面积提速,并开始研制高速列车,"大白鲨"号、"蓝箭"号、"中华之星"等电力动车组相继推出。

在党的领导下,这一阶段探索高铁技术取得了系列成果,为高铁技术的自主研发积累了大量的技术基础和人才储备,为下一阶段中国高铁的发展奠定了坚实的基础。

1.3.1.2 快速发展阶段(2004—2012年)

基于前期的探索积累,中国高铁在党的领导下,按照国家战略部署和《中长期铁路网规划》,迎来了快速发展的阶段。

①制定中长期发展规划。2004年1月,国务院审议通过了《中长期铁路网

规划》,拉开了铁路特别是高铁快速发展的序幕。明确了"引进先进技术、联合设计生产、打造中国品牌"的总体要求,提出"四纵四横"铁路快速客运通道建设目标,确定到2020年我国铁路营业里程达到10万千米,建设客运专线1.2万千米以上。

②中国高铁快速发展。2004年、2007年铁路实施了第五次、第六次大面积提速。增开直达特快列车,部分普速铁路升级为中级快速铁路,速度200 km/h及以上"和谐号"动车组投入使用。加快货车系统改革,重载货车取得突破。高铁建设也大规模展开,武广、京津城际、郑西、京沪高铁等开工建设。2008年8月,中国第一条具有自主知识产权的高速铁路——京津城际铁路开通运营,从此中国迈入高铁时代。

③高铁技术取得突破。从2004年开始,中国高铁开启了引进消化吸收—再创新之路,积极引进国外高速动车组研发制造技术。在探索积累动车组研制基础上,通过引进消化吸收,较快掌握了高速动车组列车大部分关键技术,基本形成了包括CRH1、CRH2、CRH5等速度为200~250 km/h的"和谐号"动车组技术标准体系和速度为300~350 km/h的高速列车制造技术。2010年,速度为380 km/h的CRH380A动车组正式下线,标志着中国在高铁技术领域开始领跑世界。

1.3.1.3 自主创新阶段(2012年至今)

党的十八大以来,中国高铁在党的领导下,认真落实国家创新驱动发展战略,充分发挥铁路企业技术创新主体作用,积极开展高铁基础理论研究、关键核心技术攻关和应用型技术创新,形成了比较完备的高铁技术体系,进一步巩固提升了我国高铁技术的世界领跑地位。

①新时代铁路发展新部署。2016年7月,国家发布了修编的《中长期铁路网规划》,明确了新时代"八纵八横"高速铁路网发展目标。提出到2020年铁路网规模达15万千米,其中高铁3万千米,覆盖80%以上的大城市;到2025年,铁路网规模达到17.5万千米左右,其中高铁3.8万千米左右。2020年8月,国铁集团在《交通强国建设纲要》指导下,发布了《新时代交通强国铁路先行规划纲要》,进一步明确了铁路未来30年的发展蓝图。

②中国高铁技术领跑世界。党的十八大以来,国家积极组织科研院校、相关企业研发速度为350 km/h的中国标准动车组。2015年6月30日,具有完全自主知识产权的中国标准动车组正式下线,标志着中国高速列车从引进消化吸收进入了正向创新阶段。2016年7月15日,在郑徐高铁上两列标准动车组分别

以 420 km/h 的速度交会和重联运行,是当前世界最高速度的动车组交会试验。

2017 年 6 月 25 日,中国标准动车组列车正式命名为"复兴号"。"复兴号"动车组是按照中国标准自主研发的高速列车,是我国自主创新的成功典范。基于"复兴号"技术平台,中国高铁持续开展自主创新,根据市场需求研制适应不同环境需求、不同速度等级的系列化产品,不断完善丰富"复兴号"动车组产品体系。

目前,"四纵四横"高铁网已经形成,"八纵八横"高铁网正在加密成型,高铁已覆盖全国 92% 的 50 万人口以上城市,运营网络通达水平世界最高。高铁网络效应凸显,不仅全面提升铁路客运服务能力和水平,充分释放铁路既有线货运能力,还有力推动全社会运输结构深度调整。同时,中国智能铁路技术标准基本形成,引领世界智能铁路发展。2019 年 12 月 30 日,智能京张高铁成功开通运营,标志着中国高铁达到世界先进水平。以感知技术、信息技术为主,开展智能化服务、智能化运输组织等工作。以自动驾驶、故障自诊断、自决策技术为主,开展智能动车组的研制工作。

截至 2021 年年底,中国高铁营业里程突破 4 万千米,目前,中国已成为世界上高铁运营里程最长、在建规模最大、高速列车数量最多、商业运营速度最高、高铁技术体系最全、运营场景和管理经验最丰富的国家。

1.3.2 中国高速铁路的建设与规划

1.3.2.1 《中长期铁路网规划(2004)》

国家《中长期铁路网规划》于 2004 年经国务院审议通过,其发展目标为:到 2020 年,全国铁路营业里程达到 10 万千米,主要繁忙干线实现客货分线,复线率和电化率均达到 50%,运输能力满足国民经济和社会发展需要,主要技术装备达到或接近国际先进水平。

1. 规划方案

(1)客运专线。

建设客运专线 1.2 万千米以上,客车速度目标值达到每小时 200 km 及以上。具体建设内容如下。

①"四纵"客运专线。北京—上海客运专线,贯通京津至长江三角洲东部沿海经济发达地区;北京—武汉—广州—深圳客运专线,连接华北和华南地区;北

京—沈阳—哈尔滨(大连)客运专线,连接东北和关内地区;杭州—宁波—福州—深圳客运专线,连接长江、珠江三角洲和东南沿海地区。

②"四横"客运专线。徐州—郑州—兰州客运专线,连接西北和华东地区;杭州—南昌—长沙客运专线,连接华中和华东地区;青岛—石家庄—太原客运专线,连接华北和华东地区;南京—武汉—重庆—成都客运专线,连接西南和华东地区。

③三个城际客运系统。环渤海地区、长江三角洲地区、珠江三角洲地区城际客运系统,覆盖区域内主要城镇。

(2)完善路网布局和西部开发性新线。

规划建设新线约1.6万千米。

①新建中吉乌铁路喀什—吐尔尕特段,改建中越通道昆明—河口段,新建中老通道昆明—景洪—磨憨段、中缅通道大理—瑞丽段等,形成西北、西南进出境国际铁路通道。

②新建太原—中卫(银川)线、临河—哈密线,形成西北至华北新通道。

③新建兰州(或西宁)—重庆(或成都)线,形成西北至西南新通道。

④新建库尔勒—格尔木线、龙岗—敦煌—格尔木线,形成新疆至青海、西藏的便捷通道。

⑤新建精河—伊宁、奎屯—阿勒泰、林芝—拉萨—日喀则、大理—香格里拉、永州—玉林和茂名、合浦—河唇、西安—平凉、柳州—肇庆、桑根达来—张家口、准格尔—呼和浩特、集宁—张家口等西部区内铁路,完善西部地区铁路网络。

⑥新建铜陵—九江、九江—景德镇—衢州、赣州—韶关、龙岩—厦门、湖州—嘉兴—乍浦、金华—台州及东北东边道等铁路,完善东中部铁路网络。

(3)路网既有线。

规划既有线增建二线1.3万千米,既有线电气化1.6万千米。

①在建设客运专线的基础上,对既有线进行扩能改造,在大同(含蒙西地区)、神府、太原(含晋南地区)、晋东南、陕西、贵州、河南、兖州、两淮、黑龙江东部等十个煤炭外运基地,形成大能力煤运通道。近期要优先考虑大秦线扩能、北同蒲改造、黄骅至大家洼铁路建设和石太线扩能,实现客货分运,加大煤炭外运能力。

②结合客运专线的建设,对既有京哈、京沪、京九、京广、陆桥、沪汉蓉和沪昆等七条主要干线进行复线建设和电气化改造。

③以北京、上海、广州、武汉、成都、西安枢纽为重点,调整编组站,改造客运

站,建设机车车辆检修基地,完善枢纽结构,使铁路点线能力协调发展。

④建设集装箱中心站,改造集装箱运输集中的线路,开行双层集装箱列车。

2. 实施计划

(1)"十五"建设计划调整。

到2005年铁路营业里程达到7.5万千米,其中复线铁路2.5万千米,电气化铁路2万千米以上。具体建设项目调整如下。

①建设客运专线。开工建设北京—上海、武汉—广州、西安—郑州、石家庄—太原、宁波—厦门等客运专线。建设城市密集地区城际客运系统,开工建设环渤海地区北京—天津,长江三角洲南京—上海—杭州,珠江三角洲广州—深圳、广州—珠海、广州—佛山城际客运系统。

②加快完善路网结构。开工建设宜昌—万州、烟台—大连轮渡、合肥—南京、麻城—六安、太原—中卫(银川)、精河—伊宁、永州—玉林(茂名)、铜陵—九江、大理—丽江、龙岗—敦煌、黄骅—大家洼铁路等新线。

③加快既有线扩能改造。实施京沪线、焦柳线、黔桂线、兰新线武威至嘉峪关段、沪杭线、天津—沈阳、石德线电化改造;开工建设沪汉蓉既有段、昆明—六盘水、滨洲线海拉尔至满洲里、湘桂线衡阳至柳州复线;进行大秦线、西延线扩能改造。

④加快主要枢纽及集装箱中心站建设。对北京、上海、广州、武汉、成都、西安枢纽进行改造;建设上海、昆明、哈尔滨、广州、兰州、乌鲁木齐、天津、青岛、北京、沈阳、成都、重庆、西安、郑州、武汉、大连、宁波、深圳等18个集装箱中心站。

(2)2010年阶段目标。

到2010年,铁路网营业里程达到8.5万千米左右,其中客运专线约5000 km,复线3.5万千米,电气化3.5万千米。

进一步建设客运专线。建成北京—上海、武汉—广州、西安—郑州、石家庄—太原、宁波—厦门等客运专线。开工建设北京—武汉、天津—秦皇岛、厦门—深圳等客运专线。进一步扩大路网规模,建设云南进出境、中吉乌、合浦至河唇、赣州至韶关、龙岩至厦门、湖州至乍浦、兰州(或西宁)至重庆(或成都)、西安至平凉、隆昌至黄桶、东北东边道等铁路。进一步提高既有线能力,建设邯济线、宁芜线、西康线、平齐线、大郑线、滨绥线等复线。

从云南入藏的滇藏线仍继续做好地质调查和技术经济分析,是否建设视研究论证结果再定。

1.3.2.2 《中长期铁路网规划(2008)》

2008年,国家发展和改革委员会批复了《中长期铁路网规划(2008)》。其发展目标为:适应全面建设小康社会的目标要求,铁路网要扩大规模,完善结构,提高质量,快速扩充运输能力,迅速提高装备水平。到2020年,全国铁路营业里程达到12万千米以上,复线率和电化率分别达到50%和60%以上,主要繁忙干线实现客货分线,基本形成布局合理、结构清晰、功能完善、衔接顺畅的铁路网络,运输能力满足国民经济和社会发展需要,主要技术装备达到或接近国际先进水平。

1. 规划方案

为实现2020年铁路网发展目标,规划方案要在路网总规模扩大的同时,突出客运专线、区际干线和煤运系统的建设,提高路网质量,扩大运输能力,形成功能完善、点线协调的客货运输网络。

(1)客运专线。

为满足快速增长的旅客运输需求,建立省会城市及大中城市间的快速客运通道,规划"四纵四横"等客运专线以及经济发达和人口稠密地区城际客运系统。建设客运专线1.6万千米以上。

①"四纵"客运专线。北京—上海客运专线,包括蚌埠—合肥、南京—杭州客运专线,贯通京津至长江三角洲东部沿海经济发达地区;北京—武汉—广州—深圳客运专线,连接华北和华南地区;北京—沈阳—哈尔滨(大连)客运专线,包括锦州—营口客运专线,连接东北和关内地区;上海—杭州—宁波—福州—深圳客运专线,连接长江、珠江三角洲和东南沿海地区。

②"四横"客运专线。徐州—郑州—兰州客运专线,连接西北和华东地区;杭州—南昌—长沙—贵阳—昆明客运专线,连接西南、华中和华东地区;青岛—石家庄—太原客运专线,连接华北和华东地区;南京—武汉—重庆—成都客运专线,连接西南和华东地区。

同时,建设南昌—九江、柳州—南宁、绵阳—成都—乐山、哈尔滨—齐齐哈尔、哈尔滨—牡丹江、长春—吉林、沈阳—丹东等客运专线,扩大客运专线的覆盖面。

③城际客运系统。在环渤海、长江三角洲、珠江三角洲、长株潭、成渝以及中原城市群、武汉城市圈、关中城镇群、海峡西岸城镇群等经济发达和人口稠密地区建设城际客运系统,覆盖区域内主要城镇。

(2)完善路网布局和西部开发性新线。

以扩大西部路网规模为主,形成西部铁路网骨架,完善中东部铁路网结构,提高对地区经济发展的适应能力。规划建设新线约 4.1 万千米。

①新建中俄通道同江—哈鱼岛段,中吉乌铁路喀什—吐尔尕特段,改建中越通道昆明—河口段,新建中老通道昆明—景洪—磨憨段、中缅通道大理—瑞丽段等,形成东北、西北、西南进出境国际铁路通道。

②新建太原—中卫(银川)、临河—哈密线,形成西北至华北新通道。

③新建乌鲁木齐—哈密—兰州、库尔勒—格尔木、龙岗—敦煌—格尔木、喀什—和田、日喀则—拉萨线,研究建设和田—狮泉河—日喀则线,形成新疆至甘肃、青海、西藏的便捷通道。

④新建兰州—重庆、哈达铺—成都线,研究建设张掖—西宁—成都、格尔木—成都线,形成西北至西南新通道。

⑤新建拉萨—林芝、大理—香格里拉线,研究建设成都—波密—林芝、香格里拉—波密线,形成四川、云南至西藏的便捷通道。

⑥新建太原—侯马—西安—汉中—绵阳线,研究建设郑州—重庆—昆明线,形成华北、中原至西南新通道。

⑦新建重庆—贵阳、乐山—贵阳—广州、南宁—广州线,形成西南至华南新通道。

⑧新建向塘—莆田(福州)、合肥—福州、阜阳—六安—景德镇—瑞金—汕头线,形成内陆腹地至东南沿海地区新通道。

⑨新建北京—张家口—集宁—呼和浩特—包头线,形成北京至内蒙古呼包鄂地区便捷通道。

⑩新建内蒙古中西部、山西中南部煤运铁路,形成"三西"地区煤炭外运新的大能力通道。

⑪新建乌鲁木齐—富蕴—北屯、哈密—若羌、二连浩特—锡林浩特—乌兰浩特、正蓝旗—虎什哈、昭通—攀枝花—丽江、昆明—百色、柳州—肇庆、南宁—河池等铁路,研究建设安康—恩施—张家界等铁路,完善西部地区铁路网络。

⑫新建哈尔滨—佳木斯、青岛—连云港—盐城—南通—上海—宁波、广州—湛江—海口—三亚、上海—江阴—南京—铜陵—安庆、怀化—衡阳—赣州、九江—景德镇—衢州、浦城—建宁—龙岩等铁路和福州—厦门货运线,完善东中部地区铁路网络。

(3) 路网既有线。

加强既有路网技术改造和枢纽建设,提高路网既有通道能力。规划既有线增建二线 1.9 万千米,既有线电气化 2.5 万千米。

①在建设客运专线、完善路网布局和西部开发性新线的基础上,对既有线进行扩能改造,在大同(含蒙西地区)、神府、太原(含晋南地区)、晋东南、陕西、贵州、河南、兖州、两淮、黑龙江东部等 10 个煤炭外运基地和新疆地区,形成大能力煤运通道。重点强化"三西"地区煤炭下海和铁路直达中南、华东内陆地区通道,以及新疆地区煤炭外运通道等。

②结合客运专线、完善路网布局和西部开发性新线的建设,对"五纵五横"综合运输大通道内既有铁路干线进行复线建设和电气化改造。

③按照综合交通枢纽布局和城市发展规划,加强主要客货枢纽建设,注重与城市轨道交通等公交系统以及公路、民航和港口等其他交通方式的衔接,实现旅客运输"零距离换乘"、货物换装"无缝衔接"和交通运输一体化。以北京、上海、广州、郑州、武汉、西安、重庆、成都等枢纽为重点,调整编组站,改造客运站,建设机车车辆检修基地,完善枢纽结构,使铁路点线能力协调发展。

④建设集装箱中心站,改造集装箱运输集中的线路,开行双层集装箱列车。

2. 实施意见

总体目标:规划从 2003 年开始,在 2020 年前逐步建成。2010 年阶段目标调整为:到 2010 年,全国铁路营业里程达到 9 万千米以上,其中客运专线约 7000 千米,复线、电化率均达到 45% 以上。

进一步建设客运专线,新建北京—上海高速铁路,北京—广州—深圳、天津—秦皇岛、哈尔滨—大连、上海—宁波—深圳、徐州—郑州—西安—宝鸡、石家庄—济南、南京—武汉—宜昌、蚌埠—合肥、南京—杭州、柳州—南宁、绵阳—成都—乐山、哈尔滨—齐齐哈尔等客运专线。

进一步扩大路网规模,新建兰州—重庆和成都、贵阳—广州、南宁—广州、丽江—香格里拉、蒙自—河口、拉萨—日喀则、重庆—利川、西安—平凉、西小召(包头)—甘其毛道、乌兰浩特—锡林浩特、黄骅—大家洼、前进—抚远、上海—南通、南京—安庆、阜阳—六安、宿州—淮安、衡阳—井冈山、赣州—韶关铁路,内蒙古中西部、山西中南部煤运铁路,东北东部铁路,集包第二双线等。

进一步提高既有线能力,实施西安—合肥、西安—安康、长治—邯郸—济南、石门—长沙、遂宁—重庆等铁路增建第二线,以及大同—秦皇岛、神木—朔州—黄骅、集宁—通辽、衡阳—柳州、金华—温州、广通—大理、赣州—龙岩等铁路扩能改造工程。

1.3.2.3 《中长期铁路网规划(2016)》

自 2004 年国务院批准实施《中长期铁路网规划》以来,我国铁路实现了快速发展。为加快构建布局合理、覆盖广泛、高效便捷、安全经济的现代铁路网络,更好发挥铁路骨干优势作用,推进综合交通运输体系建设,支撑引领我国经济社会发展,在深入总结原规划实施情况的基础上,结合发展新形势、新要求,国家发展和改革委员会于 2016 年修编了《中长期铁路网规划》。

其规划目标为:到 2020 年,一批重大标志性项目建成投产,铁路网规模达到 15 万千米,其中高速铁路 3 万千米,覆盖 80% 以上的大城市,为完成"十三五"规划任务、实现全面建成小康社会目标提供有力支撑。到 2025 年,铁路网规模达到 17.5 万千米左右,其中高速铁路 3.8 万千米左右,网络覆盖进一步扩大,路网结构更加优化,骨干作用更加显著,更好发挥铁路对经济社会发展的保障作用。展望到 2030 年,基本实现内外互联互通、区际多路畅通、省会高铁连通、地市快速通达、县域基本覆盖。

完善广覆盖的全国铁路网。连接 20 万人口以上城市、资源富集区、货物主要集散地、主要港口及口岸,基本覆盖县级以上行政区,形成便捷高效的现代铁路物流网络,构建全方位的开发开放通道,提供覆盖广泛的铁路运输公共服务。

建成现代的高速铁路网。连接主要城市群,基本连接省会城市和其他 50 万人口以上大中城市,形成以特大城市为中心覆盖全国、以省会城市为支点覆盖周边的高速铁路网。实现相邻大中城市间 1~4 小时交通圈,城市群内 0.5~2 小时交通圈。提供安全可靠、优质高效、舒适便捷的旅客运输服务。

打造一体化的综合交通枢纽。与其他交通方式高效衔接,形成系统配套、一体便捷、站城融合的铁路枢纽,实现客运换乘"零距离"、物流衔接"无缝化"、运输服务"一体化"。

具体规划方案如下。

(1)高速铁路网。

为满足快速增长的客运需求,优化拓展区域发展空间,在"四纵四横"高速铁路的基础上,增加客流支撑、标准适宜、发展需要的高速铁路,部分利用速度为 200 km/h 铁路,形成以"八纵八横"主通道为骨架、区域连接线衔接、城际铁路补充的高速铁路网,实现省会城市高速铁路通达、区际之间高效便捷相连。

因地制宜、科学确定高速铁路建设标准。高速铁路主通道规划新增项目原则上采用速度为 250 km/h 及以上标准(地形地质及气候条件复杂困难地区可以适当降低),其中沿线人口城镇稠密、经济比较发达、贯通特大城市的铁路可采用速度 350 km/h 标准。区域铁路连接线原则上采用速度 250 km/h 及以下标准。城际铁路原则上采用速度 200 km/h 及以下标准。

①构筑"八纵八横"高速铁路主通道。

"八纵"通道包括如下。

沿海通道。大连(丹东)—秦皇岛—天津—东营—潍坊—青岛(烟台)—连云港—盐城—南通—上海—宁波—福州—厦门—深圳—湛江—北海(防城港)高速铁路(其中青岛至盐城段利用青连、连盐铁路,南通至上海段利用沪通铁路),连接东部沿海地区,贯通京津冀、辽中南、山东半岛、东陇海、长三角、海峡西岸、珠三角、北部湾等城市群。

京沪通道。北京—天津—济南—南京—上海(杭州)高速铁路,包括南京—杭州、蚌埠—合肥—杭州高速铁路,同时通过北京—天津—东营—潍坊—临沂—淮安—扬州—南通—上海高速铁路,连接华北、华东地区,贯通京津冀、长三角等城市群。

京港(台)通道。北京—衡水—菏泽—商丘—阜阳—合肥(黄冈)—九江—南昌—赣州—深圳—香港(九龙)高速铁路;另一支线为合肥—福州—台北高速铁路,包括南昌—福州(莆田)铁路。连接华北、华中、华东、华南地区,贯通京津冀、长江中游、海峡西岸、珠三角等城市群。

京哈—京港澳通道。哈尔滨—长春—沈阳—北京—石家庄—郑州—武汉—长沙—广州—深圳—香港高速铁路,包括广州—珠海—澳门高速铁路。连接东北、华北、华中、华南、港澳地区,贯通哈长、辽中南、京津冀、中原、长江中游、珠三角等城市群。

呼南通道。呼和浩特—大同—太原—郑州—襄阳—常德—益阳—邵阳—永州—桂林—南宁高速铁路。连接华北、中原、华中、华南地区,贯通呼包鄂榆、山西中部、中原、长江中游、北部湾等城市群。

京昆通道。北京—石家庄—太原—西安—成都(重庆)—昆明高速铁路,包括北京—张家口—大同—太原高速铁路。连接华北、西北、西南地区,贯通京津冀、太原、关中平原、成渝、滇中等城市群。

包(银)海通道。包头—延安—西安—重庆—贵阳—南宁—湛江—海口(三亚)高速铁路,包括银川—西安以及海南环岛高速铁路。连接西北、西南、华南地区,贯通呼包鄂、宁夏沿黄、关中平原、成渝、黔中、北部湾等城市群。

兰(西)广通道。兰州(西宁)—成都(重庆)—贵阳—广州高速铁路。连接西北、西南、华南地区,贯通兰西、成渝、黔中、珠三角等城市群。

"八横"通道包括如下。

绥满通道。绥芬河—牡丹江—哈尔滨—齐齐哈尔—海拉尔—满洲里高速铁路。连接黑龙江及蒙东地区。

京兰通道。北京—呼和浩特—银川—兰州高速铁路。连接华北、西北地区,贯通京津冀、呼包鄂、宁夏沿黄、兰西等城市群。

青银通道。青岛—济南—石家庄—太原—银川高速铁路(其中绥德至银川段利用太中银铁路)。连接华东、华北、西北地区,贯通山东半岛、京津冀、太原、宁夏沿黄等城市群。

陆桥通道。连云港—徐州—郑州—西安—兰州—西宁—乌鲁木齐高速铁路。连接华东、华中、西北地区,贯通东陇海、中原、关中平原、兰西、天山北坡等城市群。

沿江通道。上海—南京—合肥—武汉—重庆—成都高速铁路,包括南京—安庆—九江—武汉—宜昌—重庆、万州—达州—遂宁—成都高速铁路(其中成都至遂宁段利用达成铁路),连接华东、华中、西南地区,贯通长三角、长江中游、成渝等城市群。

沪昆通道。上海—杭州—南昌—长沙—贵阳—昆明高速铁路。连接华东、华中、西南地区,贯通长三角、长江中游、黔中、滇中等城市群。

厦渝通道。厦门—龙岩—赣州—长沙—常德—张家界—黔江—重庆高速铁路(其中厦门至赣州段利用龙厦铁路、赣龙铁路,常德至黔江段利用黔张常铁路)。连接海峡西岸、中南、西南地区,贯通海峡西岸、长江中游、成渝等城市群。

广昆通道。广州—南宁—昆明高速铁路。连接华南、西南地区,贯通珠三角、北部湾、滇中等城市群。

②拓展区域铁路连接线。

在"八纵八横"主通道的基础上,规划建设高速铁路区域连接线,进一步完善路网、扩大覆盖。

东部地区。北京—唐山、天津—承德、日照—临沂—菏泽—兰考、上海—湖州、南通—苏州—嘉兴、杭州—温州、合肥—新沂、龙岩—梅州—龙川、梅州—汕头、广州—汕尾等铁路。

东北地区。齐齐哈尔—乌兰浩特—白城—通辽、佳木斯—牡丹江—敦化—通化—沈阳、赤峰和通辽至京沈高铁连接线、朝阳—盘锦等铁路。

中部地区。郑州—阜阳、郑州—濮阳—聊城—济南、黄冈—安庆—黄山、巴东—宜昌、宣城—绩溪、南昌—景德镇—黄山、石门—张家界—吉首—怀化等铁路。

西部地区。玉屏—铜仁—吉首、绵阳—遂宁—内江—自贡、昭通—六盘水、兰州—张掖、贵港—玉林等铁路。

③发展城际客运铁路。

在优先利用高速铁路、普速铁路开行城际列车服务城际功能的同时,规划建设支撑和引领新型城镇化发展、有效连接大中城市与中心城镇、服务通勤功能的城市群城际客运铁路。

京津冀、长三角、珠三角、长江中游、成渝、中原、山东半岛等城市群,建成城际铁路网;海峡西岸、哈长、辽中南、关中、北部湾等城市群,建成城际铁路骨架网;滇中、黔中、天山北坡、宁夏沿黄、呼包鄂榆等城市群,建成城际铁路骨干通道。

(2)普速铁路网。

扩大中西部路网覆盖,完善东部网络布局,提升既有路网质量,推进周边互联互通,形成覆盖广泛、内联外通、通边达海的普速铁路网,提高对扶贫脱贫、地区发展、对外开放、国家安全等方面的支撑保障能力。到2025年,普速铁路网规模达到13.1万千米左右,并规划实施既有线扩能改造2万千米左右。

①形成区际快捷大能力通道。

推进普速干线通道瓶颈路段、卡脖子路段及关键环节建设,形成跨区域、多径路、便捷化大能力区际通道。结合新线建设和实施既有铁路扩能,强化集装箱、快捷、重载等运输网络,形成高效率的货运物流网,提高路网整体服务效率,扩大有效供给。

京津冀—东北通道。利用京哈、津山、沈山、哈大、集通等铁路,实施京通、平齐等铁路扩能,构建北京(天津)—沈阳—哈尔滨—绥芬河(同江)、北京(天津)—通辽—齐齐哈尔—满洲里等进出关通道,连接京津冀、辽中南、哈长城市群。

京津冀—长三角、海峡西岸通道。利用京沪、京九、华东二通道、皖赣、金温、赣龙等铁路,建设阜阳—六安—景德镇、衢州—宁德、兴国—永安—泉州等铁路,实施皖赣等铁路改造,构建北京(天津)—济南—上海(杭州、宁波)、北京(天津)—商丘—南昌—福州(厦门)通道,连接京津冀、长三角、长江中游及海峡西岸城市群。

京津冀—珠三角、北部湾通道。利用京广、京九、湘桂、焦柳、大湛等铁路,建设龙川—汕尾等铁路,实施焦柳、洛湛南段扩能改造,构建北京—武汉—广州(南宁)、北京—南昌—深圳通道,连接京津冀、中原、长江中游、珠三角及北部湾等城市群。

京津冀—西北(西藏)通道。利用京包兰、临哈、南疆以及京广、石太、太中银、兰青、青藏等铁路,实施青藏铁路格拉段、南疆铁路等扩能改造,建设柳沟—三塘湖—将军庙铁路,构建北京(天津)—呼和浩特—乌鲁木齐—喀什、北京(天津)—石家庄—太原—兰州—西宁—拉萨通道,连接京津冀、兰西城市群及西藏地区。

京津冀—西南通道。利用京广、沪昆、南北同蒲、西康、襄渝、成昆、内昆等铁路,构建北京—西安(长沙)—川、渝、黔、滇通道,连接京津冀与滇中城市群。

长三角—西北通道。利用京沪、陆桥以及宁西铁路等,实施西平铁路、宝中铁路平凉至中卫段扩能,构建长三角—西安—乌鲁木齐—阿拉山口(霍尔果斯)通道,连接长三角、中原、关中平原、兰西城市群。

长三角—成渝通道。利用京沪、宁西、宁启、铜九、武九、武襄渝、达成、成渝等铁路,实施南京—芜湖—铜陵—九江铁路等扩能改造,建设九江—岳阳—常德、黔江—遵义—昭通—攀枝花—大理铁路,规划研究沿江货运铁路,构建上海—南京(合肥)—武汉—重庆—成都沿江通道,连接长三角、长江中游、成渝城市群。

长三角—云贵通道。利用沪昆、金温铁路等,建设宁波(台州)—金华、温州—武夷山—吉安、赣州—郴州—永州—兴义铁路,实施衡茶吉铁路扩能,构建长三角、长江中游至云贵地区通道。

长三角—珠三角通道。利用沪昆、京九、京广等铁路,实施赣韶铁路扩能,连接长三角、珠三角城市群。

珠三角—西南通道。利用京广、沪昆、渝黔、广茂、黎湛铁路等,建设柳州—梧州—广州、韶关—贺州—柳州—百色铁路,实施渝怀、黔桂、南昆铁路扩能,构建珠三角至西南地区通道。

山东半岛—西北通道。利用胶济、石德、石太、太中银、兰新铁路等,建设平凉经固原至定西等铁路,构建山东半岛西向联系通道。

西北—西南通道。利用兰新、陇海、宝成、包西、兰渝、西康、襄渝、渝黔、成昆、内昆等铁路,建设库尔勒—格尔木、格尔木—成都等铁路,构建西北(含呼包鄂榆)至西南地区通道。

同时,利用大秦、神朔、朔黄、张唐、新菏兖日、山西中南部、宁西等铁路,建设蒙西至华中地区、庆阳—黄陵、庆阳—平凉、神木—瓦塘等铁路,构建西煤东运、北煤南运、海(江)铁联运大通道,完善煤炭集疏运系统,提升煤运通道能力。

②面向"一带一路"国际通道。

推进我国与周边互联互通,完善口岸配套设施,强化沿海港口后方通道。

西北方向。规划建设克拉玛依—塔城(巴克图)、喀什—伊尔克什坦、喀什—红其拉甫、阿勒泰—喀纳斯(吉克普林)、阿勒泰—吉木乃等铁路及满都拉、乌力吉、老爷庙等口岸铁路。

西南方向。实施南宁—凭祥铁路扩能,规划建设芒市—猴桥、临沧—清水河、日喀则—吉隆、日喀则—亚东、靖西—龙邦、防城港—东兴等铁路。

东北方向。实施集宁—二连浩特铁路扩能,规划建设伊尔施—阿日哈沙特、海拉尔—黑山头、莫尔道嘎—室韦、古莲—洛古河、虎林—吉祥、密山—当壁镇、南坪—茂山、开山屯—三峰、长白山—惠山、盘古—连崟等铁路。

沿海方向。以大连、秦皇岛、天津、烟台、青岛、连云港、上海、宁波、舟山、福州、泉州、厦门、汕头、深圳、广州、茂名、湛江、海口等沿海城市及重要港口为支点,畅通港口城市后方铁路通道及集疏运体系,构建连接内陆、铁海联运的国际交通走廊。

③促进脱贫攻坚和国土开发型铁路建设。

扩大路网覆盖面。建设安康—恩施—张家界、赣州—郴州—永州—兴义、阜阳—六安—景德镇—温州—武夷山—吉安、兴国—永安—泉州、黔江—遵义—昭通—攀枝花—大理、宁德—南平、瑞金—梅州、建宁—冠豸山、韶关—贺州—柳州—百色、黄陵—庆阳—平凉—固原—定西、额济纳—酒泉、汉中—巴中—南充、贵阳—兴义、黄桶—百色、涪陵—柳州、泸州—遵义、师宗—文山、临沧—普洱等铁路。

完善进出西藏、新疆通道。建设川藏铁路雅安—昌都—林芝段、滇藏铁路香格里拉—邦达段、罗布泊—若羌—和田、成都—格尔木、柳沟—三塘湖—将军庙、西宁—玉树—昌都铁路,研究建设新藏铁路和田—日喀则段,形成进出西藏、新疆、青海及四省藏区的便捷通道。

促进沿边开发开放。建设韩家园—黑河、孙吴—逊克—乌伊岭、鹤岗—富锦、创业—饶河—东方红、东宁—珲春等东北沿边铁路,芒市—临沧—文山—靖西—防城港等西南沿边铁路。

④强化铁路集疏运系统。

以资源富集区、主要港口及物流园区为重点,规划建设地区开发性铁路以及疏港型、园区型等支线铁路,形成干支有效衔接、促进多式联运的现代铁路集疏运系统,畅通铁路运输的"最先一公里"和"最后一公里"。

上述路网方案实现后,远期铁路网规模将达到20万千米左右,其中高速铁路4.5万千米左右。

(3)综合交通枢纽。

统筹运输网络格局,按照"客内货外"的原则,优化铁路枢纽布局,完善系统配套设施,修编铁路枢纽总图。创新体制机制,统筹建设运营,促进同步建设、协同管理,形成系统配套、一体便捷、站城融合的现代化综合枢纽。研究制定综合枢纽建设、运营、服务等标准规范。构建北京、上海、广州、武汉、成都、沈阳、西安、郑州、天津、南京、深圳、合肥、贵阳、重庆、杭州、福州、南宁、昆明、乌鲁木齐等综合铁路枢纽。

①客运枢纽。

按照"零距离"换乘要求,同站规划建设以铁路客站为中心、与其他交通方式有机衔接的综合交通体,特大城市要强化铁路客运枢纽、机场、城市轨道交通的便捷连接。实施站区地上地下立体综合开发,打造高效便捷的综合客运枢纽和产城融合发展的临站经济区。同步强化客运枢纽场站设施,完善动车段(所)、客运机车车辆以及维修设施,完善客运枢纽(高铁车站)快件集散等快捷货物服务功能设施。

②货运枢纽。

合理布局铁路物流中心、铁路集装箱中心站及末端配送服务设施,扩大货物集散服务网络。按照"无缝化"衔接要求,完善货运枢纽多式联运、集装箱运输、邮政快递运输、国际联运以及集疏运等"一站式"服务设施,提升枢纽集散能力和服务效率。优化货运枢纽编组站,完善货运机车车辆设施。布局建设综合维修基地、应急救援基地以及配套完善铁路战备设施等。以发展枢纽型园区经济为导向,推进传统货运场站向城市物流配送中心、现代物流园区转型发展。

1.3.3 中国高速铁路的运营管理模式

目前,我国高速铁路建设和运营管理将引入竞争机制,打破铁路系统多年来政企不分的局面,建运模式主要有"网运分离""网运合一""混合型"3种方案。

"网运分离"是指把垄断性的路网建设与竞争性的客货运营分离。路网建设实行严格管理,由全国性的一个工程建设公司独家承担。建成后的路网客货运输引入竞争机制,由多家运输公司进行运营和管理。2000年,铁道部向国务院上报了"网运分离"方案,重组后的网运格局是:1个路网建设公司、5~7个客运公司、3～5个货运公司和2～3个专业公司。2002年"网运分离"方案被国务院否定。

"网运合一"是指路网建设和运营管理由一个独立实体公司进行统一管理，为扩大管理范围，可组建多个区域性的路网建设和运营管理一体化的分公司进行运作。铁路主业改革"网运合一"区域性竞争方案于2003年提出，被否决后，我国铁路建运模式的根本性改革暂时被搁置。后又提出铁路改革的主攻方面是进行"主辅分离""股份制改造""投融资体制改革"等基础性改革。

所谓"混合型"即在线路密集、需求旺盛的东部地区实行平行竞争，在西部地区实行类似日本的区域性公司竞争模式，在中部地区实行欧洲大陆的"网运分离"模式，这种方式根据不同的区域情况，采取不同的模式，比较灵活。随着我国综合国力不断增强和人民生活水平不断提高，以及市场经济体系的进一步完善，特别是在铁路系统管理体制改革的推动下，这种"区域公司"＋"网运分离"的混合模式，将会适应我国未来高速铁路运营管理的需要。

第 2 章　高速铁路线路设计

2.1　线路平面设计

2.1.1　最小曲线半径

最小曲线半径是限制列车最高速度的主要因素之一,且对工程费和运营费都有很大影响,因此合理地选择最小曲线半径是线路设计的重要任务之一。

最小曲线半径是高速铁路线路主要的设计标准之一。它与铁路运输模式、速度目标值、旅客乘坐舒适度和列车运行平稳度等有关。我国京沪高速铁路在运输组织模式上为本线与跨线旅客列车共线运行的客运专线模式,在选用最小曲线半径时考虑了两个方面的因素:一方面是高速列车设计最高速度 $v_{\max}$、实设超高(h)与欠超高(h_q)之和的允许值($h+h_q$)等;另一方面是高速列车最高运行速度 v_G、跨线旅客列车正常运行速度 v_K、欠超高(h_q)与过超高(h_g)之和的允许值(h_q+h_g)等。

1. 速度目标值

京沪高速铁路设计速度为 350 km/h,初期运营速度为 300 km/h,跨线旅客列车运营速度为 200 km/h 及以上。

最小曲线半径的确定首先要满足设计速度 350 km/h 的要求,其次还要满足不同速度匹配条件下的要求。

初期本线与跨线旅客列车共线运营,按 300 km/h 与 200 km/h 匹配;远期运行高速列车,其速度目标值范围为 350～250 km/h,同时考虑到远期可能存在少量运行速度为 200 km/h 的列车。因此,最小曲线半径的取值也要兼顾 350 km/h 与 200 km/h 列车共线运行的有关要求。

2. 实设超高、欠超高、过超高的允许值

(1)实设超高允许值(h)。

实设超高允许值(h)主要取决于列车在曲线上停车时的安全、稳定和旅客乘坐舒适度要求。根据我国铁道科学研究院1980年的试验研究,当列车停在超高为200 mm的曲线上时,部分旅客感到站立不稳,行走困难且有头晕不适之感。日本新干线中最大超高除东海道新干线为200 mm外其余各线为180 mm;德国ICE线和法国TGV线最大超高均为180 mm。根据铁道科学研究院和国外高速铁路的研究资料,京沪高速铁路最大实设超高暂定为180 mm。

(2)欠超高允许值(h_q)。

高速铁路的欠超高允许值(h_q)主要取决于旅客乘坐舒适度要求,同时考虑到过大的欠超高可能带来较大的线路养护维修工作量,所以在选择欠超高允许值时,应考虑留有一定的余地。1993年铁道科学研究院在环行铁道上的试验表明:当h_q=30 mm时,乘客感觉良好;当h_q=55 mm时,感觉较好;当h_q=80 mm时,感觉略有不舒适;当h_q=108 mm时,感觉不舒适。

据此,高速铁路的允许欠超高(h_q)的取值可为:舒适度良好,h_q=40 mm;舒适度一般,h_q=80 mm;舒适度较差,h_q=110 mm。

(3)过超高允许值(h_g)。

对跨线旅客列车的过超高允许值(h_g),目前国内没有试验资料,只能采用类比方法确定。

根据英国、日本等国20世纪60年代的试验结果,认为过超高与欠超高对旅客乘坐舒适度的影响是同等的。在我国既有客货共线运行干线过超高允许值远小于欠超高允许值,主要是考虑货物列车的轴重及通过总重大于客运列车,其对曲线内轨磨耗及线路的破坏作用较大,故需较严格地限制对货物列车的过超高允许值。在本线与跨线旅客列车共线的客运专线上,考虑到跨线旅客列车的车辆走行性能比货物列车要好得多,因而过超高引起的对内轨磨耗和对线路破坏作用要小一些,其过超高允许值可以适度放宽。同时考虑到京沪高速铁路的本线与跨线旅客列车共线运营模式是以高速为主,重点应保证高速列车的旅客乘坐舒适度,因此取过超高允许值与欠超高允许值一致。

2.1.2 最大曲线半径及曲线半径的选用

1. 最大曲线半径

最大曲线半径标准关系到线路的铺设、养护、维修能否达到要求的精度。曲线的线形或轨道的平顺主要依据基桩控制曲线的正矢值或偏矢值(不等弦测量)来保持。正矢值与曲线半径成反比,与弦长的平方成正比。当曲线半径大到一定程度后,正矢值将很小,测设和检测精度均难以保证极小的正矢值的准确性,可能反而成为轨道不平顺的因素。因此,应对圆曲线的最大半径加以限制。

根据国外高速铁路的测设经验,如日本、法国,在曲线地段沿线每隔 10 m 设置一基桩作为线路的基准。法国高速线路基桩的点位误差控制在 1 mm。

综合考虑线路测设精度和轨道检测精度,并参考国外试验线上最大曲线半径情况,对于我国京沪高速铁路最大曲线半径一般不宜大于 12000 m,个别不大于 14000 m。

2. 曲线半径的选用

曲线半径是确定线路容许速度、曲线超高、缓和曲线长度、曲线正矢和曲线地段建筑限界加宽等诸多要素的重要参数,应根据标准化原理进行统一、简化、协调,形成系列。京沪高速铁路曲线半径宜采用以下数列:14600 m、12000 m、11000 m、10000 m、9000 m、8000 m、7000 m。为增加曲线半径选择的灵活性,以适应特殊地形条件下节省工程投资的需要,必要时可采用以上数列间 500 m 整倍数的曲线半径。

由于高速铁路曲线半径直接决定行车速度,应根据线路不同地段的行车速度适当选定相应的曲线半径。对于大型车站两端减速、加速地段或必须限速的站外引线上,由于行车速度较低,为减少工程,可选用与实际行驶速度相适应的较小曲线半径;对于地形、地质条件困难,工程艰巨地段,也可适当选较小曲线半径并宜集中设置,以免列车频繁限速,恶化运营条件。

2.1.3 缓和曲线

为使列车安全、平稳、舒适地由直线过渡到圆曲线或由圆曲线过渡到直线,在直线与圆曲线间必须设置一定长度的缓和曲线。缓和曲线是在直线与圆曲线之间的一段变曲率、变超高线段,其作用是在缓和曲线范围内完成曲率半径由直线上的无限大逐渐变化到圆曲线的曲率半径,曲线外股钢轨高度从直线上左右股钢轨水平一致逐渐变化到圆曲线时达到外轨超高值。在高速行车条件下,旅客对乘坐舒适度比较敏感,因而对缓和曲线的设置要求也更为严格。对于高速铁路的缓和曲线研究的重点是缓和曲线线形和缓和曲线的长度。

1. 缓和曲线线形的选定

目前世界上常速铁路和高速铁路常用的缓和曲线线形有如下几类。

(1) 三次抛物线形。

平面：$y = \dfrac{x^3}{6R l_0}$ (2.1)

立面：$h = \dfrac{h_0 x}{l_0}$ (2.2)

(2) 三次抛物线余弦改善型。

平面：$y = \dfrac{x^3}{6R l_0}$ (2.3)

立面：$h = \begin{cases} h_0 \left[1 - \cos \dfrac{\left(l_0 + \dfrac{l_1}{2} - x\right)\pi}{l_0 + l_1} \right] & -\dfrac{l_1}{2} \leqslant x < \dfrac{l_1}{2} \\ \dfrac{h_0 x}{l_0} & \dfrac{l_1}{2} \leqslant x < l_0 - \dfrac{l_1}{2} \\ h_0 \cos \dfrac{\left(l_0 + \dfrac{l_1}{2} - x\right)\pi}{l_0 + l_1} & l_0 - \dfrac{l_1}{2} \leqslant x \leqslant l_0 + \dfrac{l_1}{2} \end{cases}$ (2.4)

(3) 三次抛物线圆改善型。

平面：$y = \dfrac{x^3}{6R l_0}$ (2.5)

立面：$h = \begin{cases} h_0 \dfrac{\left(x + \dfrac{l_1}{2}\right)^2}{2 l_0 l_1} & -\dfrac{l_1}{2} \leqslant x < \dfrac{l_1}{2} \\ \dfrac{h_0 x}{l_0} & \dfrac{l_1}{2} \leqslant x < l_0 - \dfrac{l_1}{2} \\ h_0 \left[1 - \dfrac{\left(l_0 + \dfrac{l_1}{2} - x\right)^2}{2 l_0 l_1} \right] & l_0 - \dfrac{l_1}{2} \leqslant x \leqslant l_0 + \dfrac{l_1}{2} \end{cases}$ (2.6)

式中，R 为曲线半径，m；l_0 为缓和曲线长度，m；h_0 为实设超高，mm；l_1 为三次抛物线改善型立面头尾插入的曲线长度，m。

(4) 七次四项式型。

平面：$y = \dfrac{l_0^2}{84R} \left[35 \left(\dfrac{x}{l_0}\right)^4 - 42 \left(\dfrac{x}{l_0}\right)^5 + 28 \left(\dfrac{x}{l_0}\right)^6 - 8 \left(\dfrac{x}{l_0}\right)^7 \right]$ (2.7)

立面：$h = h_0 \left[5 \left(\dfrac{x}{l_0}\right)^2 - 10 \left(\dfrac{x}{l_0}\right)^3 + 10 \left(\dfrac{x}{l_0}\right)^4 - 4 \left(\dfrac{x}{l_0}\right)^5 \right]$ (2.8)

(5) 半波正弦形。

平面：$y = \dfrac{x^2}{4R} - \dfrac{l_0^2}{2 \pi^2 R} \left(1 - \cos \dfrac{x}{l_0} \pi \right)$ (2.9)

立面：$h = \dfrac{h_0}{2}\left(1 - \cos\dfrac{x}{l_0}\pi\right)$ (2.10)

(6) 一波正弦形。

平面：$y = \dfrac{x^3}{6Rl_0} - \dfrac{l_0}{4\pi^2 R}x + \dfrac{l_0^2}{8\pi^3 R}\sin\dfrac{2\pi}{l_0}x$ (2.11)

立面：$h = \dfrac{h_0}{l_0}x - \dfrac{h_0}{2\pi}\sin\dfrac{2\pi}{l_0}x$ (2.12)

从理论上讲，曲线型超高顺坡的缓和曲线，最能全面满足高速列车的运行要求（例如，日本新干线采用半波正弦形），但是缓和曲线的长度势必增长，且缓和曲线的超高递升很慢，有时甚至在 $l_0/4$ 范围内，缓和曲线尚未偏离切线，给缓和曲线的铺设和养护带来了很大的困难，使得缓和曲线的有效长度实际上变得很短，所以有些国家的高速铁路不去追求所谓的理想缓和曲线。研究和实测结果表明，只要缓和曲线长度达到一定要求，各种线形均能保证高速行车安全和旅客舒适度要求。国外高速铁路的运营实践也证明了这一点。考虑到三次抛物线线形简单、设计方便、养护经验丰富等特点，我国高速铁路采用三次抛物线形，当曲线半径采用困难条件标准或缓和曲线不能保证足够长度时，可采用三次抛物线改善型缓和曲线。

2. 缓和曲线长度的选定

缓和曲线长度是高速铁路线路平面设计重要参数之一，随着列车运行速度的提高，要求缓和曲线应有足够的长度，使缓和曲线上的曲率和超高的变化不致太快，满足旅客乘车舒适的要求和确保行车的安全，但过长的缓和曲线长度会影响平面选线和纵断面设计的灵活性，从而引起工程投资的增大。

缓和曲线线形选定以后，就可考虑以下一些因素来确定缓和曲线长度：①车辆脱轨；②未被平衡横向离心加速度时变率（欠、过超高时变率）；③车体倾斜角速度（超高时变率）。

2.1.4　夹直线及圆曲线最小长度

在地形困难曲线毗连地段，两相邻曲线间的直线段，即前一曲线终点（HZ_1）与后一曲线起点（ZH_2）间的直线段，称为夹直线。高速铁路中缓和曲线间夹直线和圆曲线的最小长度主要受到列车运行平稳性和旅客乘坐舒适条件控制。

理论上列车运行平稳、旅客乘坐舒适所要求的夹直线和圆曲线的最小长度，通常按列车在缓和曲线出入口（即夹直线或圆曲线的起终点）产生的振动不致叠加考虑,与列车振动、衰减特性和列车运行速度有关。根据试验结果,车辆振动的周期约为1.0 s,列车在缓和曲线出入口产生的振动在一个半至两个周期内基本衰减完毕,按两个周期计算的夹直线或圆曲线最小长度为

$$L_{\min} = 2 \times \frac{v_{\min}}{3.6} \approx 0.6 v_{\max} \qquad (2.13)$$

式中,$L_{\min}$为夹直线或圆曲线最小长度,m;$v_{\max}$为设计最高速度,km/h。

我国既有干线一般地段夹直线长度标准为$(0.6\sim0.67)v_{\max}$。国外高速铁路最高运营速度200～350 km/h的夹直线和圆曲线的最小长度为$(0.4\sim1.0)v_{\max}$。

计算机模拟计算结果表明,夹直线长度为$0.8v_{\max}$时,在夹直线起终点对高速车辆产生的激抗振动不会叠加,对行车平稳和旅客乘坐舒适性没有明显的影响。所以,我国高速铁路夹直线及圆曲线最小长度一般按$0.8v_{\max}$计算确定;困难条件下按$0.60v_{\max}$计算确定,$v_{\max}$取远期速度目标值350 km/h。

2.1.5 建筑限界

建筑限界分为铁路建筑限界、隧道建筑限界和桥梁建筑限界。世界各国的高速铁路建筑限界,由于所采用的机车车辆性能、结构尺寸、最高速度以及运输模式各不相同,加之国情也不一样,所采用的研究方法和基本尺寸亦有所不同。建筑限界是高速铁路的基本技术标准之一,与设备设施的设计密切相关。通过分析,电气化铁路建筑限界的高度主要与接触网悬挂方式、结构高度、导线高度、带电体对地绝缘以及隧道、桥梁的断面尺寸和施工误差等因素有关;建筑限界的宽度主要与机车车辆限界的宽度、机车车辆运行中横向振动偏移量、轨道状态及一定的安全裕量等因素有关。

结合我国高速铁路的特点,根据各种条件的计算结果,并考虑留有一定的安全余量,我国高速铁路建筑限界的基本尺寸取最大高度7.25 m,最大宽度4.6 m,即可满足高速行车安全要求。

我国现行的普速电气化铁路建筑限界、电气化隧道建筑限界和桥梁建筑限界三者略有不同,主要差别在隧道下部轮廓线根据隧道边墙形状而定,桥梁下部轮廓线根据下承式板梁角撑尺寸确定,且两者的限界上部均有用于安装照明、通信、信号等设备的空间,因此比铁路建筑限界宽。我国时速300～350 km客运专线铁路的隧道净空面积较大,在建筑限界之外,有足够的空间布置照明、信号等设备,各种跨度桥梁均不采用下承式板梁,因此,建筑限界轮廓不再受桥梁结构

形状的限制。我国高速铁路的建筑接近限界同样适用于隧道和桥梁,即三种限界合一。曲线地段的建筑限界,应考虑因超高产生车体倾斜对曲线内侧的限界加宽。其加宽量为

$$W = H \cdot h/1500 \tag{2.14}$$

式中,W 为曲线内侧加宽值,mm;H 为轨顶面至计算点的高度,mm;h 为外轨超高值,mm。

2.2 线路纵断面设计

2.2.1 最大坡度

在一定自然条件下,线路的最大坡度与设计线的输送能力、牵引质量、工程数量和运营质量有着密切的关系,有时甚至影响线路走向。客货共线的铁路,线路最大坡度由货物列车运行要求决定。高速列车采用大功率、轻型动车组,牵引和制动性能优良,能适应大坡度运行。但各国高速铁路由于采用的运输组织模式和线路条件各不相同,采用的线路最大坡度也不大一样。法国高速铁路采用全高速模式,通常采用的最大坡度为 35‰。例如,法国 TGV 东南线的纵断面的最大坡度为 35‰,不仅减少了展线,缩短了线路长度,而且全线无一座隧道,节省了大量工程数量。

德国高速铁路采用客货共线运行模式,在已投入运营的客货共线的高速铁路上,最大坡度采用 12.5‰,但在高速客运专线上,最大坡度可达 40‰。

日本高速铁路采用全高速模式,日本新干线最大坡度多为 15‰。但也有例外,例如北陆新干线在高崎—轻井泽(34 km)区段中约有 20 km 采用了连续 30‰ 的长大坡。受列车制动性能的限制,在长大下坡道区段列车的限制速度定为 160 km/h,并且专用 E2 系高速列车(8 辆编组,交直交牵引传动,再生制动与电气指令式空气制动共同作用)。显然,由于地形条件所限,灵活处理并应用较大的坡度,适当降低列车运行速度,是实事求是的选择。

我国京沪高速铁路位于华北、黄淮和长江三角洲三大平原,除局部经由低山丘陵区外,全线地形平坦,高程控制问题不太突出,无须采用大坡度。但因所经地区经济发达,城市居民点密布,铁路、公路、河流纵横交错,高架线路、立交工程、跨越河流等对高程都有一定的要求,通航河流尚需满足航运净空标准,因而

纵断面设计图频繁起伏,采用坡度的大小也随条件的不同而异。经对采用8‰、10‰、12‰、15‰等不同坡度进行纵断面设计,从高程的控制性条件和工程投资差别分析,采用最大坡度12‰较为合理。根据高速客运专线特点,结合具体条件并经牵引计算验算,对于一定的纵断面和初速条件,个别困难情况下尚可采用大于12‰且不大于20‰的坡度。

2.2.2 坡段长度

两个坡段的连接点,即坡度变化点,称为变坡点。一个坡段两端变坡点间的水平距离称为坡段长度。

1. 最小坡段长度

从列车运行的平稳性要求出发,纵断面坡段长度宜设计为较长的坡段;但从节省工程投资的角度分析,较短的坡段能够较好地适应地形,减少工程数量,降低工程投资。因此,最小坡段长度的确定,既要满足列车运行的平稳性要求,又要尽可能地节约工程投资,使两者达到最佳的统一。

为保证高速运行的高舒适性,高速铁路最小坡段长度除应满足两个竖曲线不重叠外,同时还应考虑两个竖曲线间有一定的夹坡段长度,以保证列车在前一个竖曲线终点产生的振动在夹坡段长度范围内完成衰减,不至于与下一个竖曲线起点产生的振动叠加。对于两个竖曲线间夹坡段长度的要求,德国、日本两国高速铁路的规范无具体规定,但法国高速铁路要求两竖曲线间夹坡段长度不得小于 $0.4v_{max}$。参考法国标准,我国京沪高速铁路的最小夹坡段长度也取 $0.4v_{max}$。

2. 最大坡段长度

法国高速铁路的最大坡段长度与坡度有关,坡度正常值应随坡段长度而变化。对于从最小值为 3 km 的长度,其坡度不应超过 18‰;对于 3~15 km 的长度范围,其坡度逐步从 18‰降至 15‰;对于大于 15 km 的长度,最大坡度不超过 15‰,并建议在实际应用中,上述坡度再降 2‰;对于坡度大于 25‰的线路,建议在项目中考虑平均坡度 25‰,最大坡长 4 km。德国科隆—莱茵/美茵线对最大坡度规定:在坡段长度 10 km 范围内不应大于 25‰,在坡段长度 6 km 范围内不应大于 35‰。日本新干线困难条件下 18‰的坡段最大长度为 2.5 km,20‰的坡段最大长度为 1 km。借鉴国外高速铁路最大坡段长度的采用情况,建议当采用最大坡度12‰时,对最大坡段长度暂不限制;当采用大于12‰的坡度时,例如坡度为18‰时最大坡段长度为2.5 km,坡度为20‰时最大坡段长度为1 km。

2.2.3 坡段间的连接

1. 相邻坡段的坡度差

相邻坡段的坡度差允许的最大值,主要由保证运行列车不断钩这一安全条件确定,常规铁路相邻坡段的坡度差主要受货物列车制约。由于旅客列车质量远低于货物列车,国外高速铁路对相邻坡段的坡度差均未做规定。

2. 竖曲线半径

为保证列车在变坡点的运行安全和乘客的舒适性要求,参照国外有关规范,相邻坡段的坡度差大于1‰时,应采用圆曲线型竖曲线连接。

竖曲线半径的选取可考虑竖向离心力和竖向离心加速度两个因素。当列车在凸形竖曲线上运行时,就会产生向上的离心力,使轮载减轻;当列车在凹形竖曲线上运行时,就会产生向下的离心力,使轮载增大。所以竖向离心力会对列车运行的安全性产生影响,也会对旅客的乘坐舒适性产生影响。竖向离心加速度和离心力的计算式如下。

竖向离心加速度:$a_{sh} = \dfrac{v_{max}^2}{3.6^2 R_{sh}}$ (2.15)

竖向离心力:$F_{sh} = \dfrac{m v_{max}^2}{3.6^2 R_{sh}}$ (2.16)

式中,v_{max}为最高速度,km/h;R_{sh}为竖曲线半径,m;m为车辆质量,kg。

(1)竖向离心力。当列车在竖曲线上制动时,制动力就会产生竖向分力,此竖向分力与竖向离心力一起形成竖向合力,计算式如下:

$$\Delta W = F_{sh} + S_{sh} = \dfrac{1}{R_{sh}}\left[\dfrac{m v_{max}^2}{3.6^2} + lS\right]$$ (2.17)

式中,S_{sh}为制动力的竖向分力,kN;S为车辆制动力,kN;l为车辆钩舌距,m。

由此可得轮重减载率为$\Delta W/W$(W为车辆重力,kN)。为了保证车辆运行的安全,一般认为轮重减载率不大于10%。根据国内外的研究,认为保证列车运行安全的最小竖曲线半径应满足如下要求:设计目标速度250 km/h时为5200 m;设计目标速度300 km/h时为7400 m;设计目标速度350 km/h时为

9900 m。

(2)竖向离心加速度。通过国外高速铁路线路竖向离心加速度允许值的分析,认为高速铁路线路的竖向离心加速度允许值取 0.4 m/s² 较为合适(困难时为 0.5 m/s²)。据此可导出根据舒适度要求的高速铁路线路最小竖曲线半径:设计目标速度 250 km/h 时为 12060 m;设计目标速度 300 km/h 时为 17370 m;设计目标速度 350 km/h 时为 23640 m。

第3章 路基施工技术

路基是轨道的基础,也称为线路下部结构。高速铁路路基是一种土工结构物,与传统铁路在设计、施工、养护等方面都有很大的不同。主要体现在:必须达到轨道高平顺的要求,必须满足高速铁路对工后沉降的要求,必须严格控制路基不均匀沉降,必须控制路基的初始不平顺。

3.1 地基处理施工

3.1.1 原地面处理

1. 施工质量控制要点

(1)检查地基条件:按《铁路路基工程施工质量验收标准》(TB 10414—2018)(以下简称《验标》)相关要求进行检查。

(2)做好排水工作和清表后的晾晒工作。

(3)换填材料是否符合设计要求(做液塑限、击实等试验)。

(4)压实度能否满足设计要求。

(5)路基宽度是否符合设计要求。

2. 可能出现的工程问题及处理方法

常见工程问题:回填细粒土后,碾压达不到要求的地基系数 K_{30}。

解决方法:取土样做含水量试验,鉴别含水量是否合适,若过高,则应进行翻晒;反之,则要洒水。如仍达不到设计要求,则要与设计代表联系,商讨处理办法。

3.1.2 塑料排水板

1. 加固原理

根据固结理论,黏性土固结所需的时间和排水距离的平方成正比,在软土地层中按一定的间距和布置形式打设塑料排水板,可增加上层的有效排水途径,缩短排水距离。在路基荷载的作用下,土层中的孔隙水通过塑料排水板的滤膜渗入沟槽内,并沿着沟槽竖向排入地面的砂垫层内,再通过砂垫层排至路基两侧的排水沟中,加快地基固结速率,使路基沉降在路堤填筑及预压期间基本完成。

2. 适用范围

塑料排水板适用于软土层较厚、路堤较高地段。特别是当天然土层的水平排水性能比垂直方向好时,采用塑料排水板的加速固结效果较好。

3. 施工工艺

塑料排水板每盘长 200 m,固定在插板机的轮轴上,它通过插板机的导管插入地层,施工时经排水板导管上部滚轮,通过导管靴穿出,导管连同排水板通过 H 形锚销压入土中。

将排水板插入设计深度后,拔出导管,排水板便留在土中,然后剪断,即完成一根排水板的插设。

作业程序如下。

(1)首先进行清表,填筑路拱,压实后路拱两侧与原地面高度相同,中间部分比两侧高出 20 cm。

(2)在路拱上铺设 30 cm 厚的砂垫层并碾压,提供合格的操作场地。

(3)严格按施工图设计的位置及间距进行测放。排水板间距为 1.2 m,呈等边三角形布置。排水板的顶部伸入砂垫层至少 30 cm,使其与砂垫层连通,保证排水畅通。

(4)插板机上设有明显的进尺标记,以控制排水板的打设深度。

(5)塑料排水板在打设过程中应保证排水带不扭曲、透水膜不被撕破和污染。

(6)打设过程中,不得使用长度不够的塑料排水板,以确保排水性能。

(7)排水板与锚销连接应可靠,锚销与导管下端口密封应严密,以免进泥。施工中采用 H 形锚销,一是防止打设过程中土层与插板直接接触,损伤排水板;二是防止泥土进入导管。

(8)打设后外露的排水板不得遭污染,应及时清除排水板周围带出的泥土并用砂填实。

(9)进场堆放的塑料排水板应予以遮盖,防止在阳光中暴露而老化。

插板施工完毕后,首先将砂垫层表面刮平,然后将高出砂垫层的排水板割断,使之与砂垫层顶面相平,再铺设土工格栅。在路基边坡处土工格栅要向路基内回折 2.5 m,回折后的土工格栅比平铺时的土工格栅高 0.1 m。

土工格栅铺设完毕后,再采用人工配合轻型机械进行 20 cm 砂垫层铺设。砂垫层铺设应从路基两侧开始向中心进行。砂垫层铺设完成后,开始路基本体土方的填筑,第一层土方的填筑从路基一侧开始向另一侧推进,不得用载重汽车直接在砂垫层上倾土填筑,土工格栅上填筑厚度大于 0.6 m 时,才能使用重型压路机械。

4. 可能出现的工程问题及处理方法

工程问题:排水板回带现象严重。

解决方法:分析原因,改进工艺。如在拔管前停顿一会儿,让液化后的粉细砂可以恢复一定的强度;或是将桩头的销子改换为靴头。如仍解决不了问题,就得与设计协调,考虑变更打入深度。

3.1.3　袋装砂井施工

1. 加固原理

在软土地基中置入砂袋,可改善地基的排水条件,使地基排水由原来的单向排水变为多向排水,且缩短排水距离。预压荷载可使地基内的水分迅速通过砂井排出,加速地基的固结过程,从而增大地基土的抗剪强度和承载力,减少路基的工后沉降。

2. 施工要点

(1)将路幅范围内原地面上的淤泥、树根、草皮、腐殖土等不适用材料清除,一般清基深 30 cm。两侧挖水沟以防水浸泡工作面。

(2)在设计要求的路幅内,用土填至比原地面高出 20 cm,并以 4% 横坡填成路拱,碾压至密实度达到 90% 以上。

(3)在路拱上均匀铺设透水性好的粗砂层,砂层厚度为 30 cm,表面应平顺,形成同路拱相同的坡度,以利袋装砂井中排出的水能迅速从该砂层中流出,并对砂垫层进行碾压成型。

(4)机具定位。根据砂井布置范围及行列间距在现场采用小木桩、竹板桩准确定出每个砂井位置,在机具定位时,遵循从低处往高处打设的原则,保证锤中心与地面定位在同一点,并用经纬仪观测控制导向架垂直度,在套管入土时将木桩拔掉。

(5)安设套管与桩尖。套管直径应根据砂井直径而定,一般比沙袋直径大 3 cm 时打设效果较好。在套管上画出控制高程的刻画线,套管接长时在打设前应进行试安装。套管下端一般采用活瓣式桩尖固定,套管定位是利用桩机上的起吊设备将其吊起,上端送入桩帽,下端让人扶住并准确插在定位点上。

(6)套管打入。当套管吊起定位后,即可开锤施打,开始落锤时要轻缓,防止套管突然偏斜。当套管入土后,应设专人观测套管是否垂直,直至深度符合设计要求。

(7)下砂袋时将整个砂袋吊起,从端部放入套管口,徐徐下放或在套管口设置滑槽,将砂袋缓慢顺直放入套管中,防止砂袋扭结、断裂或磨损。

(8)砂袋到位后即可拔出套管,拔管时应先启动激振器,再提升套管,在套管内加入少量水,以此打开桩尖活瓣。

(9)套管拔出后,砂袋应露出井口 30 cm 以上,当砂袋内砂不满时,应向砂袋内补砂直至满足要求为止。袋头竖直埋入砂垫层中,高出砂垫层的部分(在满足设计井深情况下)经检查后将其割除,重新扎牢袋口。

3. 可能出现的工程问题及处理方法

工程问题 1:袋装砂井回带现象严重。

解决方法:用绳子吊住砂袋,在拔管的同时释放绳子,以绳子的下坠力冲开桩头;检查桩头的密封性能,避免因管中挤入泥浆或砂浆产生大的摩擦力。

工程问题 2:砂井出露长度少于 30 cm。

解决方法:在拔管过程中,以一定的力拉着砂袋,尽量使得砂袋在孔中保持垂直。

3.1.4 挤密砂桩和挤密碎石桩

1. 工艺原理

振动挤密砂桩是将桩尖、桩管插入待加密的饱和粉细砂地基中,通过上下提降压拔桩管灌砂和利用置于桩管顶上的振动打桩锤的振动作用,使饱和粉细砂土地基得到挤密,从而使地基得到加固。沉桩过程中的振动挤密作用,使孔隙比减小,地基相对密实度得到提高,从而提高了地基的抗剪强度和承载力。此外,砂的灌入挤密还可使地基趋于均匀,改善地基的整体稳定性,减少地基沉降,使地基在动作用下不致产生液化。

2. 施工工序

(1)桩机就位。根据门架式振动挤密砂桩机走行钢轨上标出的桩位标记,移动桩机,使桩机对准打桩线;启动 0.5 t 卷扬机,按照下横梁上标出的桩位标记移动导向架,使桩管(尖)对准打桩点,并将卷扬机离合器刹紧;松动 1 t 卷扬机离合器,使桩尖接触桩位点。

(2)启动桩锤电机使桩锤振动,桩管沿桩位下沉(桩管必须下沉到设计深度)。

(3)灌砂。根据桩深,按规定的灌砂量将砂子装入桩管内,如果桩管一次容纳不了应灌入的全部砂料,剩余的砂料待桩管提升、下砂振动挤密一段时间后,再补充装入。

(4)沉桩过程中的振动挤密。第一次把桩管提升 80～100 cm,提升时桩尖自动打开(目测观察料斗中砂料变化,如砂料没有减少,说明桩尖尚没有打开,此时应继续提升桩管,直到桩尖打开为止),桩管内的砂料流入孔内。

(5)降落桩管,振动挤压 15～20 s。

(6)其后,每次提升桩管 50 cm,挤压时间以桩管难以下沉时为宜。按上述方法经多次往复升降压拔桩管,灌砂挤密地基。

(7)完成该桩灌砂量,桩管提至地面,将桩管移到下一根桩位。

3.1.5 粉喷桩施工

1. 加固原理

粉喷桩是用粉喷桩机械将钻杆钻至设计要求的土层深度,钻头到达下部持力层后,用压缩空气将水泥粉经钻杆内孔压送至钻头上的特制喷嘴,水泥粉随同钻头旋转向四周土体喷射,同时钻杆以一定的速度提升,钻头上的叶片将其四周一定范围内的土体自下而上不断切割,使之疏松并与水泥搅拌混合胶结,硬化后即可形成一定直径的大于原土层强度的固结体。

2. 适用范围

(1)粉喷桩适用于淤泥、饱和黏土、亚黏土等软土地区的地基加固。

(2)粉喷桩加固最大深度可达 20 m,加固土 28 d 龄期的无侧限抗压强度可达 2.0 MPa。

3. 操作要点

(1)清除地表 0.3 m 厚种植土及其他杂物,用土回填至原地面,将其顶面做成三角形,两侧与原地面平齐,中心高 0.2 m,其宽度不小于路堤加护道宽度,并碾压密实至 $K \geqslant 0.86$,地基系数 $K_{30} \geqslant 70$ MPa/m。

(2)机具定位。根据粉喷桩布置范围及行列间距在现场用小木桩准确定出每根粉喷桩的位置。然后使桩机对位,调平机身,保证桩的垂直度。

(3)启动主电机下钻,待钻头接近地面时启动自动记录仪和空压机送气,并继续钻进。

(4)当钻至设计深度时,停止钻进,钻头反钻但不提升。

(5)打开送料阀门,关闭送气阀门,喷送水泥。

(6)水泥到桩底后,提升搅拌钻头喷送水泥不停,为控制成桩质量,一般不得使用三挡提升。

(7)提升到设计高程时,关闭送料阀,停止喷粉。打开送气阀,空压机不要停机,停止提升,在原位转动 2 min,以保证桩头均匀密实。

(8)搅拌钻头再钻到设计桩底深度,进行第二次搅拌。

(9)将搅拌钻头提出地面,停止主电机、空压机,填写施工记录。

(10)移动桩机至下一个桩位。

3.1.6　土工格栅碎石垫层施工

土工格栅碎石垫层施工要点如下。

(1)土工格栅在平整的下承层上按设计要求的宽度铺设,其上下层填料应无破坏土工格栅的杂物,铺设土工格栅时,将强度高的方向垂直于路堤轴线方向布置。

(2)土工格栅横向铺设。铺设时绷紧、拉挺,避免折皱、扭曲或坑洼。土工格栅沿纵向拼接采用搭接法,搭接宽度不小于 30 cm。

(3)铺好土工格栅后,人工铺设上层填料,及时完成碾压,避免长期暴晒。然后采用机械运料、整平、碾压。机械摊铺、碾压从两边向中间推进,其压实度保持达到规范要求。

(4)杜绝一切施工车辆和施工机械行驶或停放在已铺好的土工格栅上,施工中随时检查土工格栅的质量,发现有折损、刺破、撕裂等损坏时,视程度修补或更换。

3.1.7　CFG 桩

CFG 桩(cement fly-ash gravel pile)是水泥粉煤灰碎石桩的简称。它是由

水泥、粉煤灰、碎石、石屑或砂加水拌和形成的高黏结强度桩,与桩间土、褥垫层一起形成复合地基。CFG 桩复合地基一般不配钢筋笼,水泥用量只有灌注桩的 50%～60%,而且桩径小、桩数少,地基强度和变形模量较为均匀,对提高结构受力、结构抗震等级均为有利。其工程造价与预制桩相比可节约成本 50%,与灌注桩相比可节约成本 30%,具有极佳的经济效益。

CFG 桩施工流程如下。

(1)桩机、混凝土泵、搅拌机就位。

(2)启动桩机,钻具钻进到预定高程。

(3)混凝土泵将搅拌均匀的混合料送至钻杆芯管内,提升钻杆,根据显示的灌注压力,控制混凝土泵的泵送量和钻具提升速度,灌注到设计高程。

(4)移动桩机至下一桩位,并清理排气装置。

3.2 路基填筑压实

3.2.1 路堤下部及底层填筑

3.2.1.1 施工工艺

路堤本体填筑施工按照三阶段、四区段、八流程的施工工艺组织施工。

三阶段:准备阶段、施工阶段、整修验收阶段。

四区段:填土阶段、平整阶段、碾压阶段、检测阶段。

八流程:施工准备、基底处理、分层填筑、摊铺整平、洒水或晾晒、硬压夯实、检验签证、路基整修。

3.2.1.2 施工要点

1. 施工测量和放样

①路基施工前要做好施工测量工作,其内容包括:导线、中线、水准点复测,横断面检查与补测,增设水准点等。

②根据恢复的路线中桩、设计图纸、施工工艺和有关规定,定出路基用地边桩和路堤坡脚边沟、护坡道等具体位置桩。

2. 路基横断面核查

开工前对线路中桩坐标、原地面高程进行复测,绘制路基横断面图,计算土石方数量。

3. 施工前的复查和试验

开工前对用作填料土的沿线取土场取有代表性的土样,按《铁路工程土工试验规程》(TB 10102—2010)的规定方法进行试验,并做出土样的密度与含水量曲线,确定最大干容重、最佳含水量。

4. 铺筑试验段

铺筑试验段,确定路基压实的最佳方案。

5. 路基清表及路拱土回填

(1)施工准备。

①组织测量放样,每 20 m 测放中心桩及对应边桩,抄平测量,标出高程,对控制桩设置护桩。

②提前排除积水,挖好排水沟。

(2)施工方法。

采用推土机清除路幅范围内原地面上的淤泥、树根、草皮、腐殖土等不适用材料。一般清除深度为 20 cm,如超出 20 cm,继续挖至全部清除,达到清基要求后用压路机碾压。

6. 砂垫层

(1)施工要点。

①砂垫层施工前将基底清理整平,并按设计要求做好基底碾压和土路拱。

②砂垫层设计厚度为 0.5 m,施工采用水平分层铺设,分次施工,注意分层厚度。

③根据自卸汽车斗容量及虚铺系数计算出路基横断面用料、卸车车数及路基纵向卸车距离。

④在线路中心桩及两侧路肩上标出施工层虚铺厚度,控制每层的压实厚度。

⑤采用推土机按标出的虚铺厚度将砂摊平,并使表面平整。

⑥表面整形后,当砂的含水量等于或略大于最佳含水量时立即用压路机在路基幅宽内进行碾压,压路机由路基两侧向中心碾压,静压两遍,静压结束后进行振动碾压,压实遍数通过试验段施工确定。

⑦在碾压成型并经孔隙率检测达到要求的砂垫层上进行土工格栅的铺设。

⑧第二层砂垫层摊铺、整平及碾压采用方法与第一层相同。

碾压过程注意事项如下。

严禁压路机在已完成的或正在碾压的路段上"调头"或"急刹车",停车时要先减振,再使压路机自然停止。

砂垫层摊铺采用全断面摊铺,不留纵缝;当日施工的两个工作段衔接处,从整形到碾压都要进行搭接施工,搭接长度不小于 5 m。

(2)质量控制。

①砂垫层用级配良好的中砂、粗砂、砾砂填筑,含泥量小于 5%,不含有机质、垃圾等杂质。

②砂垫层铺平碾压时砂的最优含水量控制在 8%~12%,如含水量偏小,当外界最低气温不低于 5 ℃时,采用洒水汽车在砂垫层外侧接水管,适量洒水后碾压。

③砂垫层密实度标准应达到中密度以上(即相对密度不小于 0.67)。

④砂垫层质量检验符合标准。

7. 铺设土工格栅

(1)土工格栅在铺设前应检查所选用材料规格及性能是否符合设计要求。

(2)铺设土工格栅前应整平垫层,填料内不得有尖石、树根等杂物;铺设土工格栅要求长孔方向与线路横断面方向一致,土工格栅必须拉直、拉平,幅与幅之间要对齐,为使其绷紧平整,以 U 形钉固定。

(3)土工格栅铺设时,按设计端头回折,并用填料压住。

(4)只有当土工格栅上的填料和垫层厚度大于 0.6 m 后,才能采用重型压实机械进行碾压。

8. 路堤填筑

(1)根据试验段确定的虚铺厚度在路基两侧布设标示桩,分层厚度小于 30 cm,在路基表面标示出用料卸车数、纵向卸车距离;对施工段落进行技术交底,包括填层厚度、宽度、填料类别、压实标准及注意事项。

(2)分层填筑。

①按横断面全宽纵向水平分层填筑压实;按照卸车标示距离派专人指挥卸车,保证每层填料厚度及宽度。

②为保证边坡压实质量,填筑时路基两侧各加宽 40 cm。若有特殊要求,按照设计办理。

(3)摊铺平整,翻松晾晒。

①填料的摊铺使用推土机按照边桩标示高度进行。

②初步摊平达到要求后,检测填料含水量是否在施工最优含水量2%~3%内,当含水量较低时,及时洒水。

③当填料含水量适中时,压路机静压一遍后,采用平地机进行整平和整形。平地机由两侧向路中心进行刮平,使其纵向顺适,路拱和超高符合设计要求。精平要仔细进行,必须将局部高出部分刮除,并清出路堤外。

(4)碾压密实。

①根据试验确定的碾压方案及路段的特点,碾压前对压路机司机进行技术交底,包括碾压范围、压实遍数、压实的速度等。

②路基整形完成,填料含水量接近最优含水量时,用压路机在路基全宽范围内静压一遍,压路机应由两侧路肩向路中心碾压。

③路基经过稳压后,用大吨位重型振动压路机进行压实,压实原则为"先轻后重,先慢后快,先弱后强"。由两边向中间循序碾压,各幅碾压面重叠不小于0.4 m,各区段交接处互相重叠压实,纵向搭接长度不小于2 m。

④碾压过程中,如发现局部有松软现象,应及时挖除,用合格填料换填,以保证路基整体强度。

⑤路肩两侧应多碾压两遍,边坡也要进行碾压密实。

3.2.2 过渡段填筑

3.2.2.1 过渡段的施工原则

(1)保证设计的长度和范围。

(2)填筑材料符合设计要求。

(3)保证设计规定的压实标准。

(4)基底处理与桥台、相邻路基同时进行。

(5)隐蔽工程验收合格后,才能进行基坑和基底处理。

(6)桥台混凝土强度达到设计要求后,才能进行过渡段填筑施工。

(7)桥台基坑回填材料符合设计要求(台后基坑使用C40混凝土)。

(8)过渡段与相邻的路堤和锥体按水平分层同时填筑。

(9)过渡段两侧按设计做好纵向和横向排水沟,避免水从结合部渗入路基造成病害。

(10)桥台必须按照设计要求做好防水层与保护层施工过渡段。

3.2.2.2 施工工艺

1. 填筑前的准备工作

(1)清除基底不宜作填料的地表土,整平后碾压密实,达到控制指标。

(2)在室内进行级配碎石配合比试验及填料压实试验,以确定压实机型、摊铺厚度、压实遍数、压实速度。

(3)开挖过渡段两侧的纵向及横向排水沟。

(4)对压实机械人员进行技术交底。

(5)为控制分层厚度,在结构物上画出明显的分层厚度的标线。

2. 填筑施工

确定填筑厚度,根据每层厚度计算出过渡段填筑的总层数。每层施工工艺可参考如下步骤。

(1)验收过渡段基底。

地基承载力检测合格以后,平整场地。按照设计要求确定第一层级配碎石填筑的界限,放样路基中心、护锥轮廓线、填筑边线及打设高程控制桩。

(2)搅拌运输。

级配碎石采用稳定土搅拌站集中拌和,并根据试验段的参数进行拌和。控制含水量并根据天气情况做相应的调整。运输设备可采用自卸汽车。

(3)摊铺碾压。

因下几层作业面比较小,可采用人工进行摊铺。注意松铺厚度及摊铺均匀。其余各层采用推土机进行摊铺,对不均匀处进行调整。拌和好的混合料要尽快运到现场并进行摊铺碾压。

注意堆放的距离。全断面碾压应遵循"先两侧后中央,先静压后振压,注意时速,作业面不调头、不转弯"的原则。

(4)检测修整。

设专人及时进行压实质量检测。每层碾压后压实若达不到要求,要分析原因,重新补压直到满足要求。记录完整、准确,签认及时。

3.2.3 膨胀改良土施工

膨胀土是矿物质多为蒙脱石、伊利石和高岭石的黏性土。其体积随含水量的增加而膨胀,反之随含水量的减少而收缩,具有较强的胀缩性。膨胀土作为路基填料必须经改良处理后才能使用。

目前处理膨胀土的方法主要是化学改良,如掺石灰、水泥、粉煤灰、固化剂等,使膨胀土与之发生一定的化学反应,改变膨胀土的胀缩性。

膨胀改良土施工时常采用两种拌和方法:厂拌法和路拌法。

施工要点如下。

1. 下承层处理及检验

按验收标准对下承层进行处理及检查验收。验收合格后,用平地机将表面刮平。若表面干燥则洒水湿润。

在合格的下承层上测量放样,施放边桩及路拱桩,并标注出虚铺厚度。

2. 分层填铺填料

等距离堆卸填料。用推土机沿线路纵向先两侧后中间进行摊铺,然后用平地机进行整平。虚铺厚度由标注桩控制,控制好填料的含水量。

3. 填料拌和

先进行翻耕,再用路拌机进行拌和,控制好翻拌深度,避免填筑层与下承层之间形成素土夹层。拌和沿线路纵向进行,先路基两侧后路基中间,纵向衔接宽度为 0.5 m。反复进行几次,使其拌和均匀。整个过程中,技术人员应经常检测改良土的含水量、拌和深度及填料均匀程度。当填料符合要求后,用平地机初平,准备进行碾压。

4. 碾压

在初平的路段上用压路机快速静压 1 遍,以暴露潜在的不平整,对其由人工配合机械整平。碾压由外侧路肩向线路中心进行,沿纵向重叠 1/3 轮。碾压工艺:先静压 1 遍,然后弱振碾压 1 遍,强振碾压 4 遍,再弱振碾压 1 遍,最后静压 1 遍。若有不平处,用平地机刮平并补压。压实后的改良土,表面应平整密实,无裂缝或局部龟裂纹,无浮土、脱皮及松散等现象,密度及压实检测应符合要求。

3.3　路基与地基加固

3.3.1　高速铁路路基加固

强化基床表层是消除基床病害、保证高速铁路运营的根本措施。国外高速铁路都在基床表层和道床之间设置了过渡层以防止基床病害,保证线路平顺。

3.3.1.1 沥青混凝土硬化层技术

我国高速铁路建设也借鉴了国外相关建设经验。在速度为300~350 km/h的客运专线有砟轨道中,路基面上设置沥青混凝土防渗层,一般情况下基床表层由5~10 cm厚的沥青混凝土和60~65 cm厚的级配碎石(级配砾石)组成,有砟轨道路基面全宽设置沥青混凝土。无砟轨道基床表层与混凝土支承层的总厚度不小于0.7 m,在混凝土支承层至路肩和两线间路基面设置沥青混凝土防渗层。

3.3.1.2 复合土工膜防渗技术

我国在速度300 km/h以下的高速铁路中没有设置沥青混凝土防渗层。而级配碎石的防渗性能有限,长期运营可能出现路基病害隐患。为此,可利用两布一膜的隔水、防渗性能,在多雨地区将两布一膜铺设在基床表层,封闭路基基床,用廉价的方法防止基床填料浸水软化。该方法已经在石太客运专线、太中银铁路上采用。

两布一膜防渗路堤的现场铺设工艺和质量控制方法如下。

(1)路基面检测及整平。路基面必须达到设计标准,做成流向路基外侧不小于4%的排水坡。

路基面检测要求确保压实系数$K \geqslant 0.95$,$K_{30} \geqslant 110$ MPa/m。

路基面整平,不应含有尖锐杂物及碎石。

(2)铺设底层砂垫层。使用的河砂要求级配良好,不含大粒径的石子、尖石、树根等。由专人清除大块颗粒。

机械运输、摊铺、压实,要求孔隙率小于20%,刮平、压实后的砂垫层厚度为10 cm。

(3)铺设两布一膜。两布一膜在运输和储存过程中不得受到沾污、雨淋、暴晒。应放置在干燥处,周围不得有酸、碱等腐蚀介质。注意防水、防潮。

铺设准备。厂家提供的土工膜自动爬行机;电动塑料焊枪;手提缝纫机;20 cm×400 cm木板;220 V交流电源。

铺设顺序。横向铺设、切割、焊接及缝合、纵向卷起。横向长度达到路基面宽度。

铺设施工。两布一膜的铺设应选择在干燥无雨的天气进行。关键工序为接缝处理。焊缝搭接宽度不小于10 cm。焊接前要调整好两布一膜边上的PE膜,使之满足搭接宽度,且平整无折皱,接缝处的PE膜上不能有油污、水分、尘土等杂物。调整好自动焊接爬行机的速度、温度,保证接缝密实牢固,强度要满足设计要求;保证无缝隙,抗渗性达到设计要求;焊接不慎造成的缺损必须用焊枪修补好;注意施工人员用电安全。每五幅接缝处理好以后,将两布一膜从一端沿纵向卷起,以利于上层砂垫层的摊铺。

(4)摊铺上层砂垫层。

使用的河砂要求级配良好,不含大粒径的石子、尖石、树根等,必要时过20 mm的筛子;要求含泥量小于5%。

上层砂垫层铺设:将卷起的两布一膜纵向展开,机械运砂、卸砂,均匀分布砂堆。

摊铺:人工摊铺,严禁用铁锹等锐器磕碰两布一膜,严禁穿着钉鞋作业。

压实:采用轻型机械刮平和压实,压实后的砂垫层厚度为20 cm。

纵向50 m铺设压实以后,依次循环作业铺设下一段。

全部铺设压实完后,复测砂垫层的尺寸及质量,应满足设计要求。复测砂垫层顶面标高,应为路基底层的顶面标高。

(5)摊铺基床表层级配碎石。

基床表层级配碎石的铺设不在此施工工艺之内,但为了避免引起两布一膜的损坏,特提出基床表层的下层35 cm厚级配碎石底的施工工艺附加要求。

运输、摊铺:用轻型机械运输,向两布一膜及砂垫层上倾倒级配碎石;横向均匀分布级配碎石堆,然后用轻型推土机从起始端向另一端摊铺。压实可采用常规压实机械,但禁止使用羊足碾。

3.3.2 高速铁路地基加固

3.3.2.1 地基处理分类

地基处理的目的是提高地基承载力,减少地基沉降。当天然地基不能满足构筑物稳定或变形控制要求时,就要对天然地基进行处理,形成人工地基。由各种地基处理方法获得的人工地基可以分为两类:一类是对天然地基土体全部进行土质改良,如排水固结法、强夯法、原位压实法、换填法等;另一类是形成复合地基,它可以由复合体与天然地基土体形成,如水泥土复合地基、CFG桩复合地基。

复合地基是指天然地基在地基处理过程中部分土体得到增强或被置换,加固区是由基体和增强体两部分组成的人工地基。根据地基中增强体的方向又可分为水平向增强体复合地基和竖向增强体复合地基。竖向增强体复合地基通常称为桩体复合地基,可分为三类:散体材料复合地基、柔性桩复合地基和刚性桩复合地基。散体材料复合地基如碎石桩复合地基、砂桩复合地基等。柔性桩复合地基如深层搅拌桩复合地基、旋喷桩复合地基等。刚性桩复合地基如CFG复合地基、管桩复合地基、钢筋混凝土复合地基等。复合地基有两个基本特点:①加固区由基体和增强体两部分组成,是非均质的、各向异性的;②在荷载作用下,基体和增强体共同承担荷载的作用。

近年来,国内外学者在进一步研究竖向增强体和水平向增强体的特点的基础上,为充分发挥桩间土的承载能力,提出了桩网复合结构和桩板复合结构,建立相应的理论并应用于高速铁路路基,取得了较好的效果。

3.3.2.2 桩网结构复合地基

1. 桩网复合结构

桩网复合结构是指在地基处理过程中,下部土体得到竖向增强体"桩"的加强形成复合地基加固区,在桩顶得到水平向增强体"网"的加强形成复合地基加固区,使桩、网、土三者协同作用,整体共同承担上部荷载的结构。它具有沉降变形小而且完成快、工后沉降较易控制、稳定性高、施工方便等优点,在高速铁路路基工程中得到广泛应用。

2. CFG桩的桩网结构施工工艺

桩体采用CFG桩,桩顶设有圆形或方形帽,在其上铺设50~60 cm级配碎石,级配碎石中夹有一至两层土工格栅。其设计方法考虑了桩和网形成土拱的协同作用。主要设计参数为桩间距、桩帽尺寸、填土高度、外荷载。

CFG桩质量控制:

(1)CFG桩的数量、布置形式及间距符合设计要求;

(2)桩长、桩顶标高及直径应满足设计要求;

(3)褥垫层厚度和密实度应满足设计要求;

(4)CFG桩施工中,每台班均须制作检查试件,进行28 d强度检验;

(5)成桩28 d后应及时进行小应变检测、单桩静载试验或复合地基承载力试验;

(6)桩头凿除过程中应采用切割法,不得采用影响桩身质量的野蛮凿桩头的方法;

(7)选择合适的开挖设备及合理的走行线路,重型挖掘机、运土车不得进入地基处理区,桩身强度达到设计强度的70%以后进行清土,派专人指挥;

(8)现场施工技术人员和监理人员应认真及时地完成"CFG桩检验批质量验收记录表"的验收记录工作。

3. 常见质量问题及对策

(1)桩身垂直度及桩位偏差。主要原因:操作员未按技术交底进行作业;旁站人员未对桩机进行有效监控;技术交底未明确具体作业方式。

控制方法如下。

垂直度:在桩机上悬挂双向垂球;旁站人员在桩机就位后进行实测,判定桩身的垂直度偏差是否满足规范或设计要求。

桩位偏差:在上一根桩施工过程中,通过已经标明相近的横向、纵向桩位用尺量。

(2)短桩。主要原因:标识不清;施工队伍偷工减料;旁站人员不足、控制不严,管理人员巡查不够。

控制方法:在桩机机身上做明确的长度标识,为方便夜间施工控制,需用反光材料进行标识;标识的最小刻度一般为50 cm或25 cm;增加必要的旁站人员,进行现场培训;分部和经理部管理人员加强巡视,特别是夜间施工的巡视。

(3)桩头疏松。主要原因:提管速度过快;混合料离析;停灰面过低,未留相应的超灌长度。

控制方法:按作业指导书规定的提管速度严格控制;预留适当的超灌长度;加强对混合料搅拌、运输、浇筑过程的监控。

(4)浅层断桩。主要原因:上覆土清除时间、机械不妥;桩头破除方式不妥;褥垫层施工方法不当;土体冻胀。

控制方法:在桩身强度达到设计强度的70%以上后,用小型挖掘机清除上覆土;建议用电锯切桩头;褥垫层第一层施工时采用机械配合人工进行,大型机械不得进入地基处理区;冬季施工需覆土保温。

(5)桩身离析。主要原因:混合料工作性能不佳;提管速度过快;提管过程中,停止供应混合料。

控制方法:加强对混合料搅拌、运输、浇筑过程的监控;根据混凝土泵的实际功效,确定合理的提管速度;提管过程中,严禁停泵。

(6)桩端未进入相应的持力层。主要原因:对瞬间电流控制目的不清,未按瞬间电流、桩长进行双控。

控制方法：细化作业指导书和技术交底，对现场旁站、技术、管理人员进行培训；端承桩以桩长配合电流控制，以电流控制为主；摩擦桩以电流配合桩长控制，以桩长控制为主。

3.3.2.3 桩板结构复合地基

英国海底隧道连接线(CTRL)是一条连接伦敦和英法海底隧道的线路。线路要穿越一个沼泽地区，地下土层性质很差，几乎无法建设一条典型的回填轨道道床，预计的沉降量非常大。因此，铁路线路只能建立在一系列的板桩结构上。

这种结构的特点是桩与板是刚性连接，外荷载完全由端承桩来承担。由于其具有处理深厚软土的能力，极大地消除工后沉降，在高速铁路路基中得到了较广泛的应用。该结构的缺点是造价比较高。

3.4 路基常见病害及防治

3.4.1 基床翻浆冒泥、下沉外挤的防治

1. 现象与原因

如前所述，基床翻浆冒泥、下沉外挤是路基本体变形而引起的病害，一般发生在基床填料为黏土类的路基地段，排水不良的路堑和站场比较多见。基床翻浆冒泥和下沉外挤病害，是基床变形不同阶段的表征，翻浆冒泥导致陷槽或碴囊基床下沉，陷槽或碴囊的发展使基床抗剪强度下降，导致路肩隆起或边坡外挤。基床翻浆冒泥引起的轨道不平顺，恶化了列车运行条件，但变形发展缓慢，对行车安全影响不大；而基床下沉外挤，则可能造成行车中断甚至列车颠覆，严重危及行车安全。

病害成因：基床排水不良造成承载力不足或受水浸导致承载力进一步下降的土质基床在列车荷载反复作用下，将逐渐形成基床翻浆冒泥、下沉外挤的病害。水若源于降雨，则翻浆冒泥表现为季节性，即雨季发生，旱季不发生；水若源于地下水，则翻浆冒泥表现为常年性，但雨季比较严重。基床填料遇水承载力下降的原因比较复杂，如基床填料为膨胀土未更换或改良，排水系统不完善，基床未做砂垫层或厚度不足，填料密实度未按规定控制，轨道状态不良、速度、轴重增加而轨道与之不相匹配等，都将使基床强度与行车条件不相匹配，以致产生基床病害。

防治原则为"预防为主,治早治小"。应在基床变形的初始阶段及早整治,不要等到碴囊形成,甚至严重到"下沉外挤"再整治,这样做可事半功倍,否则就会事倍功半。

2. 防治措施

防治措施应视病害性质、产生原因、地段长短及施工条件等情况,合理选择施工工艺,综合整治以求实效。

(1)排水。适用于排水不良而导致的基床病害,如路堑和站场。主要措施有:疏通或修建防渗侧沟、天沟、排水沟等地表排水系统;修建堵截、导引、降低地下水位的盲沟截水沟、侧沟下渗沟等排除地下水或降低地下水位系统。排水的目的是消除或减小地表水和地下水对路基基床的侵害,使基床填料经常保持疏干状态。

(2)提高基床表层刚度和强度。适用于基床表层填料承载力不足导致的基床病害,如裂土病害。一般采用换填级配砂砾石或者碎石,换填厚度应以满足承载力要求为原则。

(3)使基面应力降低或均匀分布。

(4)土工膜(板)封闭层或无纺土工纤维渗滤层。这是近年来广泛应用的防治基床病害的新工艺,具有隔离地表水、过滤基面水和均布基面应力等多种效用,常与换砂、砂垫层配合使用。作为隔断排水层的材料,它既能渗水,又能隔断黏土细粒,具有足够的强度及延伸性,是整治基床病害的良好材料。但这种材料造价较高,使用寿命有待测试。

3.4.2 路基崩塌落石的防治

1. 现象与原因

崩塌落石是路堑堑坡或其上山坡的岩块土石发生崩塌或坠落造成危害的地质现象,具有突然、快速和较难预测的特点,是地形、地质比较复杂的山区铁路十分常见的路基病害,对铁路行车安全危害甚大,经常导致中断行车,甚至列车颠覆。形成崩塌的原因有如下几个方面。

(1)陡峭高峻的边坡或山体斜坡,坡度大于45°、高度大于30 m,特别是坡度为55°~75°的斜坡,是崩塌多发地段。

(2)由风化的坚硬岩层组成的又高又陡的斜坡,如互层砂岩,稳定性更差,容易形成崩塌。

(3) 受地质构造影响严重,有很多结构面将岩体切割成不连续体的斜坡,特别是有两组结构面倾向线路,其中一组倾角较缓时,容易向线路崩塌。

(4) 水的作用是产生崩塌的重要因素。绝大多数的崩塌发生在雨季或暴雨之后,因为水的渗入,对岩石产生软化、润滑和动水压力作用,使岩体强度降低,内摩擦力减小,促使崩塌发生。

(5) 其他如地震、爆破、人工开挖斜坡及列车振动等,都是诱发崩塌的因素。

2. 防治原则

防治以"预防为主,治早治小,一次根治杜绝留后患"为原则。

(1) 新建铁路应加强工程地质工作,对崩塌落石地段,严重者应予以绕避;不能绕避时,应修建必要的预防性工程,防患于未然。

(2) 对可能发生崩塌落石地段,加强检查巡视,发现变形失稳征兆,应及时采取措施,治早治小,防止因病害扩大而导致灾害的发生。

(3) 病害发生后,整治工作要坚持一次根治杜绝留后患;否则,往往会导致大的灾害。

3. 防治措施

防治措施应根据病害性质、规模及所处地形、地质情况,因地制宜地选择。常用的防治措施有如下类型。

(1) 拦截类:适用于小规模、小块体的崩塌落石。拦截构造有落石平台、落石坑、落石沟、拦石墙、钢轨栅栏及柔性拦石网等。

(2) 遮拦类:应用于规模较大的崩塌落石。遮拦建筑有各种明洞和棚洞。修建明洞、棚洞,既可遮挡崩塌落石,又可对边坡下部起稳定和支撑作用。

(3) 支挡加固类:适用于不宜或难于消除的大危岩或不稳定的大孤石。支挡建筑有支顶墙、支护墙、明洞式支墙、支柱、支撑等。

(4) 护坡、护墙:适用于易风化剥落的边坡。边坡陡者用护墙,边坡缓者用护坡。

(5) 上述措施不能奏效时,应考虑改线绕避。

4. 养护维修要点

(1) 崩塌落石地段应进行定期检查、经常检查和雨季汛期检查。所谓定期检查,是指春检和秋检,对崩塌落石地段及其防护建筑物进行全面的检查。春检时发现隐患,采取防范措施安全度汛;秋检是检查汛期过后崩塌落石处所的变化情况及防护建筑物的破损情况,分轻重缓急,安排路基大修、维修计划。巡山工和重点病害看守工对所管责任地段或处所,应经常巡视检查,监视危岩落石的发展动向,防患于未然。雨季汛期应加强检查力度,执行雨前、雨中、雨后检查制度,是防止崩塌落石事故的有效措施。

(2)及时清理被拦截的崩塌坠落土石方,修理被破坏的建筑物及排水设备。

(3)对范围大、数量多、危石分散、清除整治困难的崩塌落石地段,应设置报警装置,以防发生事故。

3.4.3 路基滑坡的防治

1. 现象原因

中国铁路有些区段滑坡病害较为密集,平均每百千米分布高达20～30处,多为山区铁路。发生滑坡后常常中断行车,甚至使列车颠覆,给运输安全带来严重危害。斜坡上的岩土体沿坡内的软弱带或软弱面向前和向下发生整体移动的现象,称为滑坡。发生滑坡的软弱带又称滑动带。滑动带在重力作用下或在其他外力作用下其剪切应力大于强度,或因振动液化、溶蚀、潜蚀、人为开采等因素的作用使其结构破坏、岩土性质改变而丧失强度,就会引起滑动带上覆岩体或土体发生滑动。滑坡一般从地表上呈现的裂缝等迹象的变化可大致划分出蠕动、挤压、微动、滑动、大动和滑带固结六个阶段。在发生滑坡的地方,常出现环状后缘、月牙形凹地、滑坡台阶和垅状前垣等独特的地貌景观。但岩体滑坡由于其界面的生成多依附于岩体内既有的构造裂面,因此其后缘和分块裂缝一般呈直线或折线状。

2. 分类与原因

滑坡按特点可进行各种不同的分类。中国铁路按滑体的物质组成及其成因,把滑坡分为黏性土滑坡、黄土滑坡、堆填土滑坡、堆积土滑坡、破碎岩石滑坡和岩体滑坡等六类。

产生滑坡的原因有内在因素,也有外在因素。内在因素是形成滑坡的先决条件,包括岩土性质、地质构造、地形地貌等。外因通过内因对滑坡起着促进作用,包括水的作用、地震和人为因素等。所以,滑坡是内、外各因素综合作用的结果。

3. 防治原则

(1)预防。对有可能新生滑坡的地段或可能复活的古滑坡,应采取必要的工程措施,防止产生新的滑坡或古滑坡的复活。

(2)治早。滑坡的发生与发展,是有一个过程的,早期整治能收到事半功倍的效果。一次根治与分期整治相结合。滑坡一般应一次根治,杜绝后患。但对规模较大、性质复杂、变形缓慢,暂时尚不致造成重大灾害的滑坡,也可在全面规划下,分期整治。同时注意观测每期工程的效果,为确定下期工程措施提供依据。

防治滑坡应在弄清滑坡成因的基础上,对诱发滑坡的各种因素,分清主次,采取相应的工程措施。

4. 防治措施

常用的防治措施有排水、减重、支挡、改善土体物理力学性质等。

(1)排水。滑坡的发生和发展都与水的作用有关,排水是防治各类滑坡之本。但应根据具体情况,采用切合实际的排水方式。对滑坡体以外的地表水,应加以拦截和引出,在滑坡可能发展的边界 5 m 以外修建一条或多条环形截水沟;对滑坡体以外的地下水,应修建截水盲沟;滑坡体内的地下水可采用疏干和引出,浅层地下水可采用支撑盲沟排出,深层地下水采用泄水隧洞,亦可采用垂直孔群或仰斜孔群排水;对滑体范围内的地表水,应尽快汇集引出以防其下渗,在充分利用天然沟谷的基础上,修建排水系统。

(2)减重。当滑动面不深,且滑体呈上陡下缓情形时,或当滑坡范围外有稳定的山坡,滑坡不可能向上发展时,在滑坡上部减重,以减小滑坡的下滑力,是一种操作简单、经济实惠的防治措施。将减重的土体堆在坡脚反压,以增加抗滑力,效果更好。

(3)支挡。根据滑体推力的大小,可以选用适当的支挡结构防滑。

①抗滑挡墙。抗滑挡墙是广泛应用的一种防治滑坡措施,其施工方便,稳定滑坡收效快。抗滑挡土墙多为重力式、石砌,也有用混凝土或钢筋混凝土的。

②抗滑桩。抗滑桩是利用桩体在稳定岩土中的嵌固力支挡滑体的建筑物,具有对滑体扰动少、操作简便、工期短、收效快、对行车干扰小、安全可靠等优点。抗滑桩多为挖孔或钻孔而后放入钢筋骨架灌注混凝土而成。抗滑桩在滑动面以下的锚固深度,应根据滑体作用在桩上的主动土压力、桩前的被动土压力、岩土性质等确定。

③锚杆挡墙。锚杆挡墙是一种新型支挡结构,由锚杆、肋柱和挡板三部分组成,用于薄层块状滑坡或基岩埋深较浅、滑体横长滑面较陡的滑坡。锚杆挡墙具有结构轻盈、节约材料、适宜机械化施工、生产效率高等优点。

④抗滑明洞。若滑动面的下缘处在边坡上的较高位置,可视地基情况设置

抗滑明洞,洞顶回填土石支撑滑体,或滑体越过洞顶落在线路之外。但这一措施对行车干扰大,施工困难,造价昂贵,只有在其他措施难以奏效时采用。

(4)改善滑坡土体的物理力学性质。用物理化学方法加固和稳定滑坡,如焙烧、成浆、加灰土桩、硅化、电渗、离子交换等。这些方法由于工序复杂、成本较高,目前在我国铁路中仅小规模试用。

(5)改线绕避。上述整治措施难以奏效时,在经济技术合理的情况下,可以考虑改线绕避。

5. 养护维修要点

(1)滑坡区的地表排水设备,如截水沟、排水沟、吊沟等应做到无淤积、无漏水、无冲刷、排水畅通、沟涵相通;对失效损坏之处,应及时修补,确保状态良好。

(2)滑坡区的地下排水设备,如支承渗沟、暗沟、隧洞、渗井、渗管等,应定期检查,及时清理和疏通;对失效或损坏之处,应及时修补或整治。地下排水设施,一般每年在春融之后和冰冻之前,在雨季开始之前和暴雨之后,必须仔细观测其流量,掌握其变化规律和排水效果,发现异常及时处理。

(3)滑坡区的防护和加固建筑物,应保持完整无损,如有开裂、滑移,必须认真查明原因,采取治理措施。

(4)对规模大、情况复杂的大滑坡,虽经整治仍在缓慢变形或间歇变形,应进行认真的观测,实施动态监控,掌握变化规律和发展趋势,以便及时采取有效措施。

(5)保护好山坡植被,做好水土保持,也是滑坡区养护维修的重要任务。

3.4.4 路基陷穴的防治

1. 现象与原因

路基陷穴是路基下面隐伏的洞穴顶部塌陷引起的一种路基病害,塌陷有时能使轨道悬空,给行车安全带来严重后果。这些洞穴有三类:一是石灰岩地区的岩溶洞穴;二是黄土地区的黄土陷穴;三是人工遗留的洞穴,如古墓、古窑、古井、遗弃的坑道等。有些洞穴,修建铁路时未发现或发现未做处理,有些黄土陷穴是在铁路建成后,因路基排水不良,水流集中潜蚀而成的。石灰岩溶洞主要分布在我国南方的广西、贵州和云南东部,湖南、湖北西部及广东的西部和北部,北方的山西与河北的太行山、太岳山、吕梁山和燕山一带。黄土陷穴主要分布在西北和华北地区,尤其是黄河中游地区。

造成洞穴顶部塌陷的主要因素是水的作用和列车荷载作用。洞穴在水的侵蚀、潜蚀和列车动荷载的反复作用下,洞顶的岩土结构逐渐遭到破坏,承载力也逐渐丧失,最终突然塌陷。

2. 预防措施

预防洞顶塌陷,必须预先弄清楚影响路基稳定范围内隐伏洞穴的分布情况、形状大小、埋藏深度、顶部厚度、洞穴处工程地质和水文地质情况,以及洞穴的发展趋势等,而后采取工程措施预防洞穴塌陷。要做到这一点,只有在新线勘测设计或施工阶段才有可能,通车后在运营条件下很难做到,除非采用新型仪器如地质雷达等。所以,在黄土地区的路基,只要做好路基排水,就能很好地预防新生陷穴的发生。

3. 整治措施

陷穴发生后,应根据陷穴发生的部位、规模,对路基稳定性或行车安全的危害程度进行评估,确定是否做紧急处理。发生在轨道下面的陷穴,对行车安全危害较大,首先应采取紧急措施,如填实陷坑、整修线路、扣轨慢行、派人看守,情况危急时,应封锁线路。其次应做细致调查,查清塌陷洞穴的成因、形状大小、平面位置、埋藏深度、工程地质和水文地质特征及可能的发展趋势,为根治提供依据。常用措施如下。

(1)开挖回填。如暂不危及行车安全,此措施应作为首选,它能确保质量,杜绝后患。

(2)塌陷洞穴在轨道下方,无法开挖,这时可钻孔灌砂、灌注泥浆、砂浆或混凝土浆液。

(3)规模较大或与暗河相通的溶洞塌陷,可采用网格梁、地基梁、框架梁跨越,或其他类似桥梁跨越等。无论采用何种措施,都要做好排水,尤其是黄土陷穴,排水设施是否有效是整治成败的关键。

3.4.5 路基冲刷的防治

1. 原因分析

位于河流岸边、河滩或水库岸边的路基,因常年或季节性水流冲刷、波浪和渗流的作用,往往造成路基冲空、边坡滑塌等病害。防治这类病害,必须掌握水流性质、变化规律及可能对岸边或路基造成危害的性质和严重程度,使防治措施准确到位。为此,应细致地调查勘测、精心分析,提出符合实际的科学结论。

2. 防治措施

防护工程分直接防护和间接防护两类。直接防护是对路基本体加固,以抵御水流的冲刷;间接防护是借导流或挑流工程,改变水流性质,间接达到避免或减轻水流对路基冲刷的目的。

(1)直接防护。

①干砌片石护坡:适用于不受主流冲刷的路堤边坡。

②浆砌片石护坡:适用于主流冲刷及波浪作用强烈的路堤边坡。

③抛石:适用于水流方向平顺,无严重局部冲刷,已被水浸的路堤边坡。

④石笼:适用于既受洪水冲刷又缺少大石料的区段。

⑤挡水墙:适用于峡谷急流和水流冲刷严重的地段。

直接防护措施各自都有一定的局限性,有的造价太高,有的年限较短,要根据实际情况合理选择。

(2)间接防护。

①挑水坝:适用于河床较宽,冲刷和淤积大致平衡,水流性质较易改变的河段,有的地方可以顺河势布置纵向导流建筑物。防护地段较长时,更宜采用。

②顺坝:适宜横向导流建筑物。防护地段较长时,更宜采用。

③潜坝:适用于河不太宽,洪水时流速较大、河水较深的河段,侵占河槽较少又能减轻对堤的冲刷,但宜和加固堤边坡配合使用。

④防水林带:适用于路基外侧河滩季节性洪水冲刷地段。

间接防护成功的关键是导流建筑物的正确选择和布置,因此应切实依据天然河道的特性确定导治线、导治水位和选择导流建筑物的类型。

上述防护工程措施,既可单独使用,也可综合使用,应根据河流形态、地质情况和水流特性合理选用。如山区河流,由于河道窄、纵坡陡,防护工程应尽量顺乎自然,宜选用直接防护措施,若仅以挑水坝等导流措施防护,往往失败的多,成功的少。

3. 防护设施养护要点

(1)经常检查,特别是洪水期间和洪水过后,应进行全面检查,范围不大的损毁,应及时修补;范围较大的损毁,应充分调查,分析原因,而后制定整治措施。

(2)调查重点应放在水下部位。特别是直接防护工程的水下部位,基础冲空往往是导致路堤突然滑塌的主要原因。

(3)水毁设施的修复,应充分考虑原设计意图,以防新增设施造成新的不良后果。

(4)损毁情况危及行车安全时,应采取紧急措施,护住坡脚,通常抛石或抛石笼紧急防护。

在新建线路时,线路选线应尽可能避免与河流争地。为了防止河岸路基遭受冲刷,可修各种路基挡土墙和圬工护坡,并将基础埋置于淘刷线以下。基础埋深不足时应按不同河床堆积物的情况在护脚墙外修较宽的沉排、石笼,或堆垒大量漂砾或混凝土块体,或砌筑圬工护墙,也可用改河和导流的办法避免路基直接受激流冲刷。

3.4.6 路基冻害的防治

1. 现象与原因

我国东北地区及西北高原地区,多为季节性冻土地区,地表土层一般冬季冻结,春季开始融化,夏季除永冻层外将全部融化。这类地区的路基,在土、水、温度的共同影响下,路基面将发生不同程度的冻胀,春夏又发生融化下沉,使轨面高低、水平产生不均匀变形,严重地段往往伴生翻浆冒泥、道砟陷槽、基床外挤等病害。

冻害发生在寒冷地区,如路基填料为透水性较差的细粒土,当含水率较高或路基面积水,在冻结过程中,土中水重新分布和聚集形成冰块,引起不均匀的冻胀现象。冻胀是路基下部的水向上集聚并冻结成冰所致,过大的冻胀可使柔性路面鼓包、开裂,使刚性路面错缝、折断。冻胀是翻浆过程的一个阶段,同时也是一种单独的路基病害。

冻胀是由于土中的水在冻结过程中有向冻结锋面迁移的特征,并不断析出冰层,且体积增大9%。所以,冻结过程中涉及土中水的迁移机理,这是产生路基冻害的基本原因。影响因素有如下几个方面。

(1)温度的影响。当土层温度处于负温相转换区,且冻结速率较低时,土中水迁移最活跃,以致形成较大的冻胀。

(2)土质的影响。由粒径大于0.1 mm的粗颗粒组成的填料,无冻胀或冻胀较小,如砂、砾石、碎石等;由粒径小于0.1 mm细颗粒组成的填料,如砂黏土、黏土等,有较大冻胀性,尤其是黏粒含量大于15%、密度较小的粉粒土,其冻胀最强烈。

(3)水分的影响。填料的含水率越大,冻胀性也越大,特别是有地下水补给时,会发生强烈的冻胀现象。

2. 冻害的表现形态

(1)从轨面的前后高低变形看,分为冻峰(脑包)、冻谷(凹槽)、冻阶(台阶)。

(2)从轨面的水平变形看,分为单股冻起、双股冻起、交错冻起。

(3)从轨面冻胀部位看,分为道床冻胀、基床表层冻胀、基床深层冻胀。

(4)从轨面冻起高度看,冻起高度小于 25 mm,为一般冻害;冻起高度 25～50 mm,为较大冻害;冻起高度大于 50 mm,为大冻害。

3. 预防措施

(1)保持道床清洁,防止泥土混入,及时清除土垅,以利排水。

(2)路肩和边坡保持平整,无坑洼、裂缝,防止积水下渗。

(3)侧沟、天沟等地表排水设施以及渗沟、暗沟等地下排水设施应保持工况完好,排水畅通,防止或减少水渗入(补给)路基。

4. 整治措施

一旦冻害发生,首先应认真进行调查,识别冻胀的发生部位、形状、高度、起落及发展过程,了解冻胀土层的性质、结构及水文地质条件,分析冻胀产生的原因和变化规律,然后提出相应的整治措施。常用的整治措施如下。

(1)修建能减少路基基床含水率的排水设施。如修建具有抗冻防渗能力的地表排水设施,以防治因地表水而引起的冻胀;修建渗沟、暗沟、截水沟等,截断、疏导地下水或降低地下水位,以防治因地下水渗入(补给)而引起的冻胀。

(2)换填冻害地段的基床填料,换填为无冻胀或冻胀很小的碎石、河沙、砂类土等。换土深度应达到冻结层之下,将包括路肩在内的整断面更换。

(3)在基床表层铺设保温层,改善基床温度环境,使表层以下的基床填料不冻结或减小冻结深度。保温材料一般选用炉渣,其导热系数小、成本低廉,也可用石棉、泡沫聚苯乙烯板等保温材料。国外经验表明,用泥炭或冷压泥炭砖作保温材料,效果良好,使用时间长。湿度大的泥炭在水分冻结时,会释放大量潜热,能防止泥炭进一步冻结。

(4)避免路基温度上升,保护冻土不被融化,可以采用覆盖遮阳板、片石通风路基等措施。

(5)人工盐化基床填料。用氯盐(NaCl)整治路基冻害,费工较多,效果虽明显,但有效时间短,一般只用于基床表层冻胀地段。

选择上述措施时,应注意总体效果,考虑相互配合,以期达到根除冻害的目的。

3.4.7 路基雪害的防治

黑龙江、吉林、内蒙古等省、自治区,属寒温带大陆性季风气候,全年降雪天数190~200 d,积雪天数160~180 d,最大积雪深度200~1000 mm;年平均风速4.4 m/s,最大风速40 m/s。这些地区的铁路线路,冬季常被雪埋,严重影响行车安全。易于积雪地段由于铁路线路的地形、地貌及其与主风向的夹角各不相同,线路积雪的程度也不一样。经验表明,下列地段易于积雪:

(1)车站站场;
(2)路堑与路堤交界处;
(3)深度在2 m以下的浅路堑;
(4)高度在1.2 m以下的矮路堤;
(5)复线并行不等高的高差大于0.3 m的地段。

积雪掩埋线路危及行车安全。积雪融化后,会增大路基含水率,降低中期承载能力,造成路基翻浆冒泥和陷槽等病害,且易被雪地掩埋,不易发现。对于这种病害,最经济、最有效的防治措施是营造防护林带。它不仅可以防治雪害,还可以改造生态环境。防雪林带的布设位置、形式、树种,应根据地理、气候、土壤条件、风速、风向、积雪程度等情况选定。在无营造防雪林条件或防雪林尚未发挥作用之前,也可修建一些临时防雪设备,如安装防雪栅、防雪堤垣、导风挡板等。冬季有时会发生预计不到的暴风雪,即使平常不积雪地段,有时也会严重积雪而影响行车。为预防不测,应在适当区段储备一些除雪机,以备急需。

3.4.8 路基沙害的防治

通过沙漠(包括沙质荒漠、戈壁及沙地)地区的铁路,在风的作用下,移动沙流经常给铁路造成不同程度的危害,有时甚至掩埋线路,危及行车安全。

积沙危害按程度一般可分为如下四级。

(1)特级沙害。积沙超过轨面,直接影响行车安全,必须立刻清除。
(2)一级沙害。积沙与轨面相平,一遇大风就掩埋线路,对行车威胁很大,需要及时清理。
(3)二级沙害。积沙埋没枕木和扣件,对线路上部建筑毁损严重,直接影响行车,需整段治理。
(4)三级沙害。铁路积沙使道床不洁,但未埋没道床和扣件,易引起枕木腐朽及路线其他病害,需定时维修。

1. 防治原则与措施

沙害的防治原则是因害设防、因地制宜和就地取材。沙害防治措施分为植物固沙和工程固沙两类。植物固沙是治本良策,既可阻截沙流,防止风蚀,又可调节小气候,改善生态环境和改良土壤。

植物固沙以营造林带为本。林带采用植物混种、均匀透风类型。迎风林带先矮后高,即先灌木,后乔木;背风侧则先高后矮,有效防护宽度一般为树高的15~25倍。沙害严重的地段,迎风侧可营造多条林带。防沙林应根据沙漠性质、水文地质条件、气候特征力求所选树种生长快、固沙防风能力强、不怕沙埋。常被选用的植物有沙枣、胡杨、小叶杨、文冠果、花棒、沙蒿、胡枝子、杨柴等。

2. 工程固沙

工程固沙一般用在没有植物生长条件的地段,或作为植物固沙初期的辅助措施。工程固沙常用以下两种形式。

(1)路基本体防护。路基本体防护的原则是根据路基本体遭受风蚀为主的特点,因地制宜,就地取材,以达到不受风蚀的目的。一般有下列措施:截砌碎卵石、路肩栽砌片石、平铺卵石砾石、加宽路面、黏性土覆盖坡面、泥糊抹面、铺草皮砖等。

(2)路基两侧防护。在路基两侧一定范围内修筑一些阻沙、固沙及导沙设施,确保线路不被流沙掩埋。阻沙设施包括防沙栅栏、防沙沟堤、防沙挡墙等;固沙措施包括麦草沙障、土埂沙障、化学乳剂固沙、铺设卵石或黏土覆盖沙面等;导沙措施包括用卵石铺砌成表面光滑的输沙平台、在路基迎风侧修建导沙堤等。

第4章 桥梁施工技术

桥梁是高速铁路土建工程中重要组成部分,比例大且高架桥、长桥多。高速铁路桥梁的主要功能是为高速列车提供稳定、平顺的桥上线路。桥上线路与路基上、隧道中的线路不同,由于桥梁结构在列车活载通过时产生变形和振动,并在风力、温度变化、日照、制动、混凝土徐变等因素作用下产生各种变形,桥上线路平顺性也随之发生变化。因此,每座桥梁都是对线路平顺的干扰点,尤其是大跨度桥梁。为了保证高速列车的行车安全和乘坐舒适,高速铁路桥梁除具备一般桥梁的功能外,还要为列车高速通过提供高平顺、稳定的桥上线路。

4.1 高速铁路桥梁的特点及设计要素

4.1.1 高速铁路桥梁的特点

高速铁路桥梁具有5个显著的特点,分别是:结构动力效应大,桥上无缝线路与桥梁共同作用,满足乘坐舒适度,100年使用寿命,维修养护时间少。

(1)结构动力效应大。桥梁在列车通过时的受力要比列车静置时大,其比值$(1+\mu)$称为动力系数(冲击系数)。产生动力效应的主要因素有移动荷载列车的速度效应和轨道不平顺造成车辆晃动。其中,μ计算公式为:

$$\mu = k \cdot \alpha + i = k\frac{v}{2n \cdot L} + i \tag{4.1}$$

式中:k为系数;α为速度参数;i为轨道不平顺的影响系数(常数项);v为车速(m/s);n为结构自振动频率(Hz);L为跨度(m)。

高速铁路速度效应大于普通铁路,桥梁的动力效应相应较大,对常用刚度的混凝土梁,车速为130 km/h、160 km/h、300 km/h时,αL的关系曲线如图4.1所示。

跨度40 m以下的高速铁路简支梁桥,当$\alpha>0.33$、$n<1.5v/L$时,会出现大的动力效应,甚至发生共振。为此,应当选择合理的结构自振频率n,避免与列车通过时的激振频率接近。

列车高速通过时,桥梁竖向加速度达到$0.7\ g(f \leqslant 20\ \text{Hz})$以上,会使有砟道

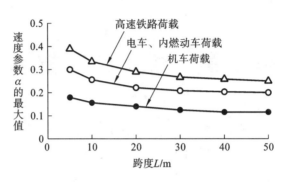

图 4.1　α-L 的关系曲线

床丧失稳定,道砟松塌,影响行车安全。

(2)桥上无缝线路与桥梁共同作用。修建高速铁路要求一次铺设跨区间无缝线路,以保证轨道的平顺和稳定。桥上无缝线路可作为不能移动的线上结构,而桥梁在列车荷载、列车制动作用下和温度变化时要产生位移。当梁、轨体系产生相对位移时,桥上钢轨会产生附加应力。

高速铁路桥梁必须考虑梁轨共同作用。尽量减小桥梁的位移与变形,以限制桥上钢轨的附加应力,保证桥上无缝线路的稳定和行车安全。

(3)满足乘坐舒适度。与普通铁路不同,高速铁路要求高速运行列车过桥时有很好的乘坐舒适度,舒适度的评价指标为车厢内的垂直振动加速度。影响乘坐舒适度的主要因素有列车车辆的动力性能、车速、桥跨结构的自振频率和桥上轨道的平顺性。桥梁应具有较大的刚度、合适的自振频率,保证列车在设计速度范围内不产生较大振动。乘坐舒适度评定标准见表 4.1。

表 4.1　乘坐舒适度评定标准

乘坐舒适度	垂直加速度/(m/s^2)
很好	1.0
好	1.3
可接受	2.0

(4)100 年使用寿命。对高速铁路桥梁首次提出在预定作用和预定的维修和使用条件下,主要承力结构要有 100 年使用年限的耐久性要求。设计者应据此进行耐久性设计。

(5)维修养护时间少。由于高速铁路采用全封闭行车模式,行车密度大,且桥梁比例大、数量多,因此维修养护时间少。

4.1.2 高速铁路桥梁的设计要素

在设计高速铁路桥梁的过程中,应满足以下 6 点要求:桥梁应有足够的竖向、横向、纵向和抗扭刚度,使结构的各种变形很小;跨度 40 m 及以下的简支梁应选择合适的自振频率,避免列车过桥时出现共振或过大振动;结构符合耐久性要求并便于检查;常用跨度桥梁应标准化并简化规格、品种;长桥应尽量避免设置钢轨伸缩调节器;桥梁应与环境相协调(美观、降噪、减振)。

高速铁路桥梁的设计要素包括:设计活载图式、结构刚度与变形控制限值、车-线-桥耦合振动响应分析、梁轨纵向力传递、耐久性措施、桥面布置、支座与墩台、无砟轨道桥梁设计等。

4.1.2.1 设计活载图式

设计活载图式直接影响桥梁的承载能力和建造费用,是重要的桥梁设计参数。图式的制定应满足运输能力和车辆的发展。我国普通铁路桥梁采用中-活载图式和相应的动力系数,如图 4.2 和表 4.2 所示。

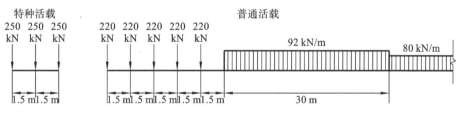

图 4.2 中-活载图式

表 4.2 混凝土简支梁动力系数

跨度/m	$1+\mu$
8	1.316
10	1.300
16	1.261
20	1.240
24	1.222
32	1.194
40	1.171
48	1.154

我国高速铁路采用 ZK 活载图式(0.8UIC)以及与 UIC 一致的动力系数和结构自振频率范围,我国新建时速 200 千米客货共线铁路仍采用中-活载图式及相应的动力系数。具体如图 4.3～图 4.5 所示。

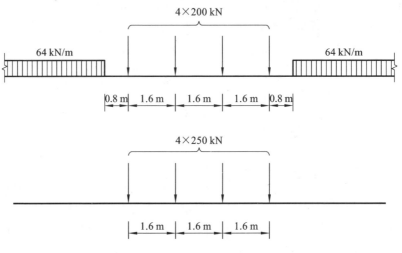

图 4.3 ZK 活载图式(0.8UIC)

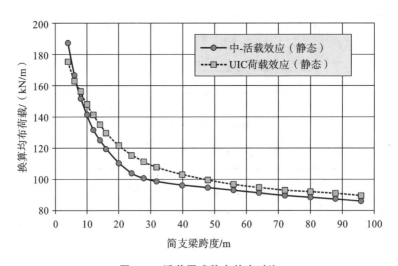

图 4.4 活载图式静态效应对比

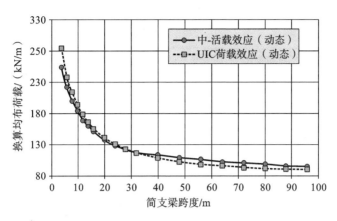

图 4.5 活载图式动态效应对比

4.1.2.2 结构刚度和变形控制限值

我国对普通铁路桥梁和高速铁路桥梁的相关规定($v \geqslant 250$ km/h)如表 4.3、表 4.4 所示。

表 4.3 普通铁路桥梁的相关规定

项目	混凝土梁，简支钢板梁	钢桁梁	说明
梁式桥跨梁体竖向挠度	$\leqslant L/800$	$\leqslant L/900$	L—跨度
墩台顶纵、横向弹性水平位移	$\leqslant 5\sqrt{L}$(mm)		
静定结构墩台均匀沉降量	$\leqslant 20\sqrt{L}$(mm)		L—跨度,单位以 m 计 当 $L<24$ m 时,按 24 m 计
静定结构相邻墩台均匀沉降量差	$\leqslant 10\sqrt{L}$(mm)		

表 4.4 高速铁路桥梁的相关规定($v \geqslant 250$ km/h)

序号	项目	限值	说明
1	桥面竖向加速度	$\leqslant 0.35\,g\,(0.5\,g)$	有砟(无砟)($f \leqslant 20$ Hz)
2	上部结构扭转变形	$\leqslant 1.5$ mm/3 m	ZK 活载作用下
3	梁端竖向转角变化	$\leqslant 2$‰	ZK 静活载作用下,跨梁的转角

续表

序号	项目	限值	说明
4	梁端水平转角变化	≤1‰	—
5	梁体水平挠度	≤$L/4000$	—
6	简支梁 L≤40 m 竖向自振频率	≥$120/L$(Hz)	—
7	墩台基础工后均匀沉降	≤30 mm(20 mm)	有砟(无砟)
8	相邻墩台基础工后沉降差	≤15 mm(5 mm)	有砟(无砟)
9	铺轨后梁体残余徐变上拱	≤20 mm(10 mm)	有砟(无砟)
10	上部结构挠度	$L/1800$(L≤24 m) $L/1500$(24 m<L≤80 m) $L/1000$(L>80 m)	ZK静活载作用下

4.1.2.3 车-线-桥耦合振动响应分析

高速铁路桥梁结构除进行静力分析外,还应按实际运营客车通过桥梁的情况进行车-线-桥耦合振动响应分析。分析得出的各项参数指标应满足有关规定要求。车-线-桥耦合振动响应分析是利用有限元方法建立车、线、桥结构动力模型与运动方程。在满足轮轨间几何相容和作用力平衡的条件下,求解行车过程中车、线、桥相应的动力参数指标,并判断其是否符合行车安全和乘坐舒适。车-线-桥耦合振动响应分析各项动力参数限值如表 4.5 所示。

表 4.5 车-线-桥耦合振动响应分析各项动力参数限值

	参数	限值	说明
1	脱轨系数 Q/P	≤0.8	行车安全性要求
2	轮重竖向减载率 $\Delta P/P$	≤0.6(<350 km/h) ≤0.8(350~420 km/h)	行车安全性要求
3	桥面竖向加速度 a_z	有砟≤0.35 g 无砟≤0.5 g	行车安全性要求
4	轮对横向水平力 Q'	≤$0.85(10+P_{st}/3)$(kN)	行车安全性要求
5	车体竖向振动加速度 a_z	≤0.13 g(半峰值)	舒适度要求
6	车体横向振动加速度 a_y	≤0.10 g(半峰值)	舒适度要求

| 7 | 平衡性指标 W | <2.5(优)
2.5～2.75(良)
2.75～3.0(合格) | 舒适度要求 |

注：Q/P 中，Q 为爬轨侧车轮作用于钢轨上的横向力，P 为爬轨侧车轮作用于钢轨上的垂直力。$\Delta P/P$ 中，ΔP 为轮重减载量，P 为平均轮重。P_{st} 为静轴重。

动力响应分析方法有 3 种：一是采用移动荷载列以不同速度通过桥梁，计算桥梁结构的动力特性；二是采用车、桥平面模型计算车桥动力特性；三是采用车、桥空间模型计算车桥动力特性。

4.1.2.4 梁轨纵向力传递

桥上无缝线路钢轨受力与路基上不同，桥梁自身的变形和位移会使桥上钢轨承受额外的附加力。为了保证桥上行车安全，设计应考虑梁轨共同作用引起的钢轨附加力，并采取措施将其限制在安全范围内。钢轨附加力有 3 种：一是制动力，列车制动使桥墩纵向位移产生的钢轨附加力；二是伸缩力，梁体随气温变化纵向伸缩产生的钢轨附加力；三是挠曲力，梁体因挠曲变形产生的钢轨附加力。

根据轨道的位移-阻力关系建立轨道-桥梁共同受力的力学计算模型，分析墩台纵向刚度、跨度、跨数、列车位置与钢轨附加力的关系。钢轨附加力与各参数的关系如表 4.6 所示。

表 4.6 钢轨附加力与各参数的关系

钢轨附加力项目	附加力值与各参数的关系		
	跨度增大	跨数增加	下部结构水平刚度减小
最大制动力	大致按线性增长	增大(8 跨以上稳定)	增大
最大伸缩力		增大(6 跨以上稳定)	减小
最大挠曲力		—	减小

为了保证桥上无缝线路(有砟)稳定和安全，要求：桥上无缝线路钢轨附加压应力不大于 61 MPa；桥上无缝线路钢轨附加拉应力不大于 81 MPa；制动时，梁轨相对快速位移不大于 4 mm。

高速铁路桥梁刚度大、钢轨挠曲力不大，且钢轨挠曲力最大值与制动力、伸缩力不在同一位置。最大制动力出现在停车前瞬间。桥梁墩台应有足够的纵向刚度以限制制动时钢轨出现较大的应力。当不设钢轨伸缩调节器时，简支梁下部结构最小纵向刚度应符合表 4.7 的要求。

表 4.7 简支梁下部结构最小纵向刚度要求

下部结构	跨度/m	双线桥下部结构最小纵向刚度/(kN/cm)
桥墩	20	240
	24	300
	32	400
	40	700
桥台		3000

此外,当温度跨度大于 120 m 时,由于伸缩力过大,应设置钢轨伸缩调节器,释放钢轨附加应力。对于满足桥墩纵向最小刚度有困难的高墩谷架桥,应采用结构措施,限制钢轨附加力。

4.1.2.5 耐久性措施

改善结构耐久性是通过实践中吸取大量经验教训得来的,世界各国总结的经验是:结构物使用寿命 75～100 年只有在设计、施工以及使用中检查、养护十分精心的条件下才能实现。造成结构病害的主要原因是结构构造上的缺陷,以往的设计过分重视计算,忽视了构造细节的处理。桥梁的养护重点是及时检查。病害早发现、早整治,不仅费用少,而且能保证耐久性。桥梁的经济性应体现为一次建造费用和使用中养护维修费用之和最低。

改善高速铁路桥梁的耐久性时,应遵循以下原则:采用上承式结构和整体桥面;高质量的桥面防排水体系和梁端接缝防水,不让桥面污水流经梁体;结构构造简洁,常用跨度桥梁标准化、规格品种少;结构便于检查,可方便地到任何部位察看;足够的保护层厚度,普通钢筋最小保护层厚度不小于 3 cm,预应力管道最小保护层不小于管道直径;截面尺寸拟定首先应保证混凝土的灌筑质量,应力不宜足;采用高品质混凝土。

我国高速铁路桥梁设计暂行规定以及设计图纸中比较充分地考虑了耐久性措施:采用整体、密闭的桥面;提高保护层厚度;预留检查通道;简化常用跨度标准梁的品种;采用高性能混凝土;优化构造细节。

4.1.2.6 桥面布置

桥面布置直接影响桥梁结构耐久性和桥梁使用方便性。除线路结构外,桥面主要设施有防、排水系统(防水层、保护层、泄水管、伸缩缝),电缆槽及盖板(检查通道)、遮板、栏杆或声屏障,挡砟墙或防护墙,接触网支柱,长桥桥面每隔 2~3 km 设置应急出口。用挡砟墙(防撞墙)替代护轨,便于线路维修养护。有砟轨道桥梁,挡砟墙内侧至线路中心线距离 2.2 m,便于大型养路机械养修线路。直曲线梁的桥面等宽,接触网支柱设在桥面,线路中心至立柱内侧净距不小于 3.0 m。桥面总宽按检查通道是否行走桥梁检查车而定。时速 350 km 高速铁路桥梁(无砟)顶宽分别为 13.4 m 和 12.0 m。采用优质防水层和伸缩缝,确保桥面污水不直接在梁体上流淌。

4.1.2.7 支座与墩台

高速铁路桥梁对支座具有以下要求:应明确区分固定支座和活动支座,保证桥上无缝线路的安全;支座应纵、横向均能转动,并能使结构在支点处可横向自由伸缩;支座应便于更换。

盆式橡胶支座能符合上述要求,被广泛应用于各国高速铁路桥梁。每孔简支箱梁的四个支座采用四种型号。有砟桥梁的坡道梁支座应垂直设置(无砟桥梁另作考虑)。采用架桥机架设箱形梁,要保证四支点在同一平面上。

墩台基础的纵向刚度应满足纵向力安全传递的要求,横向刚度应保证上部结构水平折角在规定的限值以内。

为保证桥墩具有足够的刚度,结构合理、经济,墩高 20 m 以下宜采用实体墩,大于 20 m 宜采用空心墩,禁止使用轻型墩;为便于养护维修,同时注重外观简洁,取消了墩帽,并在墩顶设有 0.5~1 m 深的凹槽;墩顶预留千斤顶顶梁位置。预制架设简支梁,墩顶支座纵向间距由普通铁路桥梁 70 cm 放大至 120 cm;桥位制梁时,应考虑相邻孔梁端张拉空间,墩顶支座宜采用 170 cm;梁底进人孔设置在墩顶位置。

4.1.2.8 无砟轨道桥梁设计

桥上无砟轨道建成后可调整余量很小,扣件垫板在高程上调整量约为 2 cm,为了保证高速铁路线路的平顺和稳定,必须限制桥梁的各种变形。影响桥上无砟轨道平顺性的主要因素有:墩台基础工后沉降、预应力混凝土梁在运营期间的残余徐变上拱、梁端竖向转角、桥面高程施工误差、梁端接缝两侧钢轨支点的相对位移、日照引起的梁体挠曲和旁弯、相邻不等高桥墩台顶的横向位移差。

墩台基础工后沉降应满足以下要求(必要时可采用调高支座):均匀沉降不大于 20 mm,相邻墩台不均匀沉降不大于 5 mm。

梁端竖向转角会引起钢轨的局部隆起,造成梁端接缝两侧钢轨支点承受附加拉力和压力。应限制转角使附加拉力小于扣件的扣压力、附加压力不超过垫板允许的疲劳压应力;轨道板上拾的稳定安全系数小于1.3。当梁端悬出长度过大时,宜采用平衡板构造措施。

无砟轨道铺设后,预应力混凝土梁残余徐变上拱应不大于1 cm,大跨度桥梁应不大于2 cm。控制徐变上拱的措施有:增大梁高,优化预应力筋布置,采用部分预应力结构,延长预施应力至铺设无砟轨道的时间间隔(一般不少于60天)。

桥面高程施工误差应控制在-30～0 mm,以保证有足够的无砟轨道建筑高度。施工应根据梁高偏差、架梁时支座与垫石间灌浆层厚度确定支承垫石顶面的高程。

梁端接缝两侧钢轨支点在活载及横向力作用下的竖向和横向相对位移不大于1 mm。应考虑支座弹性压缩变形、梁端转角、坡道梁伸缩、支座横向间隙等影响。

日照引起梁体挠曲或桥墩横向位移应与其他因素组合满足竖向与水平折角的要求,必要时需进行动力检算。

4.1.2.9 高速铁路桥梁设计关键控制指标

高速铁路桥梁设计关键控制指标如表4.8所示。

表4.8 高速铁路桥梁设计关键控制指标

序号	项目内容	规定	说明
1	设计使用寿命	100 年	指主要承重结构
2	设计活载图式	ZK(0.8UIC)	—
3	线间距	5.0 m(4.6 m)	速度 350 km/h(250 km/h)
4	线路中心线至挡砟墙内侧	2.2 m	有砟轨道
5	轨下枕底道砟厚度	≥35 cm	有砟轨道
6	涵洞顶至轨底填土厚	≥1.5 m	—
7	涵洞地基工后沉降	≤50 mm	有砟轨道
8	墩台基础工后均匀沉降	≤30 mm(20 mm)	有砟(无砟)轨道
9	相邻墩台基础工后沉降差	≤15 mm(5 mm)	有砟(无砟)轨道
10	铺轨后梁跨徐变上拱	≤20 mm(10 mm)	有砟(无砟)轨道
11	箱梁内最小净空高	1.6 m	—

续表

序号	项目内容	规定	说明
12	最外层普通钢筋保护层厚度	≥30 mm	—
13	预应力管道保护层厚度	≥管道直径 ≥50 mm	结构顶面,侧面
14	桥面竖向加速度	$0.35\ g(0.5\ g)$	$f≤20\ Hz$ 有砟(无砟)
15	梁端竖向转角	≤2‰	指一跨梁的转角
16	梁端水平折角	≤1‰	—
17	梁体水平挠跨比	$≤L/4000$	—
18	结构扭转变形	≤0.3‰(每延米)	相当于 $t≤1.5\ mm/3\ m$
19	简支梁 $L≤40\ m$ 竖向自振频率	$≥120/L$	

4.2 铁路桥梁的桥型

随着社会经济和科学技术的不断发展,铁路桥梁项目越来越多,规模越来越大,桥型也越来越多样及新颖。

(1)简支桥梁。简支桥梁设有两个支座,桥底下基本没有桥墩,直接将两个目标点连接起来,完全不用考虑负弯矩和负剪力,跨度基本不大于 20 m。简支桥梁结构简单,建造速度快、成本低廉,适合在承重要求不高的低等级公路和非机动车道路使用。如合武高速铁路大别山中的白水河大桥、京沪高铁简支梁桥、大西铁路客运专线跨汾河特大桥等。

(2)大跨度连续梁桥或连续刚构桥。大跨度即跨度大于 80 m。连续梁桥即两跨或两跨以上连续的梁桥,属于超静定体系。连续梁在恒活载作用下,产生的支点负弯矩对跨中正弯矩有卸载的作用,使内力状态比较均匀合理,因而梁高可以减小,由此可以增大桥下净空,节省材料,且刚度大,整体性好,超载能力大,安全度高,桥面伸缩缝少,并且因为跨中截面的弯矩减小,使得桥跨可以增大。连续刚构桥是墩梁固结的连续梁桥。如京杭大运河大跨度连续梁桥、大西线晋陕黄河多跨连续刚构桥、京沪高铁淮河特大桥等。

(3)大跨度组合钢桁桥。如京沪高铁郑新黄河大桥(图 4.6)、武汉天兴洲长江大桥等。

(4)大跨度斜拉桥。斜拉桥又称斜张桥,是将主梁用许多拉索直接拉在桥塔

图 4.6　京沪高铁郑新黄河大桥

上的一种桥梁,是由承压的塔、受拉的索和承弯的梁体组合起来的一种结构体系。其可看作是拉索代替支墩的多跨弹性支承连续梁。其可减小梁体内弯矩,降低建筑高度,减轻了结构重量,节省了材料。如荆州长江二桥、郑西高铁洛阳特大桥等。

(5)大跨度钢桁拱桥。如大胜关长江大桥、南宁至钦州高速铁路邕江双线特大桥、广州东平水道大跨度钢桁拱桥等(图 4.7)。

图 4.7　广州东平水道大跨度钢桁拱桥

(6)大跨度系杆拱桥。系杆拱又可称为简支梁拱。因为系杆拱类似一片简支梁,拱内轴向力在拱脚处所产生的水平作用与系梁轴力在体系内部达到平衡,对墩台仅产生竖向作用,不产生水平推力,类似简支梁对墩台的作用。系杆拱桥消除了拱肋对拱脚处基础的巨大推力,使桥墩或桥台的设计无须考虑推力,只需考虑竖向荷载,可以像普通简支梁或连续梁一般修建桥墩或桥台,完美地解决了平原地区建设拱桥的问题,使得系杆拱桥在各种地基条件下都可以建造。如武广高铁汀泗河特大桥、甬台温铁路雁荡山特大桥、拉萨河大桥(三跨连续梁系杆拱桥)等。

(7)大跨度系杆拱-连续梁桥。连续梁-拱组合桥作为一种新型组合结构,整个体系桥梁主要由拱肋、系梁、吊杆、桥面系组成,连续梁拱克服了拱桥对地基要求较高和连续梁对材料要求较高的缺点,又改善了连续梁桥较大的弯矩和剪力的受力状况,最大限度地发挥了拱桥与混凝土连续梁桥的优势,具有动力稳定性好、结构刚度大、跨越能力大、施工方便、造型美观等显著优点,而且还具有显著的工程实用价值和经济效益。如合蚌高铁九龙岗特大桥连续梁拱桥、哈尔滨松花江特大桥等。

(8)连续钢桁梁桥。如钱塘江大桥、南京长江大桥、芜湖长江大桥(图4.8)等。

图 4.8　芜湖长江大桥

(9)V形墩连续梁桥。如郑西高铁偃师V形墩转体特大桥、跨浙赣铁路大跨度V形墩连续刚构桥、台湾桃园机场快捷线路V形墩桥(图4.9)等。

(10)斜腿刚构连续梁桥。斜腿刚构连续梁桥带有两个斜腿的刚架结构,斜腿的下端设铰,通常用钢筋混凝土或预应力混凝土制作,也有用钢制作的。斜腿下端铰的设置,避免了下端承受较大的弯矩,有利于斜腿构件的长久安全;而且由于斜腿的支撑,减小了中跨跨度,降低了梁体高度,减少了结构用材,建筑高度较低,用于立交桥有其较突出的优点。如安康汉江铁路桥(我国第一座斜腿刚构桥)、山西浊漳河特大桥(我国第一座铁路预应力混凝土斜腿刚构桥)等。

图 4.9　台湾桃园机场快捷线路 V 形墩桥

4.3　高速铁路桥梁工程新技术

4.3.1　桥梁基础施工

4.3.1.1　双臂钢围堰施工方法

首先,制作与安装钢围堰。一般在深水桥墩施工时会用到钢围堰。采用钢围堰是为深水基础施工创造条件。双壁钢围堰应按设计要求在工厂分节加工,并在分节现场浮运定位、分节安装和拼焊,拼焊后应进行焊接质量检验及水密性试验。最下面一节带有刃角,便于着床后在沉积层中下沉。安装完毕后首先要封底,然后逐段排水,逐段加固。

然后,进行护筒群下沉。一般情况下,钢围堰封底完成之后,下一步重要工作是钻孔施工。通常围堰内钻孔桩护筒是采用群式定位后同时沉入围堰内,护筒群可以有多种沉入方式,如围堰全部沉入后再沉入护筒群,或者护筒群与第一节围堰同时拼装、同时下沉。第一种方式的护筒群定位需要仔细认真,第二种方式中护筒群定位可以在水上完成,更为方便。

双壁钢围堰施工的一般流程见图 4.10。

在吊箱围堰施工过程中,要把握好以下质量控制要点:箱体高程应符合设计要求,检查内侧平面尺寸、围堰中线扭角、围堰倾斜度。如围堰做承台外模,还要检查轴线偏位;围堰支撑体系应满足吊装整体钢围堰和浇筑承台封底混凝土整体受力要求;吊箱围堰底板、边板和封板的接缝应有可靠的防漏水措施;钢围堰

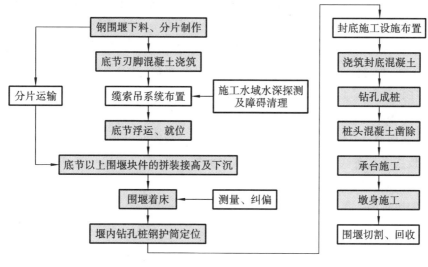

图 4.10 双壁钢围堰施工流程

安装就位并经监理工程师检验合格后,方可批准浇筑水下封底混凝土;检查封底混凝土强度,当达到设计强度后,方可抽水,进行下一步的施工。

4.3.1.2 钢板桩围堰施工方法

钢板桩围堰是钢板桩常见的一种应用方式,这种方式主要用于桥梁深基础的施工。

钢板桩是带有锁口的一种型钢,其截面有直板形、U 形槽及 Z 形等,有各种大小尺寸及联锁形式。常见的有拉森式、拉克万纳式等。在桥梁施工中,钢板桩常用于沉井顶的围堰,以及管柱基础、桩基础及明挖基础的围堰等,在防洪堤、护岸、地基开挖、深大沟槽开挖等方面也有着广泛应用。钢板桩围堰的外形一般有圆形、圆端形、矩形、带三角的矩形等,外形多变,应用灵活,再配备各种支护与加强措施,在基坑开挖、管沟开挖、结构基础施工、桥墩基础施工等各方面得到广泛应用。

钢板桩围堰具有如下优点:强度高,容易打入坚硬土层;防水性能好,可在深水中施工;能按需要组成各种外形的围堰;可多次重复使用,成本低等。钢板桩围堰多采用单壁封闭式,必要时可采用双层钢板桩或台阶式钢板桩防护。根据需要,围堰内可采用环向加强肋以及纵横向支撑,必要时加斜支撑或拉筋,确保防护安全。

钢板桩施工设备按打桩方式可分为以下 4 种:一是冲击打桩机械,有自由落锤、蒸汽锤、空气锤、液压锤、柴油锤等;二是振动打桩机械,这类机械既可用于打桩还可用于拔桩,常用的是振动打拔桩锤;三是振动冲击打桩机械,这种机械是在振动打桩机的机体与夹具间设置冲击机构,在激振机产生上下振动的同时,产生冲击力,使施工效率大大提高;四是静力压桩机械,靠静力将板桩压入土中。

在钢板桩施工过程中,应注意以下要点:埋深较浅的支护结构;黏性土、砂土、淤泥等软弱地层;施工前先试桩,试桩数量不小于10根;沉桩施工前必须清除地下、地面及高空障碍物,需保留的地下管线应挖露出来,加以保护;基坑开挖后钢板桩垂直平顺,无严重扭曲、倾斜和劈裂现象,锁口连接严密;基坑土方和结构施工期间,对基坑围堰和支护系统进行动态观测,发现问题,及时处理。

钢板桩的适用范围方面,拉森钢板桩长 12 m、15 m、18 m 等,拉森钢板桩由于抗弯能力较强,多用于周围环境要求不高的深 5~8 m 的基坑,视支撑的设置情况而定。当然,如果采用双层钢板桩,并设置合理的支撑,防护深度可以加深;如果采用台阶分层收缩插打钢板桩,支护深度还可以加深,从而大大提高了钢板桩的适用范围。此外,钢板桩围堰适用于浅水低桩承台并且水深 4 m 以上,河床覆盖层较厚的砂类土、碎石土和半干性土;钢板桩围堰作为封水、挡土结构在浅水区基础工程施工中应用较多,适用于黏土、风化岩层等基础工程。当然,这与钢板桩制作材料及施工设备的工作能力有一定关系,随着施工机械的发展,适用的土质范围还会进一步扩大。

4.3.1.3 土石围堰施工方法

土石围堰由土石填筑而成,多用作上下游横向围堰,它能充分利用当地材料,对基础适应性强,施工工艺简单。按基坑是否允许淹没而分为过水围堰和不过水围堰,一般多用于不过水围堰,如用于过水围堰,允许汛期过水,应予以妥善保护,需要做好溢流面、围堰下游基础和两岸接头的防冲保护。

根据土石围堰防渗结构的形式,可将其分为土质心墙、混凝土心墙、钢板桩心墙及其他防渗心墙结构。在水流较浅(2 m 以下)、流速缓慢、渗水较小的河床中修建浅基础时,可以采用堆积土石袋填筑黏性土心墙来构筑土石围堰,利用土石围堰隔离河水,围出基坑开挖的空间,然后进行基坑开挖和浅基础施工。土石围堰的心墙宜采用黏性土填筑,当缺少黏性土时,也可用砂土类填筑。为了增强心墙的防渗能力,应加大堰身心墙的填筑厚度以加长渗流的路径。混凝土围堰常用于在基岩土上修建的水利枢纽工程,这种围堰的特点是挡水水头高,底宽小,抗冲击能力强,堰顶可溢流,尤其是在分段围堰法导流施工中,用混凝土浇筑的纵向围堰可以两面挡水,而且可与永久建筑物相结合作为坝体或闸室的一部分。一般在山区河流水位变幅较大而且又采用全段围堰法施工时,上游的横向围堰可以采用混凝土拱形围堰,且为过水围堰形式,可减少围堰工程量,缩短施工工期,拆除也较为方便。

4.3.1.4 筑岛沉井基础施工

若水浅且流速不快,可在墩台设计位置用土石料人工筑岛,在岛的四周以砂石袋堆码围护;当水流较大或水位变化大时,可采用钢板桩围堰等方式防护。

筑岛完成后,采用陆地上施工方法进行沉井施工,包括筑岛后围堰施工(钢围堰、钢板桩围堰、混凝土沉井围堰)和筑岛后施工沉井基础。

筑岛时,应注意以下事项:填土时必须从中间往两侧填,中间用机械进行碾压,边缘用人工夯实且在上水打入木桩,压实度应足以支撑钻孔设备工作时的冲击和脚手架的压力;筑岛高度应高出施工期间可能出现的最高水位(包括浪高)0.5~0.7 m;施工中必须保证边坡坡率,只可缓不能陡,内坡脚与基坑的距离不得小于1 m;筑岛填筑前必须将河床底的树根、杂物等清理干净,如基底有软土,必须换填加固后再进行填筑;筑岛的设计必须做好坡脚及坡面的防冲刷,可采用抛块石筑底或堆码石袋进行坡脚及坡面防护。石袋堆码时上下层、内外层必须错缝搭接,不得存在通缝;施工完毕后及时拆除筑岛及围堰。

4.3.2 桥墩滑模施工

滑升模板(简称滑模)施工是一种现浇混凝土工程连续成型的施工工艺。在高墩施工过程中,滑升模板始终支撑在混凝土内事先预置的顶升杆件上,利用液压或手动提升设备将滑模体系滑离地面并使其不断地向上滑升,不依赖已浇筑的混凝土墩壁,因此,在每一个滑模的循环施工阶段过程中,不会对绑扎钢筋和浇筑混凝土产生影响,并直至到达所需要的高度为止。

滑升模板实际上是一个体系,包含了模板、模板支架、施工平台、提升装置、模板坡率调整装置等。在滑升施工过程中,每一个混凝土节段的浇筑采用同一套模板,因此,浇筑节段的高度是相同的,模板强度不需要随着墩高的增加而增加,特别适用于现场浇筑高耸构筑物和建筑物等的竖向结构,如筒仓、高桥墩、电视塔、竖井、沉井、双曲线冷却塔和高层建筑等。滑模结构示意图如图4.11所示。

滑模体系由3部分组成:一是操作平台系统,包括内操作平台、外操作平台、

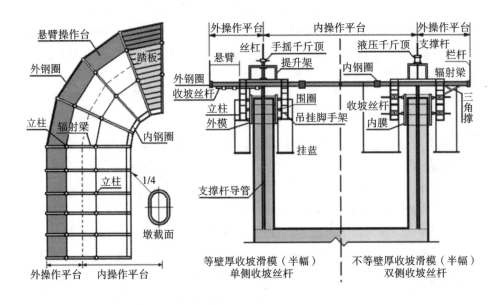

图 4.11　滑模结构示意图

吊挂脚手架;二是模板系统,包括模板、围圈、收坡丝杆;三是液压提升系统,包括支撑杆(爬杆)、液压式千斤顶、提升架。

滑升模板施工方法具有机械化程度高、施工速度快、结构整体性好、节约模板和劳动力,有利于安全施工、适应性强等优点。滑模施工不仅适用于高耸的桥墩、高层建筑、仓储结构等,也适用于沿水平、弯曲、倾斜方向有规律延伸的构造物表层的施工,如公路路面、隧道衬砌等,还可用于连续挡墙、路肩混凝土等的施工。总之,滑模技术可以灵活应用到很多方面。

模板滑升需经历如下 3 个阶段。

(1)初试滑升阶段。模板初升时,混凝土受到的滑升摩擦力必须小于混凝土的自重,否则混凝土可能会被模板带起。初升前需进行试滑,此时应将全部千斤顶同时缓慢上升 50～100 mm,观察混凝土有无塌落现象,同时用手指按压下部刚出模的混凝土。注意下列情况:如果指印轻微且不黏手,耳闻"沙沙"声,说明可以开始滑升;如果无指印、滑升困难、混凝土下端有轻微拉裂缝,说明滑升时间已迟;如果混凝土有塌落或压指印很深,暂不能滑升,可继续浇筑,等待合适的滑升时机。

(2)正常滑升阶段。该阶段内,混凝土浇筑、钢筋绑扎、模板滑升等工序之间相互交替进行,应紧密衔接以保证施工顺利。滑升高度一般为 200～300 mm。

正常气温下,两次提升的时间间隔应控制在1.5 h以内;气温较高时,应增加1~2次中间提升,中间提升高度为30~60 mm,以减少混凝土与模板间的摩阻力。正常滑升阶段的滑升速度一般为200~250 m/h。

(3)最后滑升阶段。当模板滑升至距结构顶部标高1 m左右时,滑模即进入最后滑升阶段。此时应放慢滑升速度,并对模板进行准确的抄平和纠正工作,以使最后一层混凝土能够均匀地交圈,保证顶部标高及位置的正确。混凝土浇筑结束后,模板应继续滑升,直至模板全部脱离混凝土为止。

4.3.3 桥梁支座安装

支座设置在梁体与墩台之间,它的作用是把上部结构的各种荷载传递到墩台,并能够适应活载、温度变化、混凝土收缩与徐变等因素所产生的位移,使上、下部结构的实际受力情况符合设计的计算图式。

梁式桥的支座一般分为固定支座和活动支座。固定支座允许梁截面自由转动而不能移动,活动支座允许梁在发生挠曲、伸缩或侧移的同时也可以转动。目前,常用支座有板式橡胶支座、盆式橡胶支座、球形钢支座和减隔震支座等。

梁桥支座布置时,应遵循以下基本原则。①支座必须能可靠地传递竖向和水平反力。②支座应使由于梁体变形所产生的纵、横向位移和纵、横向转角(以及平面转角)尽可能不受约束。③对于桥面特别宽的梁桥,要考虑支座横桥向移动的可能性。④在预应力梁上的支座不应该对梁体的横向预应力产生约束,同时也不得将施加梁体横向预应力的荷载传给墩台。⑤当桥梁位于坡道上,固定支座一般应设在下坡方向的桥墩台上。⑥当桥梁位于平坡上,固定支座宜设在主要行车方向的前端桥墩台上。⑦固定支座宜设置在具有较大支座反力的地方,不宜设置在较高的墩处。⑧较长的连续梁桥固定支座设在桥长中间部位的桥墩上较为合理,因为此处两侧的自由伸缩长度比较均衡。⑨通常在坡桥主梁底面,增设局部的楔形构造(图4.12)。⑩连续梁可能发生支座沉陷时,应考虑支座高度调整的可能性。⑪通常在设置固定支座的桥墩上,一般采用一个固定支座,相邻的支座设置为横向可活动、纵向固定的单向活动支座;在活动墩上,一般设置一个纵向活动支座,其余均设置多向活动支座。

桥梁支座应满足如下要求:明确区分固定支座和活动支座,保证桥上无缝线路的安全;支座应纵、横向均能转动,并能使结构在支点处可横向自由伸缩;支座应便于更换。

每孔铁路简支梁通常采用四个不同型号的支座:固定支座、双向活动支座、

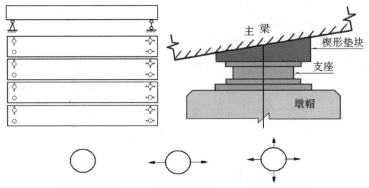

(a) 固定可转动支座　　(b) 单向活动支座　　(c) 多向活动支座

图 4.12　增设局部楔形构造

横向活动支座、纵向活动支座。为了保证梁体在工作当中不产生温度应力,要求每孔四片 T 梁的不同型号支座的安置按照图 4.13 方式。如果是箱梁,支座的安装方式如图 4.14 所示。当桥面设计有坡度时,固定支座安置在梁面标高较小的一端,如图 4.15 所示。

此外,对于较长的连续梁来说,混凝土收缩徐变以及温度效应引起的梁体长度变化不可忽视,因此,支座安装时必须考虑当时环境温度与设计温度之间的差异,设置支座顶板的预偏量。

图 4.13　每孔四片 T 梁的不同型号支座的安置示意图

图 4.14 箱梁支座的安装方式

图 4.15 桥面设计有坡度时,固定支座安置方式

4.3.4 架桥机与梁体架设

架桥机主要包括导梁式架桥机、走行式架桥机、导梁式定点起吊架桥机、运架一体式架桥机及多梁桥面单片梁架桥机。

4.3.4.1 导梁式架桥机

导梁式架桥机的主要架梁步骤如下。①待架梁状态。待架梁状态是指架桥机完成过孔之后,各支腿已经站位到位,等待运梁车将待架梁运来,然后开始架设下一孔。②起吊梁和移梁。运梁车喂梁到位后,前吊梁小车吊起梁的一端向前拖拉,然后双吊车吊起梁向前移梁。③落梁。梁体移动到位后,将梁体落至墩顶,调整标高与平面坐标后然后灌注支座高强度砂浆,完成一片梁体的架设。④架桥机过孔前的准备。将前后吊梁小车移至主梁后端,加强后端的配重。⑤前后支腿前移。后支腿沿架设好的梁面前移,前支腿利用导梁支撑前移。⑥导梁前移。利用前吊梁小车和导梁天车吊起导梁前移。⑦导梁天车吊位调整。导梁前移孔跨一半时,利用辅助支腿暂时悬吊导梁,然后导梁天车调整吊位,为完成导梁的前移到位做准备。⑧导梁到位后架桥机回归待架梁状态。当前吊梁小车和导梁天车完成导梁前移之后,吊梁小车回归到主梁后端,等待运梁车喂梁,然后进行下一孔梁的架设。

需要注意的是,架桥机架梁过程存在很多风险,必须严格按照操作规程进行操作,否则,将导致严重事故。

4.3.4.2 走行式架桥机

走行式架桥机是一种适用于铁路整体箱梁架设的架桥机。走行式架桥机主要由 2 根箱型主梁及横梁、3 套支腿(1、2、3 号支腿)、主梁顶面 2 台起重天车以及轨道、电气控制系统、液压系统和动力系统等组成。

走行式架桥机的主要架梁步骤如下。①架桥机三个支腿处于待架梁的站位,等待运梁车将待架梁片喂入架桥机腹中。②前后起重天车从架桥机喂梁区内提起梁片,然后运送至架梁区。③梁片到达架梁区后,经过精确对位后落至墩顶,同时运梁车返回梁场继续运送下一孔梁片。④为了架设下一孔梁,架桥机需完成过孔,为此,两个起重天车回到架桥机后端参与配重,同时,3 号支腿也后退,加强架桥机过孔时的稳定性。⑤做好上述过孔的准备工作后,2 号和 3 号支腿依靠自身动力前行,让 1 号腿落至待架孔前端的墩顶,到位后对 1 号和 2 号支腿进行调整并锁定,然后让 3 号支腿继续前行至架梁站位,此时,架桥机又处于待架梁的状态。

4.3.4.3 导梁式定点起吊架桥机

导梁式定点起吊架桥机是一种适用于铁路整体箱梁架设的架桥机。架桥机主要由 2 根箱型主梁及横梁、前后支腿、辅助支腿、主梁顶面 2 台吊梁车、导梁后吊车、导梁前天车以及轨道、电气控制系统、液压系统和动力系统等组成。

导梁式定点起吊架桥机的主要架梁步骤如下。①架桥机就位,运梁车运梁到位并与架桥机对接,安装运梁车与导梁之间的过渡轨桥,然后,依靠梁下驮梁小车将待架梁体运送至导梁梁面。②提梁吊车将梁吊起,使得梁体脱离导梁,驮梁小车返回到运梁车上,运梁车返回梁场。③解除导梁与架桥机的连接,调整导梁吊车与导梁天车到位,然后将导梁提升,使之离开桥墩并准备前移。④导梁吊车和吊梁天车协同工作,沿主梁和悬臂梁前行将导梁向前运送。⑤当导梁向前运送一半的时候,借助辅助支腿临时吊住导梁,然后将导梁天车向回倒钩,调整吊位后再次与导梁吊车共同起吊导梁。⑥导梁吊机和导梁天车吊运导梁前行到位,然后将导梁落至墩顶就位。⑦主梁吊梁天车将待架梁体落下并就位。⑧收起吊梁天车的吊钩,架桥机前行到位,辅助支腿回缩,前支腿在墩顶支撑,架桥机后支腿转换为架梁模式,运梁车载运预制梁到位,开始准备架设下一孔梁。

4.3.4.4 运架一体式架桥机

运架一体式架梁机实现了"三位一体",即吊梁机、运梁车与架桥机一体化,大大降低了运架梁的成本,提高了效率,属于目前比较先进的架梁设备,体现了中国高速铁路建设的技术进步。

运架一体式架桥机的主要架梁步骤如下。①梁场组装调试后,由提梁机提运导梁机至桥头(提前放置平滚轮)。②放置主滚轮支腿并锚固。③前移导梁一跨,放下前支腿和辅支腿并锚固(前移动力来自架梁小车)。④继续前移导梁。⑤导梁前移到位,运架梁机离开前,导梁后端需锚固,否则运架梁机应在后端配重,在支腿转移后离开。⑥支腿转移至待架状态。⑦运架梁机梁场取梁。⑧运架梁机和架梁小车对接。⑨运架梁机后车与架梁小车同步前移梁体。⑩到位时,后车制动,前抽下导梁,让出梁位落梁。⑪下导梁后抽 11 m,锚固,运梁车退回,解除与架梁小车连接,返回梁场取梁。

4.3.4.5 多梁桥面单片梁架桥机

当桥面是由多片梁体构成时(如 T 梁桥、板梁桥、小箱梁桥等),通常采用逐片架设的方法,因此,单片梁架桥机适用于此类桥梁的架设。单片梁架桥机主要由主梁、前中后三个支腿、主梁顶面 2 台吊梁车以及横向移动轨道、电气控制系统、液压系统和动力系统等组成。

多梁桥面单片梁架桥机的主要架梁步骤如下。①架桥机三个支腿位于相应架梁站位,等待运梁车运送待架梁体。②架桥机两个吊梁天车回撤至架桥机后部,前吊梁天车吊起梁的前端,准备向前拖曳。③当梁体后端被拖曳至后吊梁天车下方时,两台天车同时起吊梁体,运梁车开回梁场,运送下一片待架梁。④两台吊梁天车将梁体前移到位后,准确落梁至墩顶,然后架桥机横向移动一片梁的距离,等待架设横向相邻梁片。⑤架桥机过孔,进入新的待架状态。

需注意的是,当用于铁路 T 梁的架设时,桥面将铺设临时轨道,以便于铁路运梁板车运送梁体;当用于公路桥梁的架设时,将采用轮胎式运梁车运送梁体。

4.3.5 大跨度预应力混凝土连续梁悬臂施工控制要点

4.3.5.1 0♯块施工与挂篮

0♯块的重要作用主要包含两个方面:为挂篮提供安装平台和作为梁体分段悬臂施工的起点。

由于挂篮安装需要较大平台,所以,0#块的尺度比较大,超出墩顶支撑尺度,因此必须在墩顶搭建托架才能进行0#块的施工。对于低墩来说,0#块托架可采用落地支撑,对于不便采用落地支撑的高墩,可以利用墩顶预埋件设置牛腿支撑,然后搭建0#块施工托架。但考虑到0#块重量很大,托架将承受很大的重力作用,因此,在0#块施工前,必须对托架进行预压。

对托架进行预压将实现三个目的:一是验证托架的安全性,避免在0#块施工过程中发生较大沉降或突然性的垮塌;二是通过模拟0#块重力作用,消除托架在搭建过程中所存在的各类非弹性间隙或变形;三是因为预压是采用逐级进行的,并最终达到托架顶面全部荷载的120%,因此在预压过程可以测得托架的弹性沉降量,为0#块底模安装提供准确的预抛高量,确保连续梁悬臂施工的线形控制工作从0#块开始就奠定坚实的基础。

0#块施工完成后,便可以借助塔吊进行挂篮的安装,就此开始不断循环进行的梁段悬臂施工。

4.3.5.2 挂篮刚度试验

挂篮刚度是非常重要的物理参数,它影响到施工过程中挂篮前端的沉降量,因此,必须精确掌握挂篮刚度,才能控制好大跨度连续梁悬臂施工的线形。为了掌握挂篮的刚度参数,需要进行挂篮刚度试验,目前最常用的试验有如下2种。

(1)地面对拉试验。挂篮承重结构通常由一对组成,在安装于墩顶之前,可将一对承重结构对称地平置在地面试验台座上,将挂篮前后支点锁定,在悬挂点 A、B 之间用螺纹钢贯通,一端用螺母卡在 A 点外侧,另一端伸出 B 点用千斤顶进行单边逐级对拉,记录并绘出张拉力和 A、B 之间位移量的线性关系,通过对数据的拟合分析便可以得到挂篮刚度。

得到挂篮刚度之后,便可以针对每一次悬臂施工,计算出挂篮悬挂点因梁段混凝土、外模及其他荷载的综合作用所产生沉降量,该沉降量是悬臂施工中底模前端预抛量的重要组成部分,对于准确控制大跨度连续梁在悬臂施工过程中的线形非常重要。

(2)墩顶预压试验。很多时候,施工单位更习惯于在0#块顶面安装完成之后,借助于悬挂的施工平台进行挂篮刚度试验。试验采用分级加载的方式进行,可选择第一段悬臂施工梁体的重量作为最终加载目标。试验过程中,加载可采用预制混凝土块或袋装碎石,装袋时需准确称重,才能保证加载精度。加载时要注意荷载的分布,每一级加载完成后,等体系稳定下来再进行沉降量测量。加载完成后分级卸载,每卸载一步进行一次标高回弹测量,最后根据加载卸载的测量数据,回归得到挂篮刚度。

4.3.5.3 摩阻试验与预应力张拉

为了确保大跨度预应力混凝土连续梁分段悬臂施工过程中的预应力施加能够达到设计要求,必须对预应力损失有可靠的估算,估算的依据将主要来自摩阻试验。

摩阻试验的目的是获取钢束与孔道壁的摩擦系数、喇叭口的摩擦系数以及锚垫板的回弹系数。为此,需要分别制作具有直线孔道和圆弧孔道试验块(图4.16),从而可以通过两个试验块的摩阻试验,分别获取上述三个参数,然后为预应力张拉时的损失量估算提供可靠依据,确保钢束张拉时对于梁体施加的预应力达到设计要求。

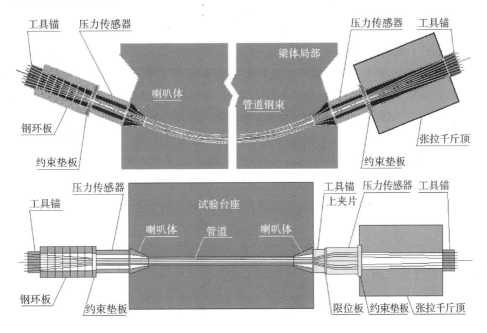

图 4.16 管道摩阻、钢索卡具回缩及锚垫板弹性变形试验

在进行钢束张拉时,应按照"设计值+预估损失值"进行控制。张拉过程中要遵循"油表读数为主、伸长量测量为辅"的原则,如果发现油表读数到位,而伸长量与计算量相差超过6%,应立刻停止张拉过程并进行检查。张拉过程中绝对不允许超张拉。

钢绞线进场后,要对钢绞线的弹性模量进行抽检,如果检测值与厂家标注值相差超过10%则不得使用。根据设计要求或规范要求及钢绞线厂家提供的材质性能,决定是否做松弛试验。

4.3.5.4 混凝土悬臂浇筑顺序和对称性

大跨度连续梁在悬臂施工过程中必须保持其对称性,特别是在大悬臂状态下,保持对称性显得更重要。一般要求,不对称量最大不能超过 2 m^3,应尽可能避免不对称荷载对墩身造成的较大弯矩,这对于控制连续梁的线形非常有利。

在进行混凝土悬臂浇筑的时候,应当从挂篮前端开始逐渐往回浇筑,在新旧混凝土结合部位开始浇筑时,让挂篮的沉降变形基本完成,这样就可以避免因挂篮沉降而对于结合面处的混凝土产生张拉作用,保证混凝土的浇筑质量。

4.3.5.5 施工监控

由于悬臂施工均在自由端进行,每一个新梁段的施工都迫使前面已完成的梁体在新梁段重力和预应力的作用下经历一次空中变位的过程,这就使得连续梁各处标高在悬臂施工过程中一直处于变化当中,并且越靠近自由端,梁体上下波动的幅度越大,特别是当悬臂长度不断增长时,梁体标高波动的幅度进一步增加。因此,在这个不断波动的过程中,必须采用模拟分析的方法计算每一个梁段所经历的变位过程,为每一段梁体的悬臂施工提供科学的立模标高。但由于模拟分析时所采用的参数与实际有差异,所以,必然会产生误差。

为了避免在悬臂施工过程中发生误差的积累,就必须实施准确的施工控制。准确的施工控制能及时发现前一次施工留下的误差并找到原因,然后根据下一个施工节段的全部重量、预应力强度、混凝土弹性模量和节段长度等因素,再结合上一次的误差,通过计算给出本节段合理的立模标高,对前一次误差及时给予修正,避免发生误差积累,确保连续梁的线形始终向着设计给出的最终目标靠近。

通常施工单位没有这种控制能力,因此,需要委托一家有能力、有资质的单位早早介入这项工作,尽早完成相关计算,一旦悬臂施工开始,就可以将大跨度连续梁的悬臂施工过程置于监控之中。

4.3.5.6 临时固结与体系转换

在悬臂施工过程中,为保证大悬臂状态下的稳定性,0#块施工时必须在底部建立临时固结。临时固结通常有两种方式:一是在墩顶设置临时固结支座,二是在墩顶以外竖立临时钢管支墩,并使之与0♯块临时固结。当连续梁全部合龙之后,需解除临时固结对于梁体的约束,将梁体落在永久支座上,体系的受力状态发生再分配,成为在固定支座以外沿纵向可以自由伸缩、在所有支座处可以竖向转动的结构,从而完成体系转换。

4.3.5.7 边跨直线段施工

一般情况下,大跨度连续梁的边跨较中跨的一半长一些,其中边跨长出对称施工的直线段部分通常采用搭建支架的方式现浇,然后与悬臂对称施工的梁体在空中合龙。这样的桥梁设计和施工方式既能够很好地落实悬臂施工对称性的基本理念,也有利于边墩支座在大桥建成后运营过程中的安全。

既然靠近边墩的直线段采用搭建支架的方式施工,那么在立模之前,必须采用逐级加载的方式对支架体系进行预压。一方面消除支架体系中存在的一些间隙和非弹性变形,另一方面掌握支架体系的弹性变形量,为下一步直线段梁体的立模提供预抛高量,确保直线段梁施工结束后的线形符合设计要求。

4.3.5.8 合龙顺序和合龙后施工

在大跨度预应力混凝土连续梁的悬臂施工过程中,一般要在两种部位进行合龙施工。一类是跨中两侧挂篮悬臂施工梁体之间的合龙,另一类是边跨现浇直线段与悬臂施工梁体之间的合龙。

合龙段的长度通常取为2m,合龙顺序可以根据桥跨的数量及宽度按照如下基本原则实施。①先边跨后中跨。当跨数较少时可依据此原则,先合龙两侧边跨,最后合龙中跨。因为桥跨数量少,依次合龙的历时较短,中跨合龙后所形成的混凝土收缩应力一般不足以对梁体造成破坏,但应尽快解除临时固结的约束,完成体系转换。②先T后Π+先边后中。当连续梁由很多跨构成时,悬臂施工将首先形成很多T构,通常因面临工期压力和季节变化的影响,可首先合龙相邻T构,形成一些Π构,并解除其中一个墩顶的约束,然后按照"先边后中"的原则将Π构逐步合龙。在Π构之间的合龙过程中,也要及时解除多余的约束,避免温度应力过大而造成的破坏,最后完成多跨连续梁的合龙,形成完整的连续梁。合龙全部完成后应尽快完成体系转换。

因为桥跨比较多,合龙过程中始终伴随着固结约束结构的存在和发展,所以应当避免合龙过程跨越温差变化较大的季节,或者在合龙过程的适当时候实施局部的约束解除,避免因混凝土收缩或温度变化产生较强的应力作用。总之,应尽快完成梁体的合龙,尽早完成体系转换。

由于合龙段位于最大悬臂的前端,而最大悬臂的前端恰恰是最不稳定的位置,容易受到诸多因素的影响而变动,为了保证合龙段施工时的稳定性,提高混凝土浇筑后的质量,必须借助刚性构件将悬臂端临时锁定,使悬臂端之间保持相对固定。

锁定时应对称进行,速度要快,可将刚性构件分别搭在合龙段两侧最大悬臂梁端的顶板和底板表面,与预埋件迅速焊接,形成刚性锁定。之后,借助最大悬臂一端的挂篮体系构建合龙段的施工平台,进而完成合龙段的立模、钢筋绑扎、预应力钢束布设等工作,然后浇筑混凝土。

合龙段混凝土浇筑应选择一天当中气温较低且温度变化比较平稳的时段。当合龙段混凝土强度达到规定值时解除临时锁定,然后尽快完成穿越合龙段的预应力钢束的张拉,使合龙段混凝土进入一定深度的受压状态,其受压的深度必须保证在成桥以后的任何时刻,无论经受运营荷载的作用或混凝土的收缩作用,合龙段混凝土都必须处于受压状态,为连续梁的长期安全运营提供保障。

4.3.6　大跨度转体施工技术

目前,桥梁转体施工最常用的是平面转体法。平面转体法所涉及的核心是转动体系。该体系主要由转动支承系统、转动牵引系统和平衡系统组成。转动支承系统是平面转体法施工的关键设备,由上转盘和下转盘构成。上转盘位于转动结构底部,可以带动梁体转动;下转盘位于基础顶面,与上转盘密贴。通过上转盘相对于下转盘转动,可以达到梁体转动到位的目的。

顾名思义,转动支承系统必须兼顾转体、承重及平衡等多种功能。按转动支承中的平衡条件,转动支承可分为磨心支承、撑脚支承和磨心与撑脚共同支承三种类型。目前,采用最多的是第三种——磨心与撑脚共同支承。图4.17为典型的转动支承体系。

在水平转体施工中,保证转动的顺利进行是最为关键的技术问题。为此,必须解决如下两个问题。①上转盘的启动。启动上转盘的目的是克服静摩擦力。通常静摩擦力比滑动摩擦力大,一旦静摩擦力被克服而进入滑动过程,摩擦力将大大降低,转动过程将会更加顺利。因此,启动并不需要很大的行程,运用千斤顶的推力最为合适。②启动后的连续转动。由于千斤顶行程短,利用千斤顶的推力完成大尺度的转动显然不可能。因此,为了保证大尺度平转过程的连续性,利用牵引千斤顶的拉力实现大尺度的转动才是可行的。顶推千斤顶和牵引千斤顶的安装方式如图4.18所示。

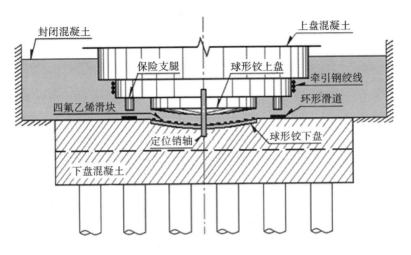

图 4.17 典型的转动支承体系

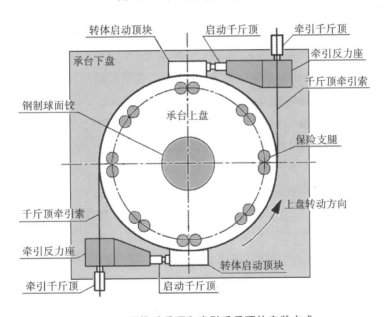

图 4.18 顶推千斤顶和牵引千斤顶的安装方式

第5章 隧道施工技术

5.1 隧道施工技术概述

影响施工方法的因素多种多样,包括工程的重要性,一般由工程的规模、使用上的特殊要求以及工期的缓急体现出来;工程地质与水文地质条件,包括围岩级别、地下水及不良地质现象等,围岩级别是对围岩工程性质的综合判定,对施工方法的选择起着重要的甚至决定性的作用;施工技术水平、机械设备情况;施工中动力和原材料供应情况;工程投资与运营后的社会效益和经济效益;对环境的保护要求;隧道的横断面面积(和围岩一样重要,是主控因素)、隧道的埋深(隧道的埋深与围岩的初始应力场及多种因素有关,在同样的地质条件下,由于埋深不同,施工方法也有很大差异)。

当前,施工单位的习惯做法有6种,分别是明挖法、传统矿山法、暗挖法、盾构法和顶管法、沉管法(连续沉井)以及凿岩机法(TBM)。这些施工方法的对比情况如表5.1所示。

表5.1 隧道施工方法的对比

施工方法	环境场地要求	优点	缺点	发展方向
明挖法	市郊施工,场地开阔,软岩和土体,如北京和天津地铁	进度快,工作面大,便于机械和大量劳动力投入	破坏环境生态,影响交通,带来尘土和噪声污染	有效井点降水系统;可靠的支撑系统;大型土方机械,混凝土搅拌及运输机械
传统矿山法	岩石和坚硬土体,如青岛和重庆地铁	地面干扰小,造价低	进度慢,劳动强度高,风险大	多臂钻孔台车,自动装药引爆装置;光面爆破,喷锚支护,监控数据反馈指导设计和施工方法

续表

施工方法	环境场地要求	优点	缺点	发展方向
暗挖法	埋深较浅,对地基土体进行冻结、注浆、深层搅拌桩加固,棚管法加固,浅埋车站,如北京、哈尔滨等城市地铁	地面干扰小,造价低	机械化程度低,劳动强度高,环境恶劣,风险大	发展可靠的浅地层地基处理技术;小型灵活的地下开挖机械;可靠的临时支护措施和机具
盾构法和顶管法	城市软地层、深埋隧道,如上海、广州、北京等城市地铁	地面影响小,机械化程度高,安全,工人劳动强度低,进度快	机械设备复杂,价格贵,工艺烦琐,专业施工队伍	开发适用不同地质条件,自动更换刀盘的气压、土压泥水平衡盾构和顶管,超前探测排障技术;钢纤维挤压混凝土衬砌;三维仿真计算机管理系统,管理信息化,自动化;自动导向,中途对接异型盾构
沉管法（连续沉井）	跨越江河、湖海,软地基,如广州、宁波、上海过江隧道	造价省,速度快,隧道断面大	封锁江河水面,专门的驳运、下沉、对接的机具,水下作业,风险大	大型涵管制作及驳运技术;地下定位对接、防水技术
凿岩机法（TBM）	坚硬岩石地质,如广州地铁	速度快,机械化程度高,安全,地面无干扰	造价高,使用掌握复杂,刀具易磨损	开发国产高性能凿岩机;改进高强合金刀具;完善后配套系统;超前不良地质探测系统

  方法的选择是一项"模糊"的决策过程,它依赖于有关人员的学识、经验、毅力和创新精神。对于重要工程则需汇集专家们的意见,进行广泛论证。必要时应当开挖试验洞对理论方案进行实践验证。从目前我国高速铁路发展趋势来看,在今后很长一段时间内,仍以采用新奥法为主,这也符合世界潮流。

5.2 隧道洞身开挖施工

山岭隧道洞身开挖的常规施工方法又称为矿山法施工（因最早应用于采矿坑道而得名）。在矿山法施工中，多数要采用钻眼爆破进行开挖，故又称为爆破开挖法。

5.2.1 隧道洞身爆破开挖施工的基本原则

隧道洞身爆破开挖施工的基本原则是少扰动、早支撑、慎撤换、快衬砌，即"十二字原则"。

少扰动是指在进行隧道开挖时，要尽量减少对围岩的扰动次数、扰动强度、扰动范围和扰动持续时间。采用钢支撑，可以增大一次开挖断面的跨度，减少分部开挖次数，从而减少对围岩的扰动次数。

早支撑是指开挖坑道后应及时做临时构件予以支撑，使围岩不致因变形松弛过度而产生坍塌失稳，并能承受围岩松弛变形产生的压力——早期松弛荷载。定期检查支撑的工作情况，若出现严重变形或出现损坏征兆，应及时增设支撑予以加固和加强。作用在临时支撑上的早期松弛荷载大小，可比照设计永久衬砌的计算围岩压力大小来确定。临时支撑的结构设计，亦采用类似于永久衬砌的设计计算方法，即结构力学方法。这些体现了隧道施工的基本原理，充分利用了围岩的自支护性能。

慎撤换是指拆除临时支撑而代之以永久性模筑混凝土衬砌时应慎重，即要防止在撤换过程中围岩坍塌失稳。每次撤换的范围、顺序和时间要视围岩稳定性及支撑的受力状况而定。若预计到不能拆除，则应在确定开挖断面大小及选择材料时就予以研究决定。使用钢支撑作为临时支撑，一般可以避免拆除支撑的烦琐与不稳定性。

快衬砌指拆除临时支撑时要及时修筑永久性混凝土衬砌，并使其能尽早参与承载工作。若采用的是不必拆除的钢支撑，或无临时支撑，亦应尽早施作永久性混凝土衬砌，防止坑道壁裸露时间过长、风化侵蚀围岩、强度降低、变形过大等情况的发生。

5.2.2 洞身开挖施工顺序和基本要求

洞身开挖施工顺序可按衬砌施作顺序分为先墙后拱法和先拱后墙法。

先墙后拱法,又称为顺作法,它通常是在隧道开挖成型后,再由下至上施作模筑混凝土衬砌。先墙后拱法施工速度较快,施工各工序及各工作面之间相互干扰较小,衬砌结构的整体性较好,受力状态也比较好。

先拱后墙法,又称为逆作法,它是先将隧道上部开挖成型并施作拱部衬砌后,在拱圈的掩护下再开挖下部并施作边墙衬砌。先拱后墙法施工速度较慢,上部施工较困难。但是当上部拱圈完成之后,下部施工就较安全和快速。先拱后墙法施工衬砌结构的整体性较差,受力状态不好,并且拱部衬砌结构的沉降量较大,要求的预拱度较大,增加了开挖工作量。

洞身开挖施工的基本要求有以下几点。

(1)洞身开挖施工,其各工序相互联系较密切,互相干扰较大。因此,应注意统一组织和协调,处理好开挖与开挖、开挖与支撑、支撑与衬砌、开挖与衬砌之间的相互关系。若围岩较稳定或支撑条件较好,则应尽量将各工序沿隧道纵向展开,以减少相互干扰,保证施工安全、施工质量和施工进度等。

(2)临时支撑容易受爆破的影响,因此在采用爆破法掘进时,除应注意严格控制爆破对围岩的扰动外,还应尽量减少爆破对支撑的冲击破坏。若采用臂式自由断面挖掘机进行掘进,应注意不得影响临时支撑的稳定,危及施工安全。

(3)洞身开挖隧道施工必须注意安全生产,在保证工程质量的前提下提高经济效益。除完整稳定围岩外,施工时必须配合开挖及时支护,确保施工安全。明洞和洞口工程土石开挖不得采用大爆破,石质陡坡应先加固再进洞,尽量保持原有仰坡稳定;松软缓坡开挖边坡时,应事先放出开挖线,由上而下随挖随支护。

(4)洞身开挖施工中,应采用对围岩扰动较小的开挖方法。当采用钻爆开挖时,应利用光面爆破或预裂爆破技术。在软弱、含水围岩或浅埋等不易自稳的地段施工时,应有辅助施工措施,此外,注意隧道施工防排水应与永久性防排水设施相结合。

(5)隧道开挖断面不宜欠挖。当石质坚硬完整时,拱部允许个别凸出处(每平方米不大于 $0.1\ m^2$)凸出衬砌不大于 5 cm。拱脚和墙脚以上 1 m 内严禁欠挖。

5.2.3 铁路隧道洞身基本开挖方法

铁路隧道洞身基本开挖方法包括全断面法、台阶法、分部法、导坑法、单侧壁导坑法、双侧壁导坑法等,如表 5.2 所示。

以下主要介绍修筑山岭隧道的施工方法(开挖方法及开挖、支护顺序图,见表 5.2)。

表 5.2 铁路隧道洞身基本开挖方法(以山岭隧道为例)

开挖方法名称	图例	开挖顺序说明
全断面法		1—全断面开挖;2—喷锚支护;3—灌筑衬砌
台阶法		1—上半部开挖;2—拱部喷锚支护;3—拱部衬砌;4—下半部中央开挖;5—边墙部开挖;6—边墙喷锚支护及衬砌
分部法		1—上弧形导坑开挖;2—拱部喷锚支护;3—拱部衬砌;4—中核开挖;5—下部开挖;6—边墙喷锚支护及衬砌;7—灌筑仰拱

续表

开挖方法名称	图例	开挖顺序说明
上下导坑法		1—下导坑开挖；2—上弧形导坑开挖；3—拱部喷锚支护；4—拱部衬砌；5—设漏斗，随着推进开挖中核；6—下半部中部开挖；7—边墙部开挖；8—边墙喷锚支护及衬砌
上导坑法		1—上导坑开挖；2—上半部其他部位开挖；3—拱部喷锚支护；4—拱部衬砌；5—下半部中部开挖；6—边墙开挖；7—边墙喷锚支护及衬砌
单侧壁导坑法（中壁法）		1—先行导坑上部开挖；2—先行导坑下部开挖；3—先行导坑喷锚支护、钢架支撑等，设置中壁墙临时支撑（含喷锚钢架）；4—后行洞上部开挖；5—后行洞下部开挖；6—后行洞喷锚支护、钢架支撑；7—灌筑仰拱混凝土；8—拆除中壁墙；9—灌筑全周衬砌
双侧壁导坑法		1—先行导坑上部开挖；2—先行导坑下部开挖；3—先行导坑喷锚支护、钢架支撑等，设置临时壁墙支撑；4—后行导坑上部开挖；5—后行导坑下部开挖；6—后行导坑喷锚支护、钢架支撑等，设置临时壁墙支撑；7—中央部拱顶开挖；8—中央部拱顶喷锚支护、钢架支撑等；9、10—中央部其余部分开挖；11—灌筑仰拱混凝土；12—拆除临时壁墙

5.2.3.1 全断面一次开挖法

全断面一次开挖法就是将全部设计断面一次开挖成型,再修筑衬砌。一般适用于Ⅰ～Ⅲ级围岩,并配有钻孔台车和高效率装运机械的石质隧道。采用深孔钻爆,深度可取3～3.5 m。全断面一次开挖法主要工序是:使用移动式钻孔台车,首先全断面一次钻孔,并进行装药连线,然后将钻孔台车后退到50 m以外的安全地点,再起爆,使一次爆破成型,再将钻孔台车推进至开挖面就位,开始下一个钻爆作业循环,同时进行先墙后拱衬砌。

全断面一次开挖法施工工序较少,互相干扰较少,便于施工组织与管理;开挖工作面较大,钻爆施工效率较高,可以采用深眼爆破的方法,加快掘进速度;道坑空间较大,便于采用先进大型施工机械设备,实现综合机械化施工,从而可以提高劳动生产率;劳动条件好,可以减轻工人劳动强度,降低工程造价,施工速度快,质量好,是今后的发展方向。

目前,全断面一次开挖法是隧道工程施工技术的一个发展方向,但是在推广使用这种方法时,应注意机械设备要配套,如钻眼、装载机等主要机械和相应的配套机具(钻杆、斗车、调车设备等)在型号、规格尺寸、性能和生产能力上都要相互配合,施工工作才能环环紧扣,不致发生彼此互相受到牵制而影响掘进,并应注意经常检查维修机械设备,应备有足够的易损零件部件,以保证各项施工工作顺利进行。加强各种辅助作业和设备的管理,如三管两线(高压风管、高压水管、通风管,电线及运输路线)要保持技术良好状态。加强对工程地质和水文地质的调查,对不良地质情况要及时预报、量测、分析研究,以防影响施工安全、工程建设进度等。加强和重视施工操作人员的技术培训,使其能熟练掌握各种机械设备和推广新技术,不断提高工效,改进施工管理(包括隧道施工的计划管理、技术管理、质量管理、经济管理、安全管理等)。此外,断面开挖法选择支护形式时,应根据围岩类别和具体的工程地质条件、水文地质条件、使用要求、埋置位置及施工条件等,通过工程类比和结构计算综合分析确定。必要时,可通过试验、论证来确定。

5.2.3.2 台阶开挖法

台阶开挖可以说是全断面开挖法的变化方案,即将设计断面分上半部断面和下半部断面两次开挖成型,或采用上弧形导坑超前开挖、中核开挖及下部开挖(分部开挖法)。台阶开挖法便于使用轻型凿岩机打眼,而不必使用大型凿岩台车。在装载运输、衬砌修筑等方面,台阶开挖法则与全断面法基本相同。

在上部断面以弧形导坑领先 2~2.5 m,下部断面以一个正台阶垂直挖到底,一次爆破,利用钻机钻眼,机械装渣运输,先墙后拱衬砌。采用正台阶法开挖的关键问题是台阶的划分形式。台阶划分要求尽量做到爆破后扒渣量少,钻眼和出渣干扰少。因此,一般将设计断面划分成 1~2 个台阶进行分部开挖。台阶开挖法适用于Ⅲ~Ⅴ级围岩。

台阶开挖法具有较大的工作空间和较快的施工速度,但上下部作业会互相干扰。台阶开挖法有利于开挖面的稳定,尤其是上部开挖支护后,下部断面作业就较为安全,但台阶开挖增加了对围岩的扰动次数,应注意下部作业对上部稳定性产生的不良影响。

采用台阶开挖法开挖时,台阶数不宜过多,台阶长度要适当,并以一个台阶垂直开挖到底,平台长度以 2.5~3 m 为宜,易于掌握炮眼深度和减少翻渣工作量,装渣机应紧跟开挖面,减少扒渣距离,以提高装渣运输效率。注意妥善解决上、下半部断面作业的相互干扰问题,即应进行周密的施工组织安排、劳动力的合理组合等。对于短隧道,可将上半部断面先贯通,再进行下半部断面的开挖。此外,上部开挖,因临空面较大,易使爆破面石渣块过大,不利于装渣,应适当密布中小炮眼。但采用先拱后墙法施工时,对于下部开挖法,必须控制开挖厚度,合理地利用药量,并应采取防护措施,避免损伤拱圈及确保施工安全。下部开挖时,应注意上部的稳定。若围岩稳定性较好,则可以分段开挖;若围岩稳定性较差,则应缩短下部掘进循环进尺;若围岩稳定性很差,则应左右侧互相错开施工,或先拉中槽后挖边帮。如采用钻爆法开挖,应采用光面爆破或预裂爆破技术,尽量减少对围岩的扰动。

5.2.3.3 分部开挖法

在松软地层修建隧道时,应采用分部开挖法,适用于Ⅳ~Ⅴ级围岩或一般土质围岩地段。一次开挖的范围宜小,而且要及时支撑与衬砌,以保持围岩的稳定。显然,分部开挖法是将隧道断面分部开挖、逐步成型,且一般将某一部分超前开挖,故称为导坑超前开挖法。常用的有导坑法、单侧壁导坑法、双侧壁导坑法等。

分部开挖减小了每个坑道的跨度,有利于增强坑道围岩的相对稳定性,易于进行局部支护。因此,它主要适用于软弱破碎围岩或设计断面较大的隧道施工。采用导坑超前开挖,有利于提前探明地质情况,便于及时处理或变更施工手段等。其缺点是分部开挖法作业面较多,各工序相互干扰较大,增大施工组织和管理难度。分部钻爆掘进,增加了对围岩的扰动次数,不利于围岩的稳定。若采用的导坑断面过小,则会使施工速度减慢而影响总工期等。

采用分部开挖法时,因工作面较多,相互干扰大,应注意组织协调,实行统一指挥。应特别注意加强对爆破开挖用药量的控制,尽量减少对围岩的扰动而影响其稳定性。尽量减少分部次数,尽可能争取大断面开挖,创造较良好的地下施工条件。凡下部开挖,均应注意上部支护或衬砌结构的稳定性,尤其边帮开挖时应减少对上部围岩、支护、衬砌的扰动及破坏等。

5.2.4 隧道洞身爆破开挖

隧道洞身爆破施工的基本作业包括隧道开挖、支撑与衬砌。下面主要详细介绍山岭隧道洞身爆破基本开挖方法。

修筑隧道首先要在隧道所穿越的地层内开挖出一个符合设计要求的空间。洞身爆破开挖作业占整个隧道施工工程量的比重较大,造价占25%~40%,是隧道施工中较关键的基本作业。它对隧道的施工进度和工程造价都有很大影响。

隧道洞身爆破开挖可分为两类:一类是只有一个工作面的导坑开挖,另一类是有多个工作面的扩大开挖。隧道开挖作业(钻爆开挖)包括钻眼、装药、爆破等几项工作内容。

5.2.4.1 隧道洞身爆破开挖基本要求

(1)必须先探明隧道工程地质和水文地质情况,才可进行隧道爆破开挖。

(2)断面不宜欠挖。开挖轮廓要预留支撑沉降量和变形量,以防止出现净空不够的情况。

(3)采用先拱后墙程序施工时,下部开挖的厚度及用药量应严格控制,并采取防护措施,避免损伤拱圈。

(4)隧道洞身爆破开挖,除完整坚硬岩层外,均应做好支撑,不良地质地段应结合地形开挖侧向安全洞。

(5)合理确定开挖步骤和循环尺寸,保持各开挖工序相互衔接,均衡施工。

(6)开挖断面尺寸应符合设计要求。开挖作业中,不得损坏支护、衬砌和设备,并应保护好测点。

(7)岩石隧道洞身开挖的爆破,应采用光面爆破或预裂爆破技术,施工中应提高钻眼效率和爆破效果,降低工料消耗。爆破后,对开挖面和未衬砌地段应进行检查,对可能出现的险情,应采取措施及时处理。对有瓦斯逸出的隧道,应根据工点的地质情况、瓦斯逸出程度和设备条件,制订适宜的施工方案。

(8)隧道双向开挖接近贯通时,两端施工应加强联系,统一指挥,并采取浅眼低药量,控制爆破。当两开挖面间的距离剩下15 m时,应改为单向开挖,直到贯通为止。

(9)上行线与下行线同时开挖时,应根据两洞的轴线间距、洞口里程距离、地质条件及其他自然条件,选择适宜的施工方法,确定好两洞开挖的时间差,并采取措施,防止后行洞开挖对先行洞周壁产生不良的影响。

5.2.4.2 岩石隧道洞身施工掘进方式和选择原则

山岭隧道洞身施工的掘进方式是指对坑道设计断面内岩土体的破碎及挖除方式。目前,常用的掘进方式有三种:钻眼爆破掘进、机械掘进和人工掘进。一般山岭隧道最常用的是钻眼爆破配合人工掘进。

1. 钻眼爆破掘进

钻眼爆破掘进简称钻爆掘进,是山岭隧道工程中常用的掘进方式,它是用钻眼装炸药爆破场地范围内的岩体。钻爆掘进前首先应进行钻爆设计,钻爆设计应根据地质条件、开挖断面、开挖方法、掘进循环进尺、钻眼机具、爆破材料和出渣能力等因素综合考虑。

钻爆掘进一般只适用于石质隧道。硬岩宜采用光面爆破,软岩宜采用预裂爆破,分部开挖时可采用预留光面层光面爆破。

钻爆作业必须按照钻爆设计钻眼、装药、接线和引爆,并应根据钻爆设计要求选定钻眼效益高的钻眼机械。山岭隧道工程中常用的凿岩机有风动凿岩机和液压凿岩机。另有电动凿岩机和内燃凿岩机,但较少采用。将多台凿岩机安装在一个专门的移动设备上,实现多机同时作业,集中控制,称为多臂凿岩台车。

2. 机械掘进和人工掘进

机械掘进是采用装在可移动式机械臂上的切削头来破碎岩体,并挖除坑道范围内的岩体,可连续掘进,但只适用于软岩及土质隧道。单臂掘进机可以挖掘任意形状的道坑和大小跨度的隧道,并且对围岩的稳定性影响较小,扰动破坏性小。常用的单臂掘进机是铁盘式采矿机,挖斗式挖掘机和铲斗式装渣机亦可以用于隧道掘进,机动灵活,适应能力较强。人工掘进是采用十字镐、风镐等简易工具来挖除岩土体。人工掘进速度较慢,劳动强度很大。一般在不能采用爆破掘进的软弱破碎围岩及土质隧道中,若隧道工程量不太大,工期要求不太紧,又无机械或不宜采用机械掘进,或长大隧道机械掘进中的局部小工作面,则可以采用人工掘进。

人工掘进施工中应做好安全防护措施,并应安排专人负责工作面的安全观察。无论采用机械掘进还是人工掘进,均应注意掌握好掘进速度,要做到及时支护,不要让围岩暴露时间过长,产生风化作用及变形过大。若开挖面不能自稳,则应同时采取相应而有效的辅助稳定措施——支撑或支护。

3. 隧道洞身施工掘进方式选择的原则

在隧道洞身施工中,掘进方式是影响围岩稳定的重要因素之一。因此,在选择掘进方式时,应根据坑道地质条件、岩体的坚硬程度、围岩的稳定性、不同的掘进方式对围岩的扰动程度、支护条件、机械设备能力、经济性等相关因素进行综合分析,选用较为恰当的掘进方式。采用钻爆掘进时,尤其应当实施控制爆破,以减少爆破振动对围岩破坏和对已作支护及衬砌结构物的影响。

综上所述,钻爆掘进爆破开挖较为经济,但对围岩扰动大,尤其对破碎软弱围岩的稳定性不利。机械掘进对围岩扰动小,速度较快,但机械和设备投资较大;人工掘进对围岩扰动最小,但掘进速度很慢,工人劳动强度太大。在实际工程中,掘进方式的选择应充分考虑被挖掘岩体的坚固性及围岩的稳定性,选择经济快速,又不会严重影响围岩稳定性的掘进方式。由于洞内地质情况千变万化,所以三种基本掘进方式要机动灵活地配合采用。目前,在山岭隧道工程施工中,尤其是在石质岩体中多数采用钻爆掘进。因此,必须做好钻爆设计,灵活采用先进的爆破技术。

5.3 隧道支护结构施工

5.3.1 锚杆支护

5.3.1.1 锚杆施工前准备工作

采用砂浆锚杆预支护时,除应保证锚杆原材料规格、品种、锚杆各部件质量及技术性能符合设计要求外,尚应做好以下准备工作:锚杆杆体应调平直、除锈和除油;应优先使用普通硅酸盐水泥,条件不具备时可使用矿渣硅酸盐水泥或火山灰质硅酸盐水泥;宜采用清洁、坚硬的中细砂,粒径不宜大于 3 mm,使用前应过筛。

采用缝管式摩擦锚杆时,必须检查管径,同批成品管径径差不宜超过 0.5 mm。根据围岩情况选择钻头,使钻头直径符合设计要求。安装用冲击器尾部必须淬火,硬度宜为 HBC48~HBC53。钻杆长度必须大于锚杆长度。

采用楔缝式内锚头锚杆时,应检查楔块与模缝的尺寸和配合情况;检查锚杆尾部螺栓与螺纹的配合情况。备齐配套工具,做好螺扣的保护措施。在钻杆上标出锚杆的长度。此外,还应检查钻孔工具、风压以及其他机械设备,使之保持正常状态。

锚杆安装前,应做好以下检查工作:锚杆原材料型号、规格、品种以及锚杆各部件质量和技术性能应符合设计要求;锚杆孔位、孔径、孔深及布置形式应符合设计要求;孔内积水和岩粉应吹洗干净。

5.3.1.2 锚杆钻孔施工要求

孔位应该根据设计要求和围岩情况作出标记,孔位允许偏差为 ±(15~50)mm。宜沿隧道周边径向钻孔,但钻孔不宜平行于岩层层面。

锚杆的钻孔深度应符合下列规定:砂浆锚杆孔深偏差不宜大于 50 mm。缝管式锚杆孔深不得小于杆体有效长度。楔缝式锚杆孔深不应大于杆体有效长度 30 mm。锚杆钻孔应保持圆而直,钻孔方向宜尽量与岩层主要结构面垂直。

锚杆孔径应符合下列规定:水泥砂浆锚杆孔径应大于杆体直径 15 mm;缝管式摩擦锚杆孔径,应根据设计要求并经过试验确定。锚杆管径与孔径差值的大小,是根据锚杆的管径、长度以及围岩软硬而定的,一般现场试验是根据拉拔结果选择合理的钻头直径,钻头直径应较缝管外径小 1~3 mm,钻孔与缝管直径之差是设计与施工最需要严格控制的主要因素。缝管式摩擦锚杆的锚固力与孔、管径差的关系是:径差小,锚杆安装推进阻力小,锚固力也较小;径差大,锚杆安装推进阻力大,锚固力也较大。另外,施工中还应考虑因钻头磨损导致孔径缩小的影响来确定径差。楔缝式内锚头锚杆孔径,应根据围岩条件及楔缝张拉度严格掌握确定。一般对于坚硬岩体,楔块的楔角 $\alpha=8°$ 为好;对于较软岩体,楔角 $\alpha \leqslant 8°$ 为好,锚杆杆体楔缝宽度 δ 值一般为 3 mm。其他尺寸可根据对锚固力的影响关系及先行试验数据合理选择,否则应修改设计参数,直到满足锚固力的要求为止。

5.3.1.3 普通水泥砂浆锚杆施工要点

普通水泥砂浆锚杆是以普通水泥砂浆作为黏结剂的全长黏结式锚杆。

砂浆强度等级不低于 M20,砂浆配合比一般为水泥∶砂∶水＝1∶(1～15)∶(0.45～0.5)。水灰比宜为 0.45～0.50。砂的粒径不宜小于 3 mm。杆体材料宜用 20 MnSi 钢筋,亦可采用 A3 钢筋,直径 14～22 mm 为宜,长度 2～3.5 m,为增加锚固力,杆体内端可以劈口叉开。黏结砂浆应拌和均匀,并调整其和易性,随拌随用,一次拌和的砂浆应在初凝前用完。

钻孔方向宜尽量与岩层主要结构面垂直。孔钻好后用高压水枪将孔眼冲洗干净(若是下钻孔,须用高压风吹净水),并用塞子塞紧孔口,以防止石渣或泥土掉入钻孔内。

锚杆及黏结剂材料制作应符合设计要求,锚杆应按设计要求的尺寸截取,外端不用垫板的锚杆应先弯制弯头。

先注浆后插杆体时,注浆管应先插到钻孔底;开始注浆后,徐徐均匀地将注浆管往外抽出,并始终保持注浆管口埋在砂浆内,以免浆中出现空洞。注浆开始或中途停止超过 30 min 时,应用水润滑注浆罐及其管路,注浆孔口的压力不得大于 0.4 MPa。注浆时应堵塞孔口,注浆管应插至距孔底 5～10 cm 处,随水泥砂浆的注入缓慢匀速拔出,随即迅速将杆体插入,若孔口无水泥砂浆溢出,应将杆体拔出重新注浆。

锚杆杆体宜对中插入,插入后应在孔口将杆体固定,锚杆杆体插入孔内的长度不宜小于设计规定。注浆体积应略多于需要体积,将注浆管全部抽出后迅速插入杆体,并可锤击或通过套筒用风钻冲击,使杆体强行插入钻孔。杆体插入孔内的长度不得短于设计长度的 95%,实际黏结长度亦不应短于设计长度的 95%。注浆是否饱满,可根据孔口是否有砂浆挤出来判断。杆体到位后,要用木楔或小石子在孔口卡住,防止杆体滑出;砂浆未达到设计强度的 70% 时,不得随意碰撞,一般规定 3 d 内不得悬挂重物;锚杆安设后,不得随意敲击。

5.3.1.4 早强水泥砂浆锚杆施工要点

早强水泥砂浆锚杆的施工,与普通水泥砂浆锚杆基本相同,所不同的是早强水泥砂浆锚杆的黏结剂是由硫铝酸盐早强水泥、砂、Ⅱ型早强剂和水组成的。因此,它具有早期强度高、承载快、安装较方便等优点,可弥补普通水泥砂浆锚杆早期强度低、承载慢的不足。尤其是在软弱、破碎、自稳时间短的围岩中,使用早强水泥砂浆锚杆能显示出其优越性。另外,以树脂或快硬水泥作为黏结剂的全长黏结式锚杆,也具有以上优点,但因费用高,所以在一般隧道工程中较少使用树脂或快硬水泥砂浆全长黏结式锚杆。

早强水泥砂浆锚杆的施工,除应遵守前述普通水泥砂浆锚杆的施工规定外,在注浆作业开始或中途停止超过 30 min 时,应测定砂浆坍落度,其值小于 10 mm 时不得注入罐内使用。

早强水泥砂浆锚杆,采用硫铝酸盐早强水泥所掺入的早强剂具有早强、缓凝、减水与防锈的效果,其掺量是:亚硝酸钠掺量为 1%～3%,缓凝型糖蜜减水剂掺量宜为 0.2%。

5.3.1.5 早强药包锚杆施工要点

早强药包锚杆,是以快硬水泥卷或早强砂浆卷或树脂卷作为内锚固剂的内锚头锚杆,其施工除应遵守普通水泥砂浆锚杆的施工规定外,尚应符合以下规定。

(1)药包使用前应检查,要求无结块、未受潮。药包的浸泡宜在清水中进行,随泡随用,药包必须泡透。

(2)药包应缓慢推入孔底,不得中途爆裂,应配备专用的装药包工具。

(3)药包直径宜较钻孔直径小 20 mm 左右,药卷长度一般为 20～30 cm。锚杆杆体插入时应注意旋转,使药包充分搅拌均匀。锚杆药包主要有硅酸盐与硫酸盐两个系列,分速凝型、早强型、早强速凝型几种。

(4)锚杆药包也可自行生产。铁道部铁道科学研究院研制并生产的 ZM-2 型早强锚杆药包,采用硫铝酸盐水泥加 TS 速凝剂和阻锈剂,属速凝早强型。TS 速凝剂含锂盐,具有速凝早强作用,掺量 4%～6%。阻锈剂为亚硝酸钠,掺量 0.5%。药包的浸水时间是施工的关键,应根据产品试验确定,一般为 1～2 min。

(5)采用快硬水泥卷内锚头锚杆的施工要点如下。钻眼要求同前所述,但孔眼应比锚杆长度短 4～5 cm。用直径 2～3 mm、长 150 mm 的锥子,在快硬水泥卷端头扎两个排气孔,然后将水泥卷竖立放于清洁的水中,保持水面高出水泥卷约 10 cm;浸水时间以不冒气泡为准,但不得超过水泥的初凝时间,可作浸水后的水灰比检查。将浸好水的水泥卷用锚杆送到眼底,并轻轻捣实,若中途受阻,应及时处理,若处理时间超过水泥终凝时间,则应换装新水泥卷或钻眼作废。将锚杆外端套上连接套筒(带有六角旋转头的短锚杆,断面打平后对中焊上锚杆螺母),装上搅拌机(如 TJ-9 型),然后开动搅拌机,带动锚杆旋转搅拌水泥浆,并用人力推进锚杆至眼底,再保持 10 s 的搅拌时间(搅拌时间为 30～40 s)。轻轻卸下搅拌机头,用木楔楔紧杆体,使其位于钻眼孔中心处,自浸水后 20 min,快硬水泥具有足够的强度时,才能使用扳手卸下连接套筒(一般可以多准备几个套筒周转使用)。

(6)树脂药包使用要点如下。搅拌时间应根据现场气温决定,20 ℃时固化时间为 5 min;温度下降 5 ℃时,固化时间大约会延长 1 倍,即 15 ℃时为 10 min,10 ℃时为 20 min。因此,地下工程在正常温度下,搅拌时间约为 30 s,当温度在 10 ℃以下时,搅拌时间可适当延长为 60 s。

5.3.1.6 缝管式摩擦锚杆施工要点

缝管式锚杆可根据需要和机具能力,选择不同直径的钻头和管径,通过现场试验确定最合理的径差。其杆体一般要求材料具有较高的弹性极限。

采用一般风动凿岩机时应配备专用冲击器。宜随钻眼随安设锚杆,也可集中钻孔、集中安设锚杆,此时不得隔班隔日安设锚杆,凿岩机的工作风压不应小于 0.4 MPa。

安设锚杆前应吹孔,并核对孔深是否符合设计要求,安设前应检查风压,风压不得小于 4 MPa。安装时先将锚杆套上垫板,将带有挡环的冲击钎插入锚管内(锚杆应在锚管内自由转动),锚杆尾端套入凿岩机或风镐的卡套内,锚头导入钻孔,调正方向、开动凿岩机,即可将锚杆打入钻孔内,至垫板压紧围岩为止。停机取出钎杆即告完成。一根 2.5 m 长的锚杆,一般用 20～60 s 时间即可安装完毕。

安设推进锚杆过程中,要保持凿岩机、锚杆、钻孔的中心线在同一轴线上,凿岩机在推进过程中,适当放水冷却冲击器。锚杆推到末端时,应降低推进力,当垫板抵紧岩石时应立即停机,以免损坏垫板和挡环。若作为永久支护,则应作防锈处理,并灌注有膨胀性的砂浆。

5.3.1.7 楔缝式内锚头锚杆施工要点

安设锚杆前,应将楔子与锚杆组装好,送入孔内时不得偏斜。楔缝式锚杆的安装是先将楔块插入缝,轻击使其固定于缝中,然后插入眼底;并以适当的冲击力冲击锚杆尾,至楔块全部插入楔缝为止。打紧楔块时应注意丝扣不被损坏。为了防止杆尾受冲击力发生变形可采用套筒保护。一般要求锚杆具有一定的预张力,可采用测力矩扳手或定力矩扳手来拧紧螺母,以控制锚固力。楔缝式锚杆安设后应立即上好托板,并拧紧螺母,螺母的拧紧扭矩不应小于100 N·m。

若要求在楔缝式锚杆的基础上再作注浆加固,则除按砂浆锚杆注浆外,预张力应在砂浆初凝前完成,并注意减少砂浆的收缩率。

若只要求作为临时支护,则可改楔缝式锚杆为楔头式或胀壳式锚杆。楔头式锚杆及胀壳式锚杆的杆体均可以回收,但锚头加工制作较复杂,故一般多应用在煤矿或其他坑道中。

5.3.1.8 胀壳式内锚头预应力锚索施工要点

胀壳式内锚头预应力锚索的施工,应符合设计质量要求,在存放、运输及安装过程中不得有损伤和变形。

钻孔一般采用冲击式潜孔钻,也可选用各种旋转式地质钻,钻孔完毕后丈量孔深并予以清洗,做好孔口现浇混凝土支墩。

锚索安装要平直不紊乱,同时安设排气管。锚索推送就位后,即可进行千斤顶张拉。一般先用20%~30%的预应力值预张拉1~2次,促使各相连部位接触紧密,使钢锚索平直。最终张拉值应有5%~10%的超张拉量,以保证预应力损失后仍能达到设计要求的有效预应力。张拉时千斤顶后严禁站人,以防不测。预应力无明显衰减时,才最后锁定,且48 h内再检查。注浆应饱满,注浆达到设计强度后,进行外锚头封盖。

5.3.2 喷射混凝土施工

采用喷射混凝土作为隧道工程Ⅱ~Ⅴ级围岩中临时性和永久性支护,也可以与各种形式的锚杆、钢纤维、钢拱架、钢筋网等构成复合式支护结构。它除用于地下工程外,还广泛应用于地面工程的路堑边坡防护与加固、基坑防护、结构补强及矿山、水利、人防工程等。随着施工工艺、施工机械的研究和应用,喷射混凝土作为新型材料、新型支护结构和新的施工工艺,将有更为广阔的发展前景。

采用喷射混凝土作隧道支护的主要优点如下:速度较快,支护及时,施工安全;支护质量较好,强度高,密实度好,防水性能较好;省工,操作较简单,支护工作量减少;省料,不需要进行对边墙后及拱背作回填压浆等;施工灵活性很大,可根据需要分次喷射混凝土追加厚度,满足工程设计与使用要求。

工艺流程的投料程序不同,尤其是加水和速凝剂的时机不同,喷射混凝土施工方式也不同,具体可分为干喷、潮喷、湿喷、混合喷射等。

干喷是用搅拌机将集料和水泥拌和好,投入喷射机料斗,同时加入速凝剂,用压缩空气使干混合料在软管内呈悬浮状态,压送到喷枪,在喷头处加入高压水混合,以较高速度喷射到岩面上。

干喷缺点是:产生水泥与砂粉尘量较大,回弹量亦较大,加水是由喷嘴处的阀门控制的,水灰比的控制程度与喷射手操作的熟练程度有直接关系,但使用的机械较简单,机械清洗和故障处理较容易。水泥与砂石材料质量比宜为 1∶4~1∶4.5;水灰比宜为 0.4~0.45。

潮喷是将集料预加少量水,使之呈潮湿状,再加水泥拌和,从而降低上料、拌和和喷射时的粉尘,但大量的水仍是在喷头处加入和从喷嘴射出的,其潮喷工艺流程和使用机械同干喷工艺。目前隧道施工现场使用较多的是潮喷工艺。

湿喷是将集料、水泥和水按设计比例拌和均匀,用湿式喷射机压送拌和好的混凝土混合料,压送到喷头处,再在喷头上添加速凝剂后喷出。湿喷混凝土的质量较容易控制,喷射过程中的粉尘和回弹量较少,是应当发展、推广应用的喷射工艺。但对湿喷机械要求较高,机械清洗和故障处理较困难。对于喷层较厚的软岩和渗水隧道,不宜采用湿喷混凝土工艺施工。水泥与砂石材料质量比宜为 1∶3.5~1∶4;水灰比宜为 0.42~0.5。

混合喷射(SEC 式喷射)又称水泥裹砂造壳喷射法,分别由泵送砂浆系统和风送混合料系统两套机具组成。先是将一部分砂加第一次水拌湿,再投入全部用量水泥,强制拌和成以砂为核心外裹水泥壳的球体;然后加第二次水和减水剂拌和成 SEC 砂浆;再将另一部分砂石、速凝剂按配合比配料,强制搅拌成均匀的干混合料;再分别通过砂浆泵和干式喷射机,将拌和成的砂浆及干混合料由高压胶管输送到混合管混合,最后由喷头喷出。干混合料宜随拌随用。

混合喷射是分次投料搅拌工艺与喷射工艺相结合,其关键是水泥裹砂(或砂、碎石)造壳工艺技术。混合喷射工艺使用的主要机械设备与干喷工艺基本相同,但混凝土的质量较干喷混凝土的质量好,且粉尘和回弹量大幅度降低。混合喷射使用机械数量较多,工艺技术较复杂,机械清洗和故障处理较麻烦。因此一般只在喷射混凝土量大和大断面隧道工程中使用。

混合喷射混凝土强度可达到 C30~C35,而干喷和潮喷混凝土强度较低,一般只能达到 C20,以上几种喷射方式各有其特点,现归纳加以比较,列于表 5.3 中,以便于选用。

表 5.3 各种喷射方式的比较

项目	干喷	潮喷	湿喷	混合喷射
喷混凝土质量	由于喷嘴处将水与干拌和料混合,所以质量取决于作业人员的熟练程度和能力	由于砂石料预湿后,再在喷头处第二次加水,水化较好,所以质量有所提高	能事先将包括水在内的各种材料正确计量,充分混合,所以质量容易控制	由于集中了干喷、湿喷的优点,所以质量好,强度高
作业条件	由于供应干混合料,所以供料作业的限制少	因在地面对集料进行预湿,所以供料作业的限制也少	供料较困难,操作也麻烦,设备占空间较大	设备的规模大,适用于大断面隧道施工,在作业空间有限的隧道中使用时,其适用范围是有限的,同时,操作和工艺复杂
一般采用的水平输送距离/m	40~60	40	20~40	40
粉尘	多	较少	少	少
回弹	较多	较少	少	少
故障处理	较容易	较容易	堵管后处理较困难	困难
清洗养护	容易	较容易	麻烦	很麻烦

5.3.3 钢拱架制作与安设施工

在围岩软弱破碎较严重、自稳性差的隧道地段(Ⅳ~Ⅵ级围岩中的软岩),坑道开挖后要求早期支护,必须具有较大的刚度,以阻止围岩过度变形和承受部分松弛荷载。钢拱架具有力学性能,其整体刚度较大,可以提供较大的早期支护刚度;钢架支撑可很好地与锚杆、钢筋网、喷射混凝土合理组合,构成联合支护,增强支护功能的有效性,且受力条件对隧道断面变形的适应性好。

5.3.3.1 钢拱架构造和制作

隧道用作支护结构的钢拱架的形式较多,可采用 H 型钢、V 型钢、工字钢、钢管或钢轨加工制作的支护钢架。一般在现场采用钢筋加工制作的格栅钢拱架。

钢拱架一般在现场制造,采用冷弯或热弯加工焊接而制成。钢筋格栅钢拱架的腹部八字单元可以在工厂压制,装运到隧道施工现场,按比例 1∶1 的胎模热弯加工及焊接或铆接而成。钢拱架加工后要进行试拼,拼装允许误差:沿隧道周边轮廓线的误差不应大于±3 cm,平面(翘曲)误差应小于±2 cm。接头连接要求海绵之间可以互换。即采用冷弯、冷压、热弯、热压、电焊加工制作钢拱架构件时,要求尺寸准确、弧形圆顺、结构安全可靠;钢拱架的截面尺寸,应满足强度、刚度稳定性的要求,故此,应按设计计算要求进行选材、加工、制作及验收等。

5.3.3.2 钢拱架安设与施工

钢拱架应按设计位置安设,钢架之间必须用钢筋纵向连接,拱脚必须放在特制的基础上或原状土上,钢拱架与围岩之间应尽量接近,留 2～3 cm 间隙作为保护层,在安设过程中当钢拱架与围岩之间有较大的间隙时,应设垫块垫紧。钢拱架应垂直于隧道中线,上下左右偏差应小于±5 cm,钢拱架倾斜度应小于±2°。当拱脚高程不准确时,不得用土回填,而应设置钢板调整,使拱脚位于设计高程位置;钢拱架的安设应在开挖后 2 h 内完成;拱脚高度应设在低于上半断面底线以下 15～20 cm;当承载力不足时,钢拱架向围岩方向可加大接触面积。为方便安设,每榀钢拱架一般应分为 2～6 节,并保证接头的刚度。节数应与断面大小及开挖方法相适应。每榀钢架之间应在纵向设置直径不小于 22 mm 的钢拉杆连接。

钢拱架应安设在隧道横向竖直平面内,其垂直度允许误差为±2°。钢拱架的拱脚应有一定的埋置深度,并必须落到原状土上,才能保证拱脚的稳定(沉降值很小)。一般可以采取用垫石、垫钢板、纵向加托梁或锁脚锚杆等措施。钢拱架的截面高度应与喷射混凝土厚度相适应,一般为 10～20 cm,且要有保护层,应在初喷混凝土后安装钢拱架,初喷混凝土厚度约为 4 cm。钢拱架应尽可能多地与锚杆露头及钢筋网焊接,以增强其联合支护的效应。可缩性钢拱架的可缩性节点不宜过早喷射混凝土,应待其收缩合龙后,再补喷混凝土。喷射混凝土时,应注意将钢拱架与岩面之间的间隙喷射饱满并达到密实。喷射混凝土应分层分次分段喷射完成,初喷混凝土应尽早进行"早喷锚",复喷混凝土在量测指导下进行,以保证喷射混凝土的复喷适时有效等。

5.3.4 隧道浅埋段开挖支护施工方法

5.3.4.1 隧道浅埋段和洞口段施工方法

在浅埋和洞口加强地段进行开挖施工和支护,应考虑地质条件、地表沉陷对地面建筑物的影响、施工安全、施工效果及工程费用等因素。

隧道浅埋段和洞口加强段,通常位于软弱、破碎、自稳时间极短的围岩中,若施工方法和支护方式不妥当,则极易发生冒顶塌方或地表有害下沉,当地表有建筑物时会危及其安全。所以,应采用先支护后开挖或分部开挖等措施,以防止开挖工作面失稳或地表有害下沉等。

根据围岩及周围环境条件,可优先采用单侧壁导坑法、双侧壁导坑法或预留核心土开挖法;围岩的完整性较好时,可采用多台阶法开挖。严禁采用全断面法开挖,否则,对属于大断面的铁路隧道全断面开挖,对围岩的扰动很大,会导致全周壁围岩出现松动,增大坍塌的可能性,且支护结构难以及时施作,并增大隧道工程造价。

开挖后应尽快施作锚杆、喷射混凝土、敷设钢筋网或钢支撑。当采用复合式衬砌时,应加强初期支护的锚喷混凝土。Ⅴ级以下围岩应尽快施作衬砌,防止围岩出现松动。锚喷支护及构件支撑的施工应符合《高速铁路隧道工程施工技术规程》(Q/CR 9604—2015)的有关要求。

锚喷支护或构件支撑,应尽量靠近开挖面,其距离应小于洞跨。视地质条件,可配合采用超前小导管注浆、超前锚杆支护加固等辅助施工措施,即浅埋段地质条件很差时,应采用辅助施工方法。

5.3.4.2 隧道浅埋段初期支护施工要点

隧道浅埋段和洞口加强段施工开挖后,应立即铺设小网孔的钢筋网,并喷射 3~5 cm 厚的混凝土层。安设锚杆及钢拱架,二次支护喷射混凝土应将钢拱架覆盖厚度不小于 3 cm 的保护层。落底、安设锚杆及下部钢拱架,应同时进行挂网,喷射混凝土。应进行仰拱封底,尽早形成封闭结构。

5.3.4.3 控制隧道地表沉降技术措施

宜采用单臂掘进机或风镐开挖,减少对围岩的扰动;当采取爆破开挖时,应采用短进尺、弱爆破。应加强对拱脚的处理,打设拱脚锚杆,提高拱脚处围岩的承载力。应及时施作仰拱或临时仰拱。当初期支护变形过大,又不宜加固时,可对洞周 2~3 m 围岩进行系统注浆固结支护。地质条件差或有涌水时,宜采用地表预注浆结合洞内环形注浆固结。

加强对地表下沉、拱顶下沉的量测及反馈,以指导施工,量测频率宜为深埋段时的 2 倍。国内外大量隧道工程施工实践表明,覆盖层浅的隧道,其围岩难以自成拱,地表易沉陷,因此施工方法不能与覆盖层深的隧道区段相同,应采取适合浅埋段的施工方法。根据大量的施工资料调查,覆盖层不足毛洞洞径 2 倍的隧道或区段属于浅埋隧道,应采用浅埋段施工方法施工。浅埋段工程应包括洞口加强段。

国内外隧道工程实践和科研成果表明:侧壁导坑法的效果较好。多座隧道施工工程证明,采用侧壁导坑法施工引起的地表面沉降量最小。

5.4 隧道衬砌结构施工

5.4.1 隧道衬砌施工一般规定

隧道衬砌施工时,其中线、高程、断面尺寸和净空大小均须符合隧道设计要求。模筑衬砌的模板放样时,允许将设计的衬砌轮廓线扩大 5 cm,确保衬砌不侵入隧道建筑限界。

在严寒地区,整体式衬砌、锚喷衬砌或复合衬砌均应在洞口和易受冻害地段设置伸缩缝。衬砌的施工缝应与设计的沉降缝、伸缩缝结合布置,在有地下水的隧道中,所有施工缝、沉降缝和伸缩缝均应进行防水处理。

衬砌施工时,应与设计单位密切配合,对衬砌完成的地段,应继续观察和监测隧道的稳定状态,注意衬砌的变形、开裂、侵入净空等现象,并做出长期稳定性评价。施工中发现工程地质及水文地质情况与设计文件不符,需进行变更设计时,应履行正式变更设计手续。

凡属隐蔽工程,经质量检查验收合格后,方可进行隐蔽工程作业。

5.4.2 隧道衬砌施工要点

5.4.2.1 喷射混凝土

喷射混凝土是利用高压空气,将掺有速凝剂按一定配比的混凝土干拌混合料通过混凝土喷射机与高压水混合,经过喷枪嘴喷射到岩石表面上,迅速凝固后而成。采用喷射混凝土作隧道衬砌,是隧道衬砌结构形式的一项重大改革。喷射混凝土不但可以用作临时衬砌,也可以作为隧道的永久衬砌,还可以用来加固路堑边坡及用作防水层等。

采用喷射混凝土作为隧道衬砌的优点:施工速度快、衬砌及时安全;衬砌质量好、强度高、密实度高、防水性能较好;施工操作简单,衬砌工作量大为减少,省工、省时,可缩短工期;不需要在衬砌体背后回填压浆,省料省钱,可降低工程造价,但尚应注意减少混凝土喷射的回弹性和降低喷射中的粉尘等问题。

5.4.2.2 锚喷衬砌

锚喷衬砌是喷射混凝土、锚杆、钢筋网喷混凝土等结构组合起来的衬砌形式。可根据不同围岩的稳定状态,采用锚喷衬砌中的一种或几种结构组合。为加固隧道围岩,分别设锚杆、张挂钢筋网,可提高喷射混凝土衬砌层的抗拉能力、抗裂性和抗震性。工程实践证明,锚喷衬砌比传统的现浇混凝土衬砌优越。由于锚喷衬砌能及时衬砌,有效地控制围岩的变形,防止岩块坠落和产生坍塌,充分发挥围岩的自承载能力,所以锚喷衬砌结构比模筑混凝土衬砌的受力作用和效果更好。锚喷衬砌的优点:能大量节省混凝土、劳动力和加快施工进度,工程造价一般可降低40%～50%,并有利于施工机械化和改善劳动条件等。

锚喷衬砌是一种符合岩体力学原理的积极衬砌方法,具有良好的物理力学性能。

5.4.2.3 整体式衬砌

隧道整体式衬砌施工主要工序有:施工前的准备工作、拱(墙)架与模板、混凝土制备与运送、混凝土灌筑、混凝土养护与拆模等。

在整体式衬砌施工开始前,应清理场地,进行中线和水平施工测量,检查开挖断面是否符合设计要求,对欠挖部分加以修凿,然后放线定位,架设衬砌模板支架或架立拱架等。同时,准备衬砌材料、机具、劳动力组织计划安排等。

整体式衬砌拱(墙)架的间距,应根据衬砌地段的围岩情况、隧道宽度、衬砌厚度及模板长度确定,一般可取 1 m,最大不应超过 1.5 m。整体式衬砌所用的拱架、墙架和模板,宜采用金属或其他新型模板结构,应式样简单、装拆方便,表面光滑、接缝严密,有足够的刚度和稳定性。

整体式衬砌施工中,根据不同施工方法,可使用衬砌模板台车或移动式整体模架,并配备混凝土泵车或混凝土输送器浇筑衬砌。中、小长度隧道可使用普通钢模板或钢木混合模板。当围岩压力较大时,拱(墙)架应增设支撑或缩小间距,拱架脚应铺木板或方木块。架设拱架、墙架和模板,应位置准确,连接牢固,严防走动。

拱架、曲墙架使用前应先在样台上试拼装,重复使用时应注意检查,如有变形超限应及时修理调整。在拱架外缘沿径向用支撑与围岩顶紧,以防止浇筑过程中拱架变形。架设前应按隧道中线、高程及允许施工误差和预留沉落量,对开挖断面进行复核,围岩凸出部位应清除并整修。模板接头应整齐平顺。挡头板应按衬砌断面制作,挡头板与围岩岩壁间隙应嵌堵紧密。

拱架应在垂直于隧道中线方向架设。架设的夹板、螺栓、拉杆等应安装齐全。另外,考虑到测量和施工都有误差,以及灌筑混凝土时拱脚内挤,为保证设计净空,拱架(包括模板)的拱脚每侧应加宽 5~10 cm,拱顶应加高 5 cm。拱架一般多采用钢拱架,用废旧钢轨加工制成。模板也逐渐用钢模代替木模。钢拱架的间距,根据地质条件、衬砌厚度、拱架质量等因素决定,一般为 1.0 m。要检查钢拱架的尺寸,并检查模板是否清洗干净、接头是否严密,拱脚基底是否平整等。

立墙架时,采用先墙后拱法施工,应按隧道中线确定墙架位置。采用先拱后墙法施工,经复核检查拱部中线及净空无误时,可由拱脚挂线定位。立墙架时,应对墙基高程进行检查。不得利用墙架兼作脚手架,防止模板走动变形及脱落等。

5.4.2.4 复合式衬砌

复合式衬砌是由初期支护和二次支护组成的,初期支护是帮助围岩达成施工期间的初步稳定,二次支护则是提供安全储备或承受后期围岩压力。初期支护按主要承载结构设计与施工,二次支护在Ⅲ级及以上围岩时按安全储备设计,在Ⅳ级及以下围岩时,则按承受后期围岩压力结构设计与施工,并均应满足构造要求。锚喷衬砌的设计基本上同复合式衬砌中的初期支护的设计,只是增加一定的安全储备量(主要适用于Ⅲ级及以上围岩条件)。复合式衬砌是由初期衬砌和二次衬砌及中间防水层组合而成的衬砌形式。

复合式衬砌设计应符合下列规定：初期衬砌宜采用锚喷衬砌，即由喷射混凝土、锚杆、钢筋网和钢架等衬砌形式单独或组合使用，锚杆衬砌宜采用全长黏结锚杆。二次衬砌宜采用模筑混凝土或模筑钢筋混凝土结构，衬砌截面宜采用连接圆顺的等厚衬砌断面，仰拱厚度宜与拱墙厚度相同。在确定开挖断面时，除应满足隧道净空和结构尺寸外，还应考虑初期衬砌并预留适当的变形量。预留变形量的大小可根据围岩级别、断面大小、埋置深度、施工方法和衬砌情况等，采用工程类比法预测。

由于地质条件复杂多变，尤其是在稳定性很差的Ⅴ、Ⅳ级围岩中，单靠工程类比法进行设计与施工，不能保证衬砌结构的可靠性和合理性。按照现代支护理论和新奥法施工原则，作为安全储备的二次支护是在围岩或围岩加初期支护稳定后及时施作的，此时隧道已成型，因此二次支护多采用顺作法，即由下到上，先墙后拱顺序连续灌筑。在隧道纵向需要分段支护，分段长度一般为9～12 m。二次衬砌多采用模筑混凝土作为内层衬砌结构。二次衬砌和仰拱的施作直接关系到衬砌结构的安全。过早施作会使二次衬砌承受较大的围岩压力，拖后施作会不利于初期支护的稳定。因此，在施工中通过监控、量测，掌握围岩与支护结构的变化规律，及时调整支护与衬砌设计参数，并确定二次衬砌和仰拱的施作时间，使衬砌结构安全可靠。

5.4.2.5 明洞衬砌

当洞顶覆盖层较薄，进洞地段难以用暗挖法修筑时，采取路堑式开挖修建的隧道，或进山洞的隧道，公铁道路相交但又不宜做立交桥时，通常宜修建的隧道称为明洞。双线隧道的洞室跨度比较大，为有利于洞室结构受力，明洞多采用拱形结构。明洞采用外贴式防水层，确保防水质量。

拱式明洞的内外墙身用混凝土结构，拱顶用钢筋混凝土结构，整体性较好，能承受较大的垂直压力和单向侧压力，必要时加设仰拱。通常，用作洞口接长衬砌的明洞，多选用拱式明洞。

对于跨度比较小的单线隧道，或建筑高度受到限制时，明洞采用箱式结构。若一侧岩层顺层滑动，利用上部回填土石的压力及底层的弹性抗力，平衡侧向岩层滑动的推力，并传于另一侧岩层上。回填土高度根据两侧岩层滑动力的大小决定。需要分段施工，两侧紧贴岩层，使原岩层不致因施工开挖而产生滑动。超挖回填片石的强度不应低于该处岩石的抗压强度。

当线路外侧地基承载力不足,且受地形条件限制,难以修建拱式明洞时,可采用棚式明洞。棚式明洞由顶盖和内外边墙组成。顶盖通常为钢筋混凝土梁式结构(板梁或 T 形横梁),内边墙一般采用重力式结构,并应置于基岩或稳固基础上。当岩层坚实完整、干燥无水或少水时,为减少开挖、节约工时,可采用锚杆式内边墙。外边墙可以采用墙式、钢架式、柱式结构,但耗用钢筋较多。

明洞位于隧道进(出)入山体前洞段,其地形、地质条件通常比较复杂,为确保结构的安全与稳定,应当慎重处理地基与基础。

明洞边墙的基础,应放置在稳固的岩层上,在特殊困难的地质条件下,边墙基础可放在坚硬的土壤上,埋置深度应在距冻结线 25 cm 以下,并对其基础和明洞结构进行特殊处理,对边墙和拱圈进行计算和验算。在明洞边墙基础下,若地下水较多,则应将地下水妥善地引离边墙基础。明洞回填土的厚度,必须足以缓和边坡上石块下坠的冲击力,考虑到抵抗冲击力作用,洞顶填土高度一般不宜小于 1.5 m。填土坡度宜为 1∶1.5～1∶5。明洞处边墙基础埋置深度,超过路基面以下 3 m 时,宜在路基面以下设置钢筋混凝土横向水平拉杆,锚固于内边墙基础或岩体中,或采用锚杆锚固于稳定的岩体中。

明洞是挖开地表岩层,像其他地面结构一样的施工方法,因此,有条件的隧道可以采用装配方法施工。所谓装配式衬砌,就是把衬砌分成若干块体,分别进行预制,现场安装。衬砌分块在起重能力允许的情况下,应预制成尽量大的块体,数目尽量少,形状简单,易于预制,特别注意块间接头防水。

当隧道进入山体后,开挖至明洞与暗洞相接处,一般处于浅埋围岩地段,围岩软弱尚难成洞,为提高该洞段衬砌的强度,常在明洞与暗洞接口处,搭设超前锚杆施作套拱。套拱长 5～6 m,跨缝两边各长 3 m。施作的套拱加强了隧道衬砌,保证了进入暗洞开挖的施工安全。

5.5　隧道防排水施工

5.5.1　铁路隧道排水盲沟

对围岩裂隙水,宜采用盲沟引排,其中对Ⅰ～Ⅴ级围岩的排水盲沟宜在第一次网喷之后施作,以免造成塌方掉块。排水盲沟有波纹软管、塑料管、无纺布、矿渣棉、半圆铁皮槽等不同形式,可因地制宜选用。

在二次衬砌边墙底部,应预埋 φ10 竹管或硬塑料管泄水孔,与盲沟连接,将水引入隧道排水沟。在第二次喷射混凝土后,如仍有漏水点,应根据复合式衬砌中间是否设防水层、喷涂防水层操作要求以及二次衬砌施作要求等采取措施,必要时宜再施设排水盲沟。

泄水孔间距,在大面积有水地段 3～5 m 设一个,其余地段 5～15 m 设一个泄水孔。

5.5.2　隧道塑料板防水层

初期支护与二次衬砌间塑料板防水层,宜选用耐老化、耐腐蚀、易操作且焊接时无毒气的塑料板材。用于隧道防水层的塑料板有:低密度聚乙烯(PE)板,厚度 1.0～1.5 mm,其相对密度小,焊接时无毒气逸出;聚氯乙烯(PVC)板,厚度 1.0～1.5 mm。塑料防水层可在拱部和边墙整环铺设,亦可仅在拱部铺设,对有较高防水要求的隧道,尚可采用全封闭防水衬砌结构。

仅在拱部铺设防水层时,塑料板应伸至起拱线以下 50 cm。边墙背后宜设置竖向排水盲沟。边墙混凝土施工缝需采取防水措施。

采用塑料板防水层时,塑料板背后一般不需铺设排水盲沟。二次衬砌混凝土的施工缝不需作防水处理,并可采用普通混凝土。除全封闭的防水衬砌结构外,二次衬砌边墙底部一般需预埋泄水孔,泄水孔材料、直径、间距同前述要求。采用塑料板防水层时,二次衬砌中埋设的各种构件不应凿穿塑料板,当无法避免时,该处需作特殊的防水处理。

5.5.3　隧道的喷涂防水层

初期支护和二次衬砌间的喷涂防水层,可采用阳离子乳化沥青氯丁胶乳。喷涂材料品种较多,但用于隧道喷涂防水层的材料主要为阳离子乳化沥青氯丁胶乳。该材料在基面潮湿的条件下能喷涂黏结,具有稳定性较好、延伸率较高等优点。

喷涂阳离子乳化沥青氯丁胶乳时,受喷面的条件要求较严格(光爆成型,无浮渣、灰尘,无漏水点及水珠),由于胶凝时间较慢,回弹率达 5%～10%,工地上易受污染,故主要用于既有隧道的补漏防水层,喷层厚度不应小于 2 mm,喷涂层外应设砂浆保护层,以防止二次衬砌混凝土施工时损伤喷涂层。

5.5.4 隧道防水混凝土衬砌

隧道衬砌采用防水混凝土,必须严格按工艺要求进行操作,达到规定要求后方可使用。

隧道防水混凝土衬砌设计时间,可根据材料来源和机械设备情况,因地制宜适当选择。防水混凝土的品种分别有普通防水混凝土、木钙减水剂防水混凝土、氯化铁防水混凝土等。防水混凝土抗渗等级一般地区不宜低于 B4,寒冷地区、冻害地区和严寒地区不宜低于 B6。施工时可用人工灌注或混凝土泵车泵送。

5.5.5 隧道施工中涌水处理措施

隧道施工中涌水处理措施,首先应该根据设计文件中关于隧道防排水构造设计资料对隧道可能出现涌水地段的涌水量大小、补给方式、变化规律及水质成分等进行详细调查、钻探及预报,结合工程实际情况,选择既经济合理,又能确保围岩稳定,并保护环境的治水方案,亦应便于初期支护的施工,其具体的各种防治方法简要介绍如下。

处理隧道施工中涌水辅助施工方法:超前钻孔或采用辅助坑道排水,采取超前小导管预注浆法堵水、注浆止水,采用超前围岩预注浆堵水,采用井点降水施工等措施。

采用辅助坑道排水时,辅助坑道应和正洞平行或接近平行,辅助坑道底高程应低于正洞底高程,辅助坑道应超前正洞 10～20 m,至少应超前 1～2 个循环进尺。

采用超前钻孔排水时,应使用轻型探水钻机或凿岩机钻孔。钻孔孔位(孔底)应在水流的上方,钻孔时孔口应有保护装置,以防人身及机械事故。采取排水措施保证钻孔排出的水迅速排出洞外。超前钻孔底应超前开挖面 1～2 个循环进尺。

采用超前围岩预注浆止水施工时,除应符合《高速铁路隧道工程施工技术规程》(Q/CR 9604—2015)的技术要求外,注浆段的长度应根据地质条件、涌水量、水压力、机具设备能力等因素确定,一般宜为 30～50 m;隧道埋深在 50 m 以内可用地面预注浆;注浆范围宜覆盖围岩松动圈。钻孔及注浆顺序应由外圈向内圈进行,在同一圈钻孔应间隔施工。浆液宜采用水泥浆液或水泥-水玻璃浆液,隧道埋深大于 50 m 时,应用开挖面预注浆止水。

采用井点降水施工时,井点的布置应符合设计要求,当降水宽度小于 6 m时,深度小于 5 m 时,可采用单排井点,井点间距宜为 1~1.5 m。当降水深度为 3~6 m 时,可采用井点降水;当降水深大于 6 m 时,可采用深井降水。滤水管应深入含水层,各滤水管的高程应齐平。井点系统安装完毕后,应进行抽水试验,检查有无漏气、漏水情况。抽水作业开始后,宜连续不间断地进行抽水,并随时观测附近区域地表是否产生沉降,必要时应采取防护措施。

当降水深度大于 6 m 时,可采用深井井点降水,在隧道两侧地表面布置井点,间距为 25~35 m,井底应在隧道底面以下 3~5 m。做好深井抽水时地面排水工作。在埋深较浅的隧道中,可用深井泵降水,在洞外地面隧道两侧布点进行深井泵降水,井位一般呈梅花形设置在隧道两侧开挖线以外,深井间距 25~35 m,井底应在隧道底以下 3~5 m。

在渗透系数为 0.1~80 m/d 的均质砂质土、亚黏土地层,可在洞内使用井点降水法降低地下水位。其动力设备为真空泵和射流泵。真空泵功率消耗小、重量轻、价格较低,宜优先选用。

5.6　隧道病害及整治措施

5.6.1　隧道水害及整治措施

隧道水害是指在隧道的修建或运营过程中遇到水的干扰和危害。水害是隧道中常见的一种病害,调查资料表明,大部分的隧道存在不同程度的水害。水害不仅本身对隧道结构产生危害,降低衬砌结构的可靠性,导致衬砌失稳破坏,而且还会引发其他病害,对隧道整体结构的稳定影响很大。

5.6.1.1　水害的种类及其危害

1. 施工中的隧道水害

施工中的隧道水害主要是指隧道围岩的地下水或部分地表水,以渗漏或涌出方式进入隧道内造成的危害。

施工中隧道渗水、漏水,造成洞内空气潮湿,不仅影响施工人员的身体健康,而且使施工机械、设备产生锈蚀、腐烂,使绝缘设施失效,造成电路短路、跳闸甚至漏电事故,危及人身、设备安全。当变为突水或涌水时,就会危及施工人员的人身安全,损坏施工机械,造成塌方,斜、竖井被淹没,中断施工,造成重大的经济损失。如大瑶山隧道就因突水致使班古坳竖井被淹没,使其基本上未能发挥竖井作用。

2. 运营中的水害种类及其危害

(1)隧道漏水。隧道衬砌的漏水现象一般表现为"渗""滴""淌""涌"几种。"渗"是指地下水从衬砌外向内润湿,使衬砌内出现面积大小不等的润湿,但水仍附着在衬砌的内表面;"滴"是指水滴间断地脱离衬砌落入隧道;"淌"是指漏水现象在边墙的反映,指水连续顺边墙内侧流淌而下;"涌"是指有一定压力的水外冒。

以上四种漏水现象,其出露部位与水量的不同,对隧道产生不同的危害。对电力牵引区段和电力配线,使电绝缘失效,发生短路、跳闸等事故,危及行车安全。洞内空气潮湿,影响养护人员身体健康,使洞内设备(通信、照明、钢轨等)锈蚀。混凝土衬砌风化、腐蚀、剥落,造成衬砌结构破坏。涌水病害造成衬砌破坏,隧底积水造成道床基底被软化或掏空,使道床翻浆冒泥或下沉开裂,中断行车。有冻害地段的隧道漏水会造成衬砌挂冰侵限和冻融破坏。

(2)衬砌周围积水。衬砌周围积水主要是指运营隧道中地表水或地下水向隧道周围渗流汇集。不能迅速排走积水而引起的病害有:水压较大时会导致衬砌破裂;使原完好的围岩及围岩的结构面软弱夹层因浸水而软化或导致对衬砌的压力增大,衬砌破裂;使膨胀性围岩体积膨胀,导致衬砌破坏;在寒冷地区发生冰胀和围岩冻胀,快速导致衬砌破坏。

(3)潜流冲刷。潜流冲刷主要是指由于地下水渗流或流动而产生的冲刷和溶蚀作用。主要病害有:衬砌基础下沉、边墙开裂或者仰拱、整体道床下沉开裂;围岩滑移错动导致衬砌变形开裂;对超挖回填不密实或未全部回填者,引起围岩坍塌,导致衬砌破坏;侵蚀性水对衬砌的侵蚀。

5.6.1.2 水害产生的原因

水害产生的原因很多,归纳起来可分为以下几种。

(1)勘测与设计。由于隧道是修建在地下的结构物,而地下的工程地质和水文地质情况非常复杂,很难勘察得一清二楚,导致设计人员对工程地质和水文地质情况了解得不够深入,对衬砌周围地下水源、水量、流向及水质情况掌握不准;在隧道修建前后由于各种因素影响,隧址处的水文地质情况会发生一些改变;有时还缺乏反映防水材料性能的室内试验数据,对结构抗渗、抗腐蚀未做具体要求等。所有这些因素导致了隧道的防排水设计很难在隧道的使用期内完全满足防排水的要求。

(2)施工。施工不当也可产生水害,如某些隧道和地下工程由于其光面爆破效果不佳,喷射混凝土表面不平整;加上防水板接缝采用电烙铁,焊缝不均匀、不牢固,使防水板很容易产生空鼓开裂;局部超挖过量,回填不好不实,这样使塑料防水板的防水性能无法发挥;锚杆孔眼和衬砌悬挂设备孔眼的防水处理得不够好等。有的施工单位一味追求施工速度,忽视二次衬砌质量,造成混凝土内部空隙、衬砌表面粗糙不光滑。另外对排水设施不按施工规范要求操作等,使地下水丰富地区的隧道形成严重的渗漏水。

(3)材料。如果所选用的防水材料达不到国家质量标准,会导致隧道的渗漏水病害。

(4)监理。监理工程师应对防水材料的选择和使用、铺设基层的处理、铺设工艺等进行跟踪检查,确保防水质量。

(5)验收。工程竣工后,从衬砌表面往往看不出什么问题,管理单位缺乏检验手段,有时又接近运营期限,往往对交验前的渗水情况缺乏进一步查验,只好按竣工报告及施工总结勉强验收,导致运营后渗漏水逐渐严重。

(6)匹配。防水技术的匹配就是指防水设计、防水材料和防水施工工艺与防水工程相适应的问题。从工程实例来看,不少工程渗漏水是由于防水材料与基面黏结不良或不适应造成的,因而近年来搞好防水技术的匹配引起了人们的广泛关注。防水施工方法不外乎喷射、涂刷、抹压、注浆、粘贴等,防水材料可分为沥青、橡胶、塑料、水泥及聚合物等,不论采用何种施工工艺和何种材料,都有与建筑物基面的接触问题。所以从这一角度考虑,防水效果的关键是防水层与基面的黏结和适应问题。

5.6.1.3 水害的整治措施

隧道水害进行综合整治,需要设计、施工、运营三阶段配合治理。首先是设计人员要重视建筑和结构上的防排水要求,了解工程地质和水文地质,对围岩地下水源、水量流向、水质等情况摸清,及时采用新技术、新材料和新的防水施工措施;其次,施工阶段水害治理得好,就会减轻运营中养护维修的任务,否则就会留下隐患,加重运营阶段的水害。整治隧道水害要以一座隧道或以相当长的一段隧道为研究对象,不应只考虑病害点,而应洞内洞外、山上山下、有病害与无病害的段落一起分析,从而做出全面的整治规划。

隧道治水的具体措施就是"防、排、截、堵相结合,因地制宜,综合治理",使之既能自成体系,又能互相配合,形成一个完整的隧道治水体系。

1. 排水与防水设施

(1)施工排水。

隧道施工中应将洞内工程废水及时排出洞外,以防止坑道内浸水影响施工和淹没工作面。

洞内排水方式按开挖方向和线路坡度情况分为如下两种。①上坡进洞的排水方式。一般只需随着隧道的延伸,在一侧(或两侧)开挖排水沟,使水顺坡自然排出洞外。设有平行导坑的隧道,可将正洞的水通过横通道引入平行导坑排出洞外。②下坡进洞的排水方式。采用抽水机排水,即间隔一定距离开挖集水坑,掌子面的积水用水泵抽到最近的集水坑内,再用大功率抽水机抽出,经排水管路排出洞外,此时应配有足够的排水备用设施。

(2)运营隧道的排水。

在衬砌外面设置排水设施,其施工难度较大,常用的做法有以下几种。①岩石暗槽。适用于围岩坚实稳定、水流清澈、不含泥沙的地段,一般沿主要含水裂隙的走向开凿。②盲沟。按设置方向与隧道轴线的关系分为竖向盲沟、纵向盲沟和环向盲沟。主要适用于:浅埋隧道地表潮湿、有积水,无法以地表排水疏干时;衬砌背后有集中的地下水出露;有水地段但无明显的集中出水位置,应间隔2~5 m设置竖向盲沟,并与纵向盲沟相连;在衬砌的伸缩缝、沉降缝、断面变化处设置竖向盲沟。③围岩排水钻孔。在衬砌背后的岩体内布置一排或多排钻孔,使之形成一个或多个集渗幕,用以疏干围岩。它不必拆除旧衬砌,可利用辅助坑道或把避车洞延伸而将集渗幕设在岩体内。一般用于Ⅴ级以上围岩较好,如用于Ⅴ级以下围岩,宜在孔内设过滤器,以防塌孔或淤塞。④纵向排水沟。一般设在隧道两侧或地下水来源侧,也可设在隧道中心。⑤横向排水沟。当隧道纵向排水沟只设在一侧或位于中心时,需用横向排水沟作导引排水,即将盲沟汇集的水引入纵向排水沟排出。

在衬砌内面设置排水设施,其主要优点是可以不开凿衬砌,工程量小,施工简单;缺点是不易对准地下水露头位置,疏干围岩范围小,在冬季发生冰冻的地段不能采用。在衬砌内面设置排水设施的主要形式如下。①引水管。主要用于衬砌湿痕或背后积水较高位置的引水,一般采用铁管、胶管、硬塑管和竹管,并将其固定在拱墙内表面。②泄水孔。主要作用是排出衬砌背后的积水,将水引入洞内排水沟。泄水孔位一般不高于水沟盖板或人行道,否则应作引水管或引水暗槽。③引水暗槽。衬砌凿出小槽,表面用砂浆封闭,将多个泄水孔的水引入一个槽中排入水沟内。暗槽以竖槽为主,不得采用纵向水平的暗槽。

(3)衬砌自防水。

衬砌自防水是以衬砌结构本身的混凝土密实性实现防水功能的一种防水方法,该方法造价低,工序简单,施工方便。

混凝土是一种微孔结构材料,其中的部分开放式毛细孔、各种裂隙及混凝土自身收缩形成的开裂是造成渗漏水的主要原因。防水混凝土是通过加入少量外加剂或高分子聚合物材料,并通过调整水泥、砂、石及水的配合比,抑制混凝土孔隙率,改善孔结构,增加原材料界面的密实性,达到防水的目的。防水混凝土除用于防水外,更主要的是防渗。

防水混凝土衬砌施工前应控制好地下水位,要保持地下水位在施工底面最低标高以下不小于 300 mm,以避免在带泥浆或带水的情况下施工,保证施工质量。

(4)外贴防水层。

对新建隧道或更换衬砌的运营隧道,可施作外贴防水层,结合洞内排水设施,该法可获得良好的防治水害效果。外贴防水层的主要做法是贴涂法,即直接在衬砌外围粘或喷涂防水层,以保护衬砌,使衬砌圬工不充水、不漏水。主要材料有防水卷材和防水涂料两种。

(5)内贴防水层。

内贴防水层不用凿开衬砌,比外贴防水层施工简便,成本低,可随时检修,因此在运营隧道养护维修中,是最常用的整治水害方法之一。

①喷浆防水层。在一定压力下用机械把水泥砂浆直接喷射到衬砌内表面成型,既可作为结构层缺陷修补,又可以防水,特别是在外贴防水卷材或使用防水混凝土等措施效果都不太理想时,作为一种补救措施,应用比较多。防水层总厚度为 12~40 mm,最大不宜超过 50 mm,砂浆配合比一般为 1∶1~1∶3(质量比),水灰比为 0.5~0.6,并适当掺入防水剂和速凝剂,以提高抗渗性和固结强度。

防水砂浆一般分两层喷射,施工完后要注意保护,特别是早期养护。为了防止防水砂浆中的水分蒸发,保证水泥达到充分水化的要求,应每天都均匀养护,只有在潮湿环境下认真养护 3 d 以上,才能达到防水抗渗的目的。

施工时应保证原材料质量,严格按配合比施工,施工温度应不低于 5 ℃,不高于 35 ℃,低温施工时应采取保温防冻措施。水泥砂浆防水层应与基层黏结牢固,不得有裂缝、空鼓和渗漏水等缺陷存在。

②喷射混凝土防水层。由于喷射混凝土的水泥用量大,水灰比小,并采用较小尺寸的粗集料,有利于在粗集料周边形成足够数量和良好质量的砂浆包裹层;粗集料彼此隔离,有助于阻隔沿粗集料互相连通的渗水孔网,还可以减少混凝土中多余水分蒸发后形成的毛细孔渗水通路,因而有较好的抗渗性,其抗渗指标一般在0.7 MPa以上。

喷射混凝土用水泥强度等级一般不低于42.5级,砂宜用中粗砂,细度模数大于2.5,直径小于0.075 mm的颗粒不多于2.0%,石子宜用卵石,粒径不宜大于20 mm,水泥与集料比(胶集比)为1∶4~1∶4.5,砂率(砂子在整个粗细集料中所占百分率)为45%~55%,水灰比为0.4~0.5。混凝土防水层的施工要求基本与防水砂浆防水层的施工要求相同。

③砂浆抹面防水层。目前主要是采用特种水泥(双快、早强水泥)抹面。将渗、漏水处的基层凿毛清洗干净,处理好堵漏点与引导出水点,然后进行水泥浆抹面,其厚度为2~3 m,水灰比为0.38~0.4,初凝时间控制在10~20 min。接近初凝时,在其面上洒一些中细砂,达到一定强度后抹砂浆层,其配合比为1∶1.2~1.5,水灰比为0.4~0.45,厚度为6~10 mm。接近硬化时用排刷拉出细条,终凝后在其面上刷上一层水泥净浆,厚度为0.5~1.0 mm,然后再抹上5~6 mm厚砂浆层,其配合比为1∶1.2~1.5,水灰比为0.4~0.45。在初凝前必须在其面上多次抹磨,挤出砂浆中的泥浆,反复2~3次,使其表面光滑。硬化后加强养护,一般不少于3 d。

④喷涂乳化沥青乳胶防水层。采用该材料施工时,应用专用工具及压力设备进行喷射,其施工顺序为:由上而下,先喷涂拱顶,后喷涂墙脚,喷涂进行方向应逆风而行。喷嘴与喷射面的距离一般为50~120 cm,喷射压力为0.2~0.3 MPa。

(6)压注浆液。

压注法就是用压力把某些能固化的浆液注入隧道围岩及衬砌混凝土的裂缝或孔隙,以改善其物理力学性能,达到防渗、堵漏和加固的目的。目前隧道采用的注浆材料较多,主要有水泥浆材和化学浆材。水玻璃类浆材由于其溶解性,现在已很少使用。

水泥类浆材主要包括纯水泥浆和水泥黏土浆两大类。它们主要是由水泥、水及各种外加剂组成。水泥可根据工程选用各种性质的水泥,水一般采用生活用水,为改善水泥浆的性质,以适应不同的自然条件,可掺入各种外加剂,如速凝剂、缓凝剂、引气剂、膨胀剂等。水泥类浆材的优点是能形成强度较大和渗透性较小的结石,防渗效果较好,而且原材料成本低、材源广,没有毒性和环境污染问题;缺点是浆液稳定性差,析水性大,凝结时间长,当地下水流速较大时易受冲刷和稀释。

化学浆材品种较多,主要有环氧树脂类、中基丙烯酸酯类、丙烯酰胺类、木质素类等。化学浆材的特点是可注性好,适应广泛,胶凝时间可准确掌握,抗渗性较好;但其成本一般较高,施工技术要求高,设备复杂,部分浆材有一定毒性。目前常用的压浆材料有水溶性聚氨酯、超细早强水泥和丙凝。

对新建隧道和改建隧道,围岩破碎、软弱、地下水发育的地段,可结合隧道施工,进行围岩预注浆加固防水。目前采用的方法大多为超前小导管注浆,一般采用长 6 m 左右的 $\phi 42$ 的无缝钢管,管壁上钻有梅花形小孔,注浆压力 $0.5 \sim 1.0$ MPa,管间距离大于 0.6 倍浆液扩散半径。对浅埋、超浅埋段,也有用地表注浆的,其做法是,从地表钻孔注浆,通过控制注浆段长度,对隧道周围部分围岩进行注浆,其材料、孔位布置与洞内相同,压力可按实际情况通过实验确定。

既有线隧道,当隧道围岩破碎、节理发育、地下水丰富时,也可进行注浆防水。此时应先对衬砌混凝土质量进行调查,若衬砌破坏严重,则应先对其进行加固,使其能够抵抗注浆压力。一般做法是对大范围的渗水采用浅孔密布;对裂隙渗漏采用深孔疏布;对大股涌水宜在上游设孔。孔深一般深入围岩且大于 20 cm,孔径 42 mm。

(7)施工缝、变形缝防水。

对新建或更换衬砌的隧道,变形缝、施工缝的防水可随混凝土灌筑同时施工,采用的主要材料如下。①止水带,分为塑料止水带、橡胶止水带、复合止水带等,其中塑料止水带耐久性好,橡胶止水带弹性、耐磨性、耐撕裂性较好,但硬度、强度较差。②遇水膨胀橡胶,主要有制品型和腻子型两种,其特点是具有橡胶的弹性、延伸性和抗压缩变形能力,遇水后膨胀率为 $100\% \sim 500\%$,耐水性好,膨胀后仍能保持弹性。③各种密封材料。主要是改性沥青密封材料和合成高分子密封材料。

对于运营隧道整治接缝漏水,一是可以根据不同情况采用以上材料重新施作接缝的防水,二是做接缝压浆或衬砌堵漏处理。

2. 衬砌漏水的封堵

对某些隧道衬砌的渗漏水,除采用排水措施外,还可以用堵漏材料进行封堵。所谓堵漏材料就是一种能在几十秒或数分钟即开始初凝的材料。堵漏材料品种繁多,常用的有无机高效防水粉和水泥类堵漏材料。前者是一种硬性无机胶凝材料,主要有堵漏王、堵漏停、堵漏灵、确保时等,其终凝时间为2.5~6 h,其特点是无毒、无味、无污染、耐高温、抗低寒,可在潮湿结构上施工,并有较好的黏结性。后者主要有双快水泥、石膏-水泥材料和水泥-防水浆等堵漏材料。目前堵漏材料采用较多的是双快水泥和堵漏王等。

3. 截水设施

截水就是截断流向隧道的水源,或尽可能使其流量减小,从而使隧道围岩的水得不到及时补充,达到疏干围岩、根治水害的目的。

地表截水就是在地表截断流向隧道围岩的水,主要措施如下。对洞顶的积水洼地,宜开沟疏导引流。对洞顶以上的水工隧道、水库、稻田、输水渠等造成的隧道漏水,要做防渗处理。对施工及地质勘测留下的钻孔、坑道、洞穴,要做好排水处理或封填。对断层破碎带、陷穴、漏斗等,如有较大的径流进入,宜作截水沟或回填,当无明径流,但却影响隧道漏水时,应采取封闭措施(换填、注浆等)。

当隧道衬砌周围地下水有明显的集中来水通路,导致地下水流量很大时,可采取如下地下截水设施截断水源。①泄水洞。一般设在来水侧且其最高水位低于正洞水沟底,纵向坡不小于3‰,设置泄水洞的围岩渗透系数不小于10 m^3/d。②钻孔截水。对有平导的长大隧道,利用平导和横洞,根据围岩的地下水分布和地质条件,打截水钻孔,其位置伸入正洞墙脚之上的围岩中,以减少向正洞衬砌周围汇集的水量,钻孔的集水利用平导排出。③拦截暗河。对靠近隧道的暗河或充水的溶洞,可通过堵塞等改变其流向。④防渗帷幕截水。当隧道与岩层平行或斜交,通过流沙和易浸析失稳地层,或围岩裂隙发达,且透水性强时,可在隧道周围岩体内钻孔压浆形成防渗帷幕,使衬砌与地下水隔离。当为浅埋时,可在地表作防渗帷幕。

总之,隧道的水害治理是一个完整的治水系统,要防、排、堵、截相结合,不能只强调其中一方面。如果只排不堵,就可能造成地表的水塘、水库、农田等排干,影响附近居民的生产和生活;如果只堵不排,就会使衬砌周围的水无路可走,越积越多,最终导致隧道破坏。只有防、排、截、堵互相配合,相辅相成,共同发挥作用,才有可能根治水害。

5.6.2 衬砌裂损及整治措施

5.6.2.1 衬砌裂损的类型

隧道衬砌裂损的类型主要有衬砌变形、衬砌移动、衬砌开裂三种。

衬砌变形有横向变形和纵向变形两种,其中横向变形是主要变形。衬砌横向变形是指衬砌由于受力原因而引起拱轴形状的改变。

衬砌移动是指衬砌的整体或其中一部分出现转动(倾斜)、平移和下沉(或上抬)等变化,也有纵向与横向移动之分。对于大多数已发生裂损的衬砌,往往是纵向与横向移动同时出现。

衬砌开裂是指衬砌表面出现裂纹(或龟裂)和裂缝(宽度较大)或贯通衬砌全部厚度的裂纹的总称,是衬砌变形的结果。衬砌开裂包括张裂、压溃和错台三种。张裂是弯曲受拉和偏心受拉引起的裂损,其特征是裂纹、裂面与应力方向正交,缝宽由表及里逐渐变窄。压溃是弯曲或偏心受压引起的衬砌裂损。裂纹边缘呈压碎状,严重时受压区表面产生鱼鳞状碎片(中间厚,四周薄)或剥落掉块等现象。错台是由剪切力引起的裂缝,裂缝宽度在表面至深处大致相同。

5.6.2.2 衬砌裂损的特点

衬砌结构受力(轻微变形、移动)→局部出现少量裂纹(变形范围、变形量增大;移动部位、移动量增大)→裂纹宽度、密度增大,隧道净空变小(严重变形,移动显著增大)→隧道净空严重缩小,衬砌破碎,失去承载能力→局部掉块、失稳,甚至拱坍墙倒。

衬砌的裂损发展一般有缓慢变化、急剧变化、相对稳定三个不同的阶段。这三个阶段往往是呈周期性交替地出现。①节段衬砌没成环之前出现的裂损,在成环之后可能渐趋稳定。②由于衬砌背后回填不及时造成的裂损,在回填之后可能渐趋稳定。③因拆模过早造成的裂损,待圬工强度提高后可能呈现相对稳定状态。④由于围岩膨胀引起的裂损,当外荷载条件发生变化,例如雨季地下水丰富,围岩软弱夹层被软化而产生错动,季节冻融变化引起围岩冻胀与融沉,以及由于种种外因引起围岩变形,山体压力的大小和分布发生变化等时,可能使已稳定的裂损重新发展,或使完好的衬砌发生裂损。

了解和掌握衬砌裂损的分布特点,就能及早发现病害,及时采取对策。衬砌裂损的分布一般有以下特点。

(1)按纵向节段分布。①洞口与洞口段,特别是斜交洞门有偏压或边、仰坡不稳固的洞口段。②设有大型洞室的节段或各种洞室的接头处。③洞身穿过断层、构造破碎带、接触变质带、滑坡带等山体压力大且岩体不稳定的节段。④洞身穿过软弱围岩的节段。⑤偏压隧道没有采用加强衬砌或偏压衬砌的节段。⑥寒冷地区围岩有冻胀现象的节段。⑦衬砌实际厚度不足或圬工强度过低的节段。⑧施工中超挖过大没有回填或回填不密实及施工中发生大塌方的节段。⑨施工中已经发生裂损的节段。

(2)按横断面分布。①洞口附近及傍山隧道靠山侧裂损多,靠河侧少。靠山侧以拱腰、墙腰内缘张裂多,靠河侧以墙顶压劈或墙脚张裂较多。②衬砌断面对称,实际荷载分布不对称的变形、移动和裂损的部位也不对称。③衬砌的变形、移动和裂损多沿施工期间出现过的裂缝和施工缝发展。④衬砌背后存在没有回填或回填不密实处,则该部位易出现较大的移动和外鼓。⑤衬砌背后临时支撑未能全部拆除的,在支撑部位会出现较大的集中荷载,此处衬砌内缘易出现张裂和错台。⑥采用三心圆尖拱衬砌的隧道,易在拱腰、墙腰产生内鼓开裂,拱顶内缘压碎。⑦由于各种原因(如塌方、拱架下沉、施工困难等)造成衬砌厚度不足时,则此处衬砌容易发生变形和裂损。

5.6.2.3 衬砌裂损的整治措施

整治衬砌裂损病害首先要消灭已有的衬砌裂损带来的对结构及运营的一切危害,并防止再加大裂损。其次是采取以稳固围岩为主,稳固围岩与加固衬砌相结合的综合治理措施。

1. 稳固岩体的工程措施

(1)治水稳固岩体。地下水的浸泡与活动对各种围岩的稳定性削弱最大。通过疏导围岩含水,并相应采取治水措施是稳固岩体的根本措施之一。

(2)锚杆加固岩体。对较好的岩体(小于Ⅴ级),自衬砌内侧向围岩内打入一定数量和深度(3.5 m)的金属锚杆、砂浆锚杆,可以把不稳定的岩块固定在稳定的岩体上,提高破碎围岩的黏结力,形成一定厚度的承载拱;在水平层状的岩石中把数层岩层串联成一个组合梁,与衬砌共同承受外荷载。对松散破碎的岩体采用锚杆加固不仅可以有效地控制岩体的变形和提高其稳定性,而且可以使岩体对衬砌的压力大小和分布图形产生有利的转化。

(3)注浆加固岩体。通过向破碎松动的岩体压入水泥浆液和其他化学浆液(如铬木素、聚氨酯等)加固围岩,疏散地下水对围岩的浸泡与渗入衬砌,使衬砌背后形成一个 1~4 m 厚的人工固结圈,就能有效地稳固岩体,防止地下水的侵入,甚至使作用在衬砌上的地层压力大小和分布图形产生有利的转化,有利于衬砌结构的受力和防水。

(4)支挡加固岩体。对靠山、沿河偏压隧道或滑坡地带,除治水稳固山体外,尚可采用支挡措施,包括设支挡墙、锚固沉井、锚固钻(挖)孔桩等来预防山体失稳与滑坡,这种工程措施只能用于洞外整治。

(5)回填与换填。如果衬砌外周围存在着各种大小的空隙(如超挖而没有回填等),不仅使地层压力分布图形产生不利影响,而且使得衬砌结构失去周边的有利支撑条件,不能使衬砌的承载能力得到更大的发挥。此时要采取回填措施,用砂浆或混凝土将围岩空隙回填密实。如果隧底存在厚度不大的软弱不稳定的岩体或有不稳定的充填物,可以采取换填办法处理。

2. 衬砌更换与加固

已裂损的衬砌一般均有相当大的支护潜力,可以充分利用,仅在没有加固条件或经济上不合理的情况下,或者根据长远技术改造规划的要求才采用更换衬砌的办法。初砌加固的主要方法如下。

(1)压浆加固。一是圬工体内压浆加固。衬砌裂损发展非常缓慢或者已呈稳定时,可以进行圬工体内压浆,一般以压环氧树脂浆为主,并选择无水季节施工。二是衬砌背后压浆加固。主要是针对衬砌的外鼓和整体侧移。在拱后压浆增加拱的约束可以起到提高衬砌刚度和稳定性的作用,一般可以局部应用,主要在发生外鼓变形的部位使用。

如果一环衬砌同时存在外鼓与内鼓部位,首先采取临时措施控制内鼓继续变形,然后在外鼓变形的部位压浆加固之后再对内鼓采取加固措施,最后再对全断面进行整体加固。

(2)嵌补加固。对已呈稳定暂不发展的裂缝,如果不能采取压浆加固者可以采取嵌补,即将裂缝修凿成一定形状并清理干净,在缝口处用水泥砂浆、环氧树脂砂浆或环氧树脂混凝土进行嵌补。

对发展较快的裂损,为确保安全,可以采取钢拱架临时加固。只加固拱部时用上部拱架加固,拱架脚可以嵌入墙顶或支撑于埋在墙顶的牛腿上,并加纵向连接。如要全断面加固则可用长腿钢拱架。无论哪一种拱架用多段组合安装时,安装完毕后尽量使节点变成刚性节点(一个断面内铰接节点不应多于 3 个)。为了增强纵向抗弯能力,纵向支撑应加强连接。如果隧道内部净空条件不足,钢拱架可以嵌入被加固的圬工体内一部分(或全部),并在钢拱架之间再加纵向连接,然后灌筑混凝土做成薄套拱形。此法在衬砌厚度太薄或衬砌严重破损碎裂时不能采用。

(3)喷锚加固。喷锚加固是较为常用的加固衬砌裂损的措施。对裂损衬砌的所有内鼓变形和向内移动的裂损部位,采用(预应力)锚杆加固岩体是有效的,此时锚杆既可沿内缘张裂纹的走向两边布置,作局部加固,也可按全断面加固,将衬砌与岩体嵌固在一起,形成一个均匀压缩带,以增强围岩的稳定性,提高支护结构的承载能力。采用此法时应查清衬砌厚度、背后超挖回填及围岩整体性状况。锚杆的设置应在衬砌背后压浆后两个星期进行。锚杆的锚固段应设在稳定围岩中。对于衬砌上的裂缝应及时嵌填。

喷混凝土可以使所有已裂损的圬工块体紧密结合,阻止这些块体的松动,同时在喷射压力作用下嵌入裂缝内一定深度,使裂缝重新闭合,增强裂损(包括原有施工缝)衬砌的整体性,较大幅度地提高裂损衬砌的承载能力,达到加固的目的。必要时也可以在喷层中加入钢筋网用于防止收缩裂纹,提高加固结构的整体性和抗震、抗冲切能力。

(4)套拱加固。如果混凝土质量差,厚度不够,或受机车煤烟侵蚀,掉块剥落严重,并且拱顶净空有富余时,可对衬砌拱部加筑套拱或全断面加筑套拱。如果隧道内净空条件不足,可以采取落道加套拱的办法。套拱与原衬砌间用直径为16~18 m 的钢筋钎钉锚接,钎钉埋入原拱 20 cm 左右作为钢筋的生根处。套拱中的主筋也可用钢拱架、格栅来代替,其间距为 50~80 cm,纵向用拉杆焊接。套拱用强度等级不低于 C20 的混凝土灌筑,其厚度为 20~30 cm。套拱拆模后要进行压浆,以充填其背后空隙,使新旧拱圈连成整体。当拱部灌筑混凝土难度较大时,可以采用喷混凝土、网喷混凝土和喷钢纤维混凝土进行加固。事实上,套拱加固已日益被喷锚加固所替代。

(5)更换衬砌。拱部衬砌破坏严重,已丧失承载能力,用其他整治补强手段难以保证结构稳定,或者衬砌严重侵入限界,采用其他整治措施有困难时,可采用全拱更换,彻底根除病害。

(6)其他加固手段。当仅有墙脚内移而不下沉和隧底岩土隆起时,可在墙基处增设混凝土支撑以扩大基础。要求与钢轨、轨枕不发生挤压,尺寸一般为40 cm×40 cm,间距 1.5~2.0 m。

隧底围岩软弱下沉或隧底填充上鼓时,可加设仰拱。边墙基底软弱,可将墙基延伸至坚实稳固的岩层或增设仰拱。若隧底或墙基下由溶洞或其他洞穴而引起衬砌结构开裂,可加设钢筋混凝土托梁,使墙基与道床设于钢筋混凝土托梁上。

5.6.3　衬砌侵蚀及整治措施

5.6.3.1　衬砌侵蚀的种类及危害

隧道内金属构件的锈蚀、混凝土衬砌的侵蚀破坏，都属于侵蚀病害。

一般混凝土具有较好的耐久性、耐腐蚀性和较高的强度。但是一旦由于地下水的侵入，衬砌受到侵蚀介质的经常作用，就会出现起毛、酥松、蜂窝麻面、起鼓剥落、孔洞露石、集料分离等病害，导致材料强度降低，衬砌厚度变薄，渗、漏水严重，降低其使用寿命。隧道内混凝土衬砌的侵蚀按其种类不同，可分为水蚀、烟蚀、冻蚀及集料溶胀等。

水蚀主要指衬砌受到地下水的作用而产生的腐蚀。一般发生在隧道的拱部、边墙、仰拱、排水沟和电缆槽等各部位。①溶出型侵蚀，主要是指水泥石中的生成物被水分解溶失造成的侵蚀，表现为外观尚完善，常有白色沉淀物，内呈多孔状，强度较低。②硫酸盐侵蚀，主要是指环境水中含有的硫酸根离子对混凝土的侵蚀。③镁盐和氨化物的侵蚀。

烟蚀主要是指在蒸汽机车牵引的区段，其产生的"烟雾"对衬砌混凝土产生的侵蚀，分为化学性侵蚀和机械性侵蚀两种。

冻蚀是指在严寒地区的隧道，混凝土衬砌由于冻融交替产生的侵蚀。

集料溶胀是指衬砌混凝土中的粗、细集料中含有遇水溶解和膨胀的材料而造成的对衬砌的侵蚀。

5.6.3.2　混凝土侵蚀的整治措施

1. 防侵蚀原则

在各类侵蚀病害中，除了烟的机械侵蚀外，水是主要的致害媒介，因此，防蚀必先治水。

环境水对混凝土和水泥砂浆的侵蚀作用主要可归纳为三种：溶出性侵蚀（即非结晶性侵蚀）、结晶性侵蚀和复合性侵蚀（溶出性和结晶性两种侵蚀同时作用或交替作用）。

对溶出性侵蚀，只要能解决衬砌的渗水、漏水问题，彻底治理好水，就能达到防蚀的目的。

对于结晶性侵蚀，由于侵蚀是因水泥中的化合物与水作用后的新生成物或水中盐类介质析出结晶,发生体积膨胀而导致材料破坏,而析出结晶的条件是混凝土中的干湿变化,干湿变化越频繁,侵蚀速度越快。因此,对这类侵蚀,只防止渗漏而不防止混凝土充水是不行的,不但要防渗漏,还要防止混凝土浸水,避免侵蚀水与混凝土发生作用,这就需要采用抗侵蚀混凝土修建衬砌或利用防蚀层防止混凝土衬砌的侵蚀。

2. 防侵蚀的方法

(1)采用抗侵蚀混凝土。

合理选择抗侵蚀水泥材料。抗硫酸盐水泥、火山灰质水泥具有较好的抗硫酸盐和海水腐蚀的能力;矾土水泥抗各种化学腐蚀的能力较强;火山灰质水泥对各种化学侵蚀介质也有较好的抵抗能力,价格又便宜,适合在中、低侵蚀性介质中使用,但其抗冻性较差,使用时需加注意。

对于抗硫酸盐侵蚀的隧道,在注浆与浇筑混凝土时以采用低碱高抗硫酸盐水泥为佳;在运营维修、养护堵漏、抹面、喷混凝土或砂浆时,以选用双快水泥为佳。

合理采用外加剂。采用火山灰质的活性掺合料,或者加入引气剂和减水剂,或者采用提高混凝土密实性和抗渗性的外加剂。

(2)采用防蚀层。

采用防蚀层是一种对混凝土表面进行处理的方法,把各种耐腐蚀的材料铺设在衬砌混凝土的表面,使之成为一层防蚀层,是提高衬砌抗腐蚀能力的常用方法。

①防蚀层铺设面的确定。防蚀层可以设在衬砌外面,也可以设在衬砌内面,对隧道衬砌,一般采用防蚀层与防水层合二为一,在衬砌外面铺设。

②制作防蚀层。防蚀层按其成型工艺有注浆、抹面、喷涂(喷射混凝土和喷涂料)和块材镶砌等。

③伸缩缝、变形缝防蚀。当隧道衬砌的沉降缝、伸缩缝发生腐蚀病害时,一般可在病害发生处作位于衬砌背后的排水盲沟把水排走。如果采用防水措施,可用油膏和胶油嵌缝,缝口再用氯丁橡胶黏合剂粘贴氯丁橡胶,用可卸式塑料止水带或软的聚氯乙烯板条封口。施工缝如果发生腐蚀,可用聚氨酯压浆防水,同时兼有防蚀作用,或预留凹槽,用硫磺胶泥腻缝。

④已腐蚀衬砌的加固与翻修。一般的措施有抹补、浇补、镶补等方法。

5.6.4 隧道冻害及整治措施

我国幅员辽阔,冻土地区分布广泛(其中多年冻土占整个陆地面积的五分之一),在寒冷地区修建隧道是不可避免的。隧道冻害会导致衬砌冻胀开裂,以至疏松剥落,造成隧道衬砌结构的失稳破坏,降低衬砌结构的安全可靠性,严重影响运输的安全和隧道的正常使用。防治与整治隧道冻害是十分必要的。

5.6.4.1 冻害的种类及其危害

1. 冰柱、冰溜子

渗漏的地下水通过混凝土裂缝逐渐渗出,在渗出点出口处受低温影响积成冰柱。尤其在施工接缝处,渗水点多,积冰明显,累积成十至几十厘米厚的冰溜子(又称为挂冰)。如不清理,冰溜子越积越大,侵入限界,危及行车安全。

拱部渗漏形成的冰柱(冰葫芦),在一般地区仅仅是影响限界。但在电气化牵引区段,冰柱下垂,挂在接触网高压电线上造成短路,坠断电线造成放电、跳闸,严重时危及人身安全。隧道排水沟槽设施保温不良引起的冰冻称冰塞。因结冰堵塞,水沟地下排水困难,使水沟(管或槽)冻裂破损,衬砌周边因水结冰而冻胀,致使隧道内各种冻害接踵而来。

2. 衬砌发生冰楔

围岩之间结冰冻胀,产生冰冻压力,再传递给衬砌。经缓慢发展,常年积累冰冻的压力像楔子似的,使衬砌发生破碎、断裂、掉块等现象。

3. 围岩冻胀破坏

隧道修筑在不良地质地段(Ⅴ级围岩及破碎花岗岩、砂岩),如果围岩层面及结构内含水较多时,冬季就易发生冻胀破坏,主要有如下几类。

(1)隧道拱部衬砌发生变形与开裂。拱部受冻害影响时,拱顶下沉内层开裂,衬砌开裂严重时尚有错牙发生,拱脚变形移动。冻融时又有恢复(留有残余裂缝),多次循环危及结构安全。

(2)隧道边墙变形严重。边墙壁后排水不畅,积水成冰,产生冻胀压力,造成拱脚不动,墙顶内移,有的是墙顶不动墙中发生内鼓现象,也有墙顶内移致使断裂成多段。

(3)隧道内线路冻害。线路结构下部无排水设施,在地下水丰富地区,水在冬季冻结,道床隆起。在水沟之处因保温不好,与线路一样有冻结,这样水沟全长也会高低不平。冻融使线路和道床翻浆冒泥、水沟断裂破坏。水沟破坏后排水困难,水渗入线路又加大了线路冻害范围。

(4)衬砌材料冻融破坏。隧道混凝土设计强度较低,抗渗性差,在地下水丰富地区,水就渗入混凝土内部。冬季时水在混凝土结构内冻结,膨胀产生冻胀压力,经年冻融循环使结构变酥,强度降低,造成冻融破坏。洞口段冻融变化大,衬砌结构内因含水受冻害外,岩体的冻胀压力也促使衬砌发生纵向裂纹和环向裂纹。

(5)隧底冻胀和融沉。对多年冻土隧道,隧底季节融化层内围岩若有冻胀性,而底部没有排水设备时,每年必出现冻胀融沉交替,无铺底的线路很难维持正常状态;有时铺底和仰拱的隧道也发生隆起或下沉开裂。

5.6.4.2 冻害的成因

(1)寒冷气温的作用。隧道冻害与所在的地区气温(低于 0 ℃或正负交替)有直接关系。

(2)季节冻结圈的形成。沿衬砌周围各最大冻结深度连成的一个圈叫作季节冻结圈。当衬砌周围超挖尺寸大小不等,超挖回填用料不当及回填密实不够产生积水时,则形成冻结圈。在严寒冬季,较长的隧道两端各有一段长度能形成冻结圈,叫作季节冻结段。中部的一段,因不会形成季节冻结圈,叫作不冻结段。隧道两端冻结段长度不一定相等。同一座隧道内季节冻结段的长度恒小于洞内季节负温段的长度。

隧道的排水设备如埋在冻结圈内,冬季易发生冰塞。在冻结圈范围内的岩土,由于受强烈频繁的冻融破坏,风化破碎程度与日俱增,也是冻害成因之一。

(3)围岩的岩性对冻胀的影响。隧道的季节冻结圈内如果是非冻胀土,就不会发生冻胀性病害。冻结圈内冻土的分布情况决定了发生冻害的部位。如果隧道围岩全是冻胀性土且均匀分布,则冻胀沿衬砌外围对称均匀分布;如果是冻胀性土与非冻胀性土成层状分布,就可能出现冻胀部位不对称和非均匀分布。

(4)隧道设计和施工的影响。隧道在设计和施工时,对防冻问题没有考虑或考虑不周,造成衬砌防水能力不足,洞内排水设施埋深不够,治水措施不当,加上施工单位未能按规范认真施工等,都会造成和加重运营阶段隧道的冻害。

5.6.4.3 冻害的整治措施

严寒及寒冷地区隧道冻害的防治与整治,其基本措施是综合治水、更换土壤、保温防冻、防止融塌、结构加强等,可根据实际情况综合运用。

1. 综合治水

隧道冻害的根本原因就是围岩地下水的冻结,如果能将水排除在冻结圈以外,杜绝水进入冻结圈,就能达到防治冻害的目的,即综合治水是防治冻害的最基本措施。

为防治冻害而采取的治水措施主要是:消灭衬砌漏水缺陷,保证衬砌圬工不再充水受冻,同时加强结构层和接缝防水(所用防水材料要有一定的抗冻性),对有冻害的段落,要设置防、排水系统,不允许衬砌背后积水,衬砌背后空隙用砂浆回填密实;排水设施或泄水沟应保证在任何季节、任何条件下不冻结,在严寒地区可在中心深埋泄水洞。

2. 更换土壤

把冻结圈内的围岩更换或改造,将冻胀土变为非冻胀性土,从而达到防治冻害的目的。更换土壤就是将强冻胀土(主要是细粒土),更换为透水性强的粗粒土。换土厚度为:允许保留总冻胀量不大于允许值的冻胀土时,可取为冻深的$80\%\sim90\%$;若充分发挥排水设施的作用,可为冻深的70%。

把冻胀性土改造为非冻胀性土的方法主要有:向冻结圈内注入水泥浆液或其他化学浆液,使围岩固结而消除冻胀性;向冻结圈内注入憎水性填充材料,使之堵塞所有孔隙、裂隙,从而通过阻止土中水分迁移和聚冰作用来消除围岩冻胀。

3. 保温防冻

保温防冻就是通过控制温度,使围岩中的水分达不到冰点,达到防治冻害的目的。保温防冻的类型主要有:保温、降低水的冰点、供热。

(1)在隧道内加筑保温层。在消除隧道渗水、漏水的基础上,在隧道衬砌的内缘(或外缘)或双层衬砌之间加筑一层保温衬层,防止衬砌周围形成季节冻结圈,以消除冻害。所采用的保温材料主要有加气混凝土、泡沫混凝土、浮石混凝土、膨胀珍珠岩混凝土等,一般厚度为$20\sim40$ m。保温衬层的四周应设防潮层,以避免受潮失效,而且不能与结构层共同受力。

(2)降低水的冰点。在对隧道局部范围的冻害做临时处理时,可向围岩注入丙二醇、氯化钙、氯化钠等,使水的冰点降低,从而降低围岩的起始冻结温度,达到防冻的目的。

(3)供热防冻。供热防冻采用不多,一般只在紧急情况下使用,主要的方法有红外线融冰、电热、锅炉采暖等。

4. 防止融塌

在洞内就是要防止基础融沉和道床春融翻浆。前者可以将边墙加深至冻土上限以下或冻而不胀层,后者可加强底部排水,疏干底部围岩含水或采用换土法。两者只要能防止冬季冻胀,就可同时解决春季融沉问题。

5. 结构加强

结构加强的主要措施是:加大侧向拱度,使拱轴线能更好地抵抗侧向冻胀;增加拱部衬砌厚度,一般加厚 10 cm 左右;提高衬砌混凝土强度等级或采用钢筋混凝土;隧底增设混凝土支撑。

第6章 轨道施工技术

轨道施工是指将轨道安放在已完成并达到设计强度的路基、桥梁、隧道等建筑物上的工作。轨道施工能否如期完成,直接影响铁路交付运营的期限,对加快工程进度、降低工程成本都具有十分重要的意义。

6.1 无砟轨道施工

6.1.1 桥上无砟轨道施工技术

6.1.1.1 桥面验收

为了保证无砟轨道各部结构的技术条件,施工前应对桥面施工质量进行桥面验收和技术评估。验收内容主要包括桥梁平面位置、桥面高程、桥面平整度、相邻梁端高差及梁端平整度、防水层质量、桥面预埋件(包括梁端剪力筋、侧向挡块预埋筋)、剪力齿槽几何尺寸的规范性、桥面清洁度、桥面排水坡等。

1. 桥面高程

梁端1.5 m以外部分的桥面高程允许误差±7 mm,梁端1.5 m范围内不允许出现正误差。

使用精测网进行复核。对不能满足要求的应进行打磨和采用聚合物砂浆填充处理。

2. 桥面平整度

桥面平整度要求3 mm/4 m。使用4 m靠尺测量(每次重叠1 m),每桥面分四条线(每底座板中心左右各0.5 m处)测量检查。对不能满足3 mm/4 m要求,但在8 mm/4 m范围内的,可用1 m尺复测检查,应满足2 mm/1 m要求。对仍不能满足要求的,对桥面进行整修处理。

3. 相邻梁端高差

相邻梁端高差不大于10 mm。采用0.5 m水平尺进行检查(在底座板范围内对观感较差处进行量测)。对大于 10 mm 处应进行专门处理,或一侧梁端采取落梁措施或较低一端用特殊砂浆修补。

4. 梁端平整度

梁端 1.5 m 范围的平整度要求为 2 mm/1 m。不能满足要求时,应进行打磨处理,直至符合要求。

5. 防水层

防水层不允许出现破损及空鼓现象。防水层空鼓检查可采用拖曳铁链的方法进行。检查时沿桥面纵、横向拖曳铁链,以拖曳时桥面发出的空鼓声音初步确定空鼓范围,用记号笔画出范围。破损及空鼓的防水层部位必须整修。整修工艺按交通运输部相关规定执行。

6. 桥面预埋件

要求预埋件平面、高程位置要准确。对不能满足无砟轨道施工要求的,视情况按技术转让方提出的"桥面缺陷补救措施方案"进行处理。

7. 剪力齿槽几何尺寸

根据实际情况,按设计尺寸修凿并清理干净,齿槽内应修理方正并凿毛出新面,确保底座板混凝土与其结合良好。

8. 桥面清洁度、桥面排水坡

桥面不能有油渍污染,否则应在底座板施工前清洗干净。桥面排水坡构造应符合设计要求。对排水坡存在误差的桥面,应保证设计的汇水、排水能力,不允许反向排水坡的存在,特别是两线中间部位。对可能造成排水系统紊乱的桥面应进行打磨整修处理。

9. 伸缩缝状态

主要检查伸缩缝安装是否到位且牢靠,并对缝内积存物进行彻底清理。

6.1.1.2 施工平面设计布置

无砟轨道施工前应根据施工管段的具体情况进行施工平面设计。平面设计方案依据总工期计划、桥面验收移交进展情况、施工管段划分及资源配置等因素确定。

1. 底座板施工单元段划分

底座板施工单元段划分应统一筹划,认真设计,每个施工单元段(可以独立开展精调施工的段落)长度以 4～5 km 为宜。

2. 临时端刺布设

左右线临时端刺起点位置应相应错开两孔梁以上，避免桥墩承受由于底座板温差引起的较大水平力，临时端刺区的选择尽量避开连续梁，以免进行特殊设计。

3. 后浇带(BL1)布设

简支梁上的后浇带(BL1)一般设在梁跨中间,后浇带缝与轨道板缝不能重合,连续梁上的底座板两固定连接区间必须设置 1 个后浇带,后浇带与任一固定连接处的距离不大于 75 m。

4. 混凝土底座板灌注段的划分

简支梁上常规区底座板每次灌注长度最少为 1 孔,一般以 3～4 孔较为适宜。临时端刺区底座板混凝土浇筑应分段完成。分段时,按 LP1～LP5 规定长度分段(LP1,LP2 为 220 m,LP3 为 100 m,LP4、LP5 为 130 m)。连续梁范围底座板的最小浇筑长度＝连续梁前两个浇筑段长度＋连续梁长度＋连续梁后两个浇筑段长度(整个浇筑段混凝土施工应在 24 h 内完成)

5. 底座板施工

(1)测量复核。

无砟轨道底座板施工前必须对所有设标网进行复测,对梁面高程、梁面平整度、中线线位、相邻梁端高差等几何要素进行测量复核,对不能满足无砟轨道施工要求的,应及时进行整修、处理。

(2)滑动层施工。

滑动层自下而上由土工布＋塑料薄膜＋土工布组成,简称为"两布一膜"。每孔箱梁上滑动层的铺设范围为桥梁固定端的剪力齿槽边缘至桥梁活动端,在梁缝处配合硬泡沫塑料板的安装局部调整滑动层的铺设。

(3)铺设硬泡沫塑料板。

硬泡沫塑料板(弹簧板)设于桥梁接缝处,硬泡沫塑料板规格尺寸按桥面拼接需要确定,硬泡沫塑料板的拼接应满足相关要求。

(4)钢筋工程施工。

①钢筋笼的加工、运输与吊装。

根据工期要求和现场实际情况,钢筋笼可在钢筋加工厂预制或在桥上绑扎施工。由于高速铁路工程施工工期短,为了缩短工期,加快进度,钢筋笼采取在钢筋加工厂预制、拖车运输至桥下、吊装至桥面组装连接的方案施工。

②剪力筋的安装。

桥梁固定齿槽内剪力筋因架梁运梁的需要，分为梁内和底座板内两部分。桥内部分（含套筒）在梁场制作时预埋在箱梁顶板的齿槽内；底座板内部分在底座板施工时用套筒连接，伸入底座板钢筋内。剪力筋制作长度应根据底座板超高设置及现场预埋套筒高低情况"量身定做"，以避免安装后过高或过低，影响"两布一膜"和硬泡沫塑料板的结构筋受力。安装时应将剪力筋护紧到位，确保安装质量。

③钢筋笼的安装。

根据钢筋笼方向和位置安放钢筋笼并进行连接。检查钢筋绝缘情况，清理底座板范围内杂物，准备浇筑混凝土。

④测温电偶的安装。

在每个底座板浇筑段安装温差电偶（镍-铬-镍）（距梁缝10 m处，为避免安装后过高或过低问题，安装时应确保剪力筋护紧到位），用于结构的温度测量。

⑤装钢筋连接器。

钢筋连接器在桥下预制，安装时整体吊装上桥，在钢筋笼安装初期安放到位。

⑥钢筋及模板检查验收。

主要检查项目包括钢筋保护层厚度、模板水平位置和高程，检查模板安装的稳固性，应满足摊铺整平振捣机操作需要。检查后浇带预留缺口宽度与是否符合设计要求。检查钢筋连接器是否与主筋连接牢固，各接触点绝缘隔离是否符合要求。综合检查验收后，应对底座板施工范围进行清理，同时采用强力吹风机吹除模板范围内的灰土或其他轻质污染物。

⑦支立底座板模板。

混凝土底座板模板采用型钢加工专用钢模，并满足普通地段和曲线超高地段的模板拼装需要，模板组合高度宜略低于底座板设计厚度（一般为20 mm左右），以适应线路曲线超高变坡和梁面平整度情况。

(5)底座板混凝土施工。

①混凝土浇筑。

底座板混凝土灌注施工采用混凝土泵车泵送入模。混凝土入模后，前面混凝土振捣采用人工插入式振捣器捣固，后面采用混凝土摊铺整平机摊铺并整平混凝土面。超高地段底座板施工，混凝土摊铺整平过程中须用人工不断补充超高范围混凝土,最后用摊铺机来回两遍整平压实。混凝土的养护须紧跟底座板施工,整段混凝土完成后再正式覆盖土工布和塑料薄膜以实现保湿养护。

②底座板混凝土的检查验收。

底座板施工完成后应进行混凝土施工质量检查、中线和高程测量检查,根据检查验收结果进行相应处理。处理方法如下:对高程误差大于 8 mm 的底座板区域表面要进行削切处理(宜使用混凝土削切机,如使用打磨机,则须进行表面再刷毛操作),确保 CA 砂浆厚度至少为 20 mm 的要求。

(6)临时端刺的施工。

临时端刺区长度约为 800 m,其施工工艺与常规区底座板的施工工艺要求基本相同,主要区别在于平面及结构布置上。

①BL1 后浇带设置位置及形式与常规区相同,BL2 后浇带只有临时端刺区才有,设置于梁上固定连接处。

②连接方式的区别:常规区底座板 1 次性连接;临时端刺区底座板分 4 次连接,且各次连接时间间隔较长。

③临时端刺区底座板连接有严格的顺序要求。

④底座板施工基本段长度有所区别,常规区底座板以 1 孔梁为 1 个基本段,设 1 个 BL1 后浇带;临时端刺区分 5 段,包括 2 个 220 m 段(LP1 及 LP2)、2 个 130 m 段(LP4 及 LP5)及 1 个 100 m 段(LP3),共设 4 个 BL1 后浇带。

(7)底座板连接施工。

板连接时混凝土强度必须达到 20 MPa,连接操作是围绕并确保板内 20 ℃时零应力状态而进行的连接筋张拉施工。所有类型单元段底座板的连接施工均须在温差较小的 24 h 内完成。

6.1.1.3 轨道板粗铺

底座板及后浇带混凝土强度大于 15 MPa,且混凝土浇筑时间大于 2 d,可粗铺轨道板。

粗铺顺序为先临时端刺,后常规区。其工艺流程为:复测设标网→轨道板运输→安装定位锥和测设 GRP 点→测量标注轨道板板号→轨道板吊装→轨道板粗铺定位→放置支点木条。

1. 轨道板的运输

轨道板采用专用拖车运输。粗铺板前铺板施工单位根据轨道板的使用范围及运输距离(板厂至工地)以及临时存放地点制订计划,提前提交给轨道板生产厂,以便及时安排轨道板的生产及运输。

2. 轨道板粗铺前准备

(1)测设 GRP 点前,应对设标网进行联测检查,防止误用被破坏或触动变位(防撞墙、遮板等施工造成的)的设标网点支架而形成错误的测量数据。

(2)安装定位锥和测设 GRP 点(在超高地带,应设于轨道板较低一侧)。定位锥安装时采用手持电钻钻孔,用鼓风器将孔内粉尘吹干净,利用树脂胶固定精轧螺纹钢,以此固定定位锥。定位锥锚杆为直径 15 mm 的螺纹钢筋,螺距 10 mm,长 550 mm。

(3)轨道板粗铺前,测量确定各编号轨道板的位置,并在底座板上用墨线标示,同时标注轨道板编号(也可不使用定位锥,直接在底座板用墨线标出轨道板四边轮廓,以确保粗放精度,提高后续精调速度)。

3. 轨道板吊装

吊装方案依据现场具体情况确定。便道不能靠近桥梁时,可将轨道板运至桥下相对固定位置,用塔吊或汽车吊吊至桥面运板车上,桥上运板车再纵向运输至安装位置并吊装到位;沿桥有纵向贯通便道时,可将轨道板直接运至桥下沿线存放,在铺板时用桥上悬臂龙门吊吊装上桥,个别地点运输便道不能靠近桥梁时,桥下吊车提升轨道板上桥后纵向移动到位。

4. 轨道板粗铺定位

轨道板落放前,应有专人核对轨道板编号与底座板标示号是否一致,确保轨道板"对号入座"。然后根据定位锥确定轨道板平面粗放位置并完成粗放。其中各类(BL1 及 BL2)后浇带处轨道板,可先铺在设计位置上,待测量完成且有关施工机械通过后于底座板连接前再用吊架吊出,置于前(后)方轨道板上(叠放)并在精调前回铺。

5. 粗铺板的支点设置

每块板粗放板支点应为 6 个,支点材料为 2.8 cm 厚的松木条,板块两侧前、中、后各 1 根,木条应紧靠精调千斤顶铺放。轨道板粗放时,板前、后端支点(4 个)先设置到位,轨道板中间部位支点木条在粗放板后楔入,且支点应设于预裂缝下,以免造成轨道板不规则开裂。轨道板在粗铺前应将每个精调爪位置处预先粘贴弹性密封止浆垫(泡沫塑料),止浆垫为 U 形结构,其厚度为板缝厚度的 1.5~2.0 倍,确保铺板后压实密封不漏浆。

6.1.1.4 轨道板压紧

为防止灌注水泥沥青砂浆时轨道板上浮,精调完成后设置轨道板压紧装置。一般情况下,固定装置安装于轨道板的两端中间,当曲线位置超高达到 45 mm 及以上时,轨道板两侧中间部位增加设置固定装置。压紧装置由锚杆、L 形钢架及翼形螺母组成,锚杆锚固深度应为 100～150 mm,采用植筋胶锚固,锚固完成的锚杆应确保处于垂直状态。压紧装置施工前,应进行锚杆抗拔试验。水泥沥青砂浆灌注并硬化后将压紧装置拆除。

6.1.1.5 轨道板封边

轨道板精调完成并压紧固定后进行轨道板封边施工。封边前应将板下灰尘吹除干净,同时对板封边范围进行预湿(以保证封得牢固)处理。封边施工沿轨道板四周的 40 mm 进行。

1. 轨道板纵向两侧边缝封闭

采用水泥砂浆,封边砂浆须满足稳定性及密封性要求,同时应保证拆封后外观整洁要求。封边前首先要将底座板清扫干净,用水湿润,然后采用一块薄铁皮沿轨道板侧面将空隙封堵,然后将拌好的砂浆呈三角状将底座板及轨道板侧面封堵,采用铁皮封堵是为了避免砂浆侵入轨道板。轨道板封边时应在两侧面预留 6 个(每侧 3 个)排气孔,孔径为 25～30 mm,孔位要避开精调千斤顶周围的止浆垫位置。封孔时待水泥沥青砂浆从孔内流出,判定灌浆饱满后采用专用孔塞或泡沫材料填充塞紧,防止漏浆。

2. 轨道板端部(板间)封边

端部封边材料的性能应具有结构作用,采用横向封边,采用迈克斯特砂浆将两轨道板的接缝进行填塞,垫层砂浆的注入量应超出轨道板底边至少 2 cm。

6.1.1.6 轨道板垫层砂浆灌注

轨道板下水泥沥青砂浆灌注应坚持"随调随灌"的原则,其施工应紧随精调完成之后进行。

1. 垫层砂浆灌注前施工准备

(1)轨道板几何位置的确认。

垫层砂浆灌注施工前,应对精调完成的轨道板进行空间位置检查确认。对精调完成的轨道板段进行平顺性检查。检查通过的方可进行砂浆灌注施工。

(2)底座板表面预湿。

用带有旋转平面喷头的喷枪进行雾状施作,分别从三个灌浆孔伸入轨道板将其下浇湿。

需根据培训操作中的经验掌握各种温度环境下的喷浇时间,保证底座板湿润。

2. 砂浆材料的运输及拌和

移动砂浆搅拌车均由仓储地点加料(一般一次加料可灌注8~10块板),运输至工地拌和。每个灌浆作业面一般配置2台移动砂浆搅拌车,搅拌灌浆与加料(运输)交替进行。为了减少搅拌车回站加料耽误时间,也可采用专用车辆运输、现场直接加料的方式。但要求运输车辆设有相应的降温(如空调)及保温措施。

(1)砂浆拌和。

每次灌注施工前均应进行砂浆试拌和,测量其扩展度、流动度、含气量、砂浆温度等指标,以微调并确定砂浆配合比。各项指标合格后即可进行轨道板垫层灌注施工。

(2)砂浆的垂直运输。

砂浆拌和完成后,将砂浆倒装于砂浆中转罐中,吊车(或桅杆吊)吊运上桥直接灌注。

不具备使用吊车灌注的,可采用悬臂龙门吊直接从桥下固定点提升上桥,移动至灌注地点进行灌浆作业。

3. 轨道板砂浆垫层灌注作业

(1)灌注砂浆。

在砂浆灌注地点,先将土工布铺在轨道板上,同时插好灌浆漏斗,防止砂浆从灌浆孔溢出,污染轨道板。将灌注软管出口对准轨道板中间灌浆孔,开启出料调节阀,进行灌浆施工。灌浆过程中,应对侧面封边砂浆的排气孔进行观测,排气孔冒出砂浆后,用泡沫材料或腈纶面塞住排气孔,同时观察灌浆孔内砂浆表面高度的变化情况,应确保砂浆面至少达到轨道板的底边且不能回落时,灌浆过程才可告结束。在曲线超高地段灌浆时,应加高灌浆护筒,使砂浆液面略高出底边,以保证砂浆饱满。砂浆中转仓运回地面经清洗后方可再次使用。

(2)封闭灌浆孔。

封闭灌浆孔时,将灌浆孔中多余的砂浆凿除掏出,使砂浆表面距轨道板顶面保持在约 15 cm 位置,为保证封孔混凝土与垫层砂浆的良好连接,在垫层砂浆轻度凝固时将一根 S 形钢筋从灌浆孔插入至垫层砂浆中。灌浆孔用轨道板同级别混凝土封闭,抹实压光,并用专用工具压出与预裂缝顺接的凹槽,及时洒水覆盖养护。养护完成后用砂轮机磨光,确保外观质量的美观。

4. 砂浆车搅拌机的清洗

砂浆车搅拌机由于加料等原因不能连续拌和施工时,应及时对搅拌仓进行清洗。清洗可利用加料等待时间进行。清洗时应注意清洗污水的处理排放。

6.1.1.7 轨道板缝连接

轨道板纵向连接至少应以单元施工段为基本段落,精调单元段内轨道板的连接分批进行。

靠近临时端刺区 240 m 的常规区为过渡段,此段在临时端刺后浇带尚未完成全部连接前(即临时端刺未与下一段底座板连接前)只可进行窄接缝灌注施工,不进行张拉锁拧紧及宽接缝灌注(砂浆)施工。其余单元段内完成精调的轨道板可进行规定内容的纵向连接施工。过渡段内轨道板的纵向连接待临时端刺后浇带全部连接完成后施工。轨道板纵向连接的程序为:拧紧张拉锁→安装接缝钢筋→浇筑接缝混凝土→接缝混凝土养护。

1. 轨道板窄接缝

水泥沥青砂浆灌注完成并达到 7 MPa(约 7 d)后,即可进行窄接缝施工。施工前,应将连接缝区表面清除污垢,其后,在轨道板窄接缝处侧面安装模板(用螺杆拉紧),向窄接缝灌注砂浆(可使用垫层砂浆,需调整改变稠度),灌注高度控制于轨道板上缘以下约 6 cm 处。灌注完成后应及时养护。

2. 轨道板纵向连接

垫层砂浆的强度达到 9 MPa 和灌注窄接缝砂浆强度达到 20 MPa 时可对轨道板实施张拉连接。张拉锁拧紧施工通过扭矩扳手操作,拧紧标准为 450 N·m。张拉施工从拟连接段落中间开始,从中部向两端对称同步进行。轨道板中共设有 6 根张拉筋,先张拉轨道板中间 2 根至完成,其后由内向外对称张拉左右筋各 1 根至完成,最后张拉剩余 2 根。

3. 轨道板宽接缝施工

(1)配置钢筋。

每个宽接缝安放两个钢筋骨架,附加一根直钢筋定位,定位钢筋装在横向接缝的上方,定位筋与配筋间用绝缘丝绑扎防止移位。

(2)宽接缝的混凝土灌注。

使用 C55 混凝土灌注(可视需要添加抑制剂和蓬松剂)。混凝土集料粒径为 0~10 mm,混凝土要具有较小的坍落度,以避免超高区域内"自动找平流坠"现象。宽接缝混凝土灌注施工时,应在宽接缝上方设置灌注斗槽以保证混凝土灌注口附近范围外观整洁,混凝土采用插入式振动器捣实,混凝土表面抹至与轨道板表面齐平。

(3)灌浆孔的填充封闭。

使用与宽接缝灌注材料相同的混凝土填充,与宽接缝施工一同完成。施工时应特别注意外观质量并顺接压出预裂缝,保持轨道板外观整洁。

(4)混凝土的养护。

新填充的混凝土应及时养护。用薄膜覆盖并要防止滑脱。养护期一般为 3 d 左右。

6.1.2 路基上无砟轨道施工技术

1. 路基支承层混凝土施工

(1)安装钢模板。

安装钢模板前先清扫基层,再用墨斗线弹出混凝土支承层的边线,然后根据模板支撑杆的长短用电钻在防冻层上打眼,孔间距 100 mm,孔径 25 mm,孔深约 200 mm,孔内插入直径 20 mm 的钢筋头,并用树脂胶泥固定,然后与模板支撑杆连接。模板安装要稳定牢固,相邻模板间平面及高低错缝不得大于 1 mm。模板安装每隔 5 m 必须标出高程控制点。钢模板须加工成路桥通用且可调节,每块长 3 m,模板顶部按设置振捣梁要求进行设计和施工,两槽钢间用螺栓连接,槽钢间夹软橡胶板。

(2)混凝土灌注施工。

混凝土罐车直接开上路基,利用溜槽将混凝土送入模内,混凝土的入模温度控制在 5~30 ℃,混凝土的自由倾落高度不得超过 1 m,混凝土用插入式振捣器振捣,振动梁提浆整平,人工抹出 4% 的顺水坡,混凝土稍收水后用毛刷或黄麻布拉毛。

(3)横向切缝。

混凝土支撑层浇筑24 h之内要按设计进行横向切缝,切缝间距一般为5 m(不大于5 m,不小于2 m),切口深度为不小于厚度(30 cm)的35%。切口位置尽量与板块施工接缝位置一致,每天施工结束时接缝位置应安排在切口位置或距切口2.5 m处。

(4)质量标准及验收方法。

①模板安装工程每20 m检查一处,检查项目如下。

中心位置:允许偏差10 mm(全站仪检查)。

顶面高程:允许偏差±5 mm(水准仪检查)。

平整度:允许偏差5 mm(2 m靠尺和塞尺检查)。

内侧宽度:允许偏差10 mm(尺量检查)。

②混凝土外观验收每20 m检查一处,混凝土表面应平整、密实、色泽均匀,不得有蜂窝、疏松和缺棱掉角等缺陷,检查项目如下。

厚度:允许偏差±30 mm(尺量)。

中线位置:允许偏差10 mm(全站仪检查)。

宽度:允许偏差15 mm(尺量)。

顶面高程:允许偏差±5 mm(水准仪检查)。

平整度:允许偏差7 mm(4 m直尺检查)。

2. 过渡段端刺及摩擦板施工

(1)端刺基础及竖墙施工。

①根据设计要求按级配分层填筑路基填料,并用压路机碾压密实。当路基填筑至端刺底座板设计底标高后,先在端刺底座板范围施工10 cm厚混凝土垫层,垫层混凝土达到一定强度后在其上绑扎端刺底板钢筋并立模,然后浇筑端刺底板混凝土,并埋设端刺竖墙纵向钢筋。模板采用竹胶板带木结构,以PVC管穿钢筋作为拉杆,保持模板体系的稳定。

②端刺底板浇筑完成并达到一定强度后施工端刺竖墙。施工过程中注意二次浇筑混凝土接面凿毛处理,清理干净,并在浇筑前洒水润湿,确保混凝土施工质量;注意端刺竖墙钢筋后期与摩擦板钢筋相连,所以竖墙预埋钢筋的高程应严格控制,考虑路基沉降,应略高于设计标高。

③竖墙混凝土拆模并达到一定强度后,再分层填筑路基至摩擦板底标高,对预留外露钢筋需用塑料薄膜包裹,防止氧化生锈。

④为防止路基填筑中振动对端刺结构造成破坏,以下部位在填筑时采用小型冲击夯夯填:在填筑底板侧边时,周围填土1.5 m;在填筑竖墙侧边时,底板顶

填土小于 1 m,竖墙周围填土 2 m。

(2)摩擦板施工。

过渡段路基土堆载预压完成并验收合格后,测放中心线及标高,准备摩擦板施工。摩擦板下的锯齿部分施工时,直接从路基顶面按照设计要求和放样结果开挖至设计标高,然后绑扎钢筋。为防水和保证土模表面平整,土模底部及两侧用水泥砂浆压实抹光,砂浆层厚度约为 2 cm。摩擦板下的锯齿部分钢筋绑扎完成后,直接绑扎摩擦板其余部分的钢筋,同时将侧向挡块即泄水管等预埋件准确安装就位。

安装模板,检查验收合格后,一次浇筑摩擦板所有混凝土,不留施工缝。浇筑混凝土时,先浇筑摩擦板下的锯齿部分,再浇筑端刺板部分。整个浇筑过程需分层振捣密实。表面用抹平器抹平,找出表面四面坡。混凝土浇筑完毕后及时进行洒水覆盖养护。

(3)端刺部分底座板施工。

在摩擦板和路基顶面测放出底座板边线和过渡板边线。在摩擦板上涂抹黏合剂铺设两层土工布,涂抹区域同桥梁顶面底座板滑动层一致。在过渡板范围的级配碎石顶面上,用 C15 混凝土施工台阶状垫层,保证硬泡沫塑料板与底面接触严密。从距端刺竖墙边 50 cm 位置向路基方向依次铺放 3 块长均为 1.5 m、厚度分别为 1.5 cm、3 cm 和 5 cm 的硬泡沫塑料板,顶面及侧面以薄膜覆盖。

立模板后,在摩擦板土工布面上放置混凝土垫块,吊装由钢筋加工场预制的底座板钢筋笼,对模板、钢筋检查签证后,浇筑底座板、过渡段混凝土。

3. 线间堆砟施工

路基混凝土支承层已浇筑完成并经过验收,其强度大于 15 MPa 后,在左、右线支承层之间堆填级配碎石混合物,人工摊平,小型压实机械碾压密实,其压实度为 98%,高度同支承层齐平。

4. 轨道板粗铺

(1)测设 GRP 点和安装定位锥。

利用 PVP 软件计算出三维坐标(每板缝处一个断面),将计算结果 DPU 格式转换成 GSI(徕卡全站仪标准格式)格式,根据放样数据对 GRP 点定位锥坐标进行放样(精度要求小于 5 mm),放出点后在轨道板板缝对应的支承层上写上轨道板编号并及时埋设 GRP 点测钉和定位锥,测钉的埋设要求牢固且不得高于底座板表面,并尽可能铅垂,定位锥锚杆要求垂直于支承层表面。

(2)轨道板粗铺作业。

轨道板运到铺设点后,要对轨道板进行逐块验收。轨道板检测的验收项目:①轨道板的编号是否和支承层上的标示号相符;②轨道板的表面边缘是否有损坏,如有混凝土剥落,深度不得超过 5 mm,面积不得大于 50 cm²;③轨道板的底面边缘是否有损坏,如有混凝土剥落,不得侵入板的边缘 15 mm,长度不得大于 100 mm;④轨道板的承轨台是否有裂纹;⑤轨道板底面精调装置安设部位上的发泡材料模制件是否牢固。

轨道板粗铺前,在混凝土支承层上放置长 30 cm、厚 28 mm 的轨道板粗放支点垫木,每块板粗放支点为 6 个,板块两侧前、中、后各 1 根,垫木紧靠吊具夹爪摆放,板前、后端支点(4 个)先设置到位,轨道板中间部位支点垫木在粗放板后楔入,且支点设于预裂缝下,以免造成轨道板开裂。轨道板精调后再将垫木撤出运到下一个粗铺点。

轨道板粗放时,用吊车将轨道板移至粗铺点正上方,然后将轨道板缓慢放下,此时安装人员在轨道板两端扶住轨道板,一端和已安装好的轨道板对齐,另一端将轨道板的圆形凹槽直接定位在圆锥体上,然后将轨道板放在混凝土支承层的垫木上。

5. 两线间轨道板间混凝土填充封闭层施工

(1)填充混凝土施工。

在所有轨道结构安装完成后,在两线支承层间堆砟顶部轨道板高度范围内,采用 C25 混凝土进行填充施工,混凝土填充层顶面排水坡要与轨道板顺接,并确保混凝土外观整洁美观。

(2)设置混凝土填充层压缩缝与横向切缝。

根据设计,混凝土填充层与轨道板间设置伸缩缝,填充层纵向按每 5 m 设置横向切缝。其中,压缩缝宽 8 mm、缝深 67 mm,施工时用泡沫板等可拆除材料预留形成,待混凝土硬化后拆除。在下部约 55 mm 深度范围的压缩缝内填充砂料,然后灌注热沥青材料,其深度不小于 12 mm;填充层横向切缝深度要求 60~80 mm,施工时通过在切缝处预埋与混凝土填充层等宽的宽 12 mm、高 30 mm 的泡沫板预留上部开槽,待混凝土硬化后补切下部切缝,最后在横向切缝的上部开槽范围内灌注热沥青封闭。

(3)沉降路基地段无砟轨道施工的处理措施。

从沉降观测数据分析,该段由于地质条件差,工程沉降尚未完全稳定,预计工后沉降无法保证在标准规定的 15 mm 之内;为此,对该路基段无砟轨道采取特殊的处理措施。

①素混凝土支承层改为钢筋混凝土支承层。

为在最大程度上减少路基沉降对无砟轨道结构造成的工程病害,设计院在专家会讨论的基础上,对该段路基上无砟轨道支承层进行了配筋设计。

②加密设置沉降观测断面,加强后续沉降观测。

在沉降段支承层施工完毕后,其两侧设置加密观测标,其设置纵向间距为25 m,观测标采用热镀锌钢,顶帽打磨成图钉状,将其设置在距离底座板边缘0.35 m处;观测标埋设完成后至轨道板精调前每周观测1次,精调后每4周观测1次,开通3个月内每2周观测1次,在支承层施工完成、轨道板铺设完成、铺轨完成等节点必须进行观测,分析沉降变化情况,为确定处理对策提供数据依据。

6.2 无缝线路铺设

6.2.1 长钢轨基地焊接

1. 铺轨基地的设置

为确保实现高速铁路指导性施工组织设计关于铺轨工程长轨铺设完成的工期目标,铺轨基地呈"一"字形布置,修建GAAS80焊轨生产线及长短轨存放区。利用100 m定尺轨焊接500 m长轨,设计生产能力为月焊500 m长轨60 km,存轨能力为100 m短轨60 km、500 m长轨250 km,满足在铺轨之前焊接和存放全部500 m长轨的要求。

焊轨生产线采用GAAS80闪光接触焊机及配套焊轨设备。根据高速铁路用60 kg/m、100 m定尺钢轨的高质量特性和长度特点,焊轨生产线依次设除锈、焊接、粗磨、正火、水冷、精磨、四向调直和探伤等7个工位,各工位间按100 m间距布置,以保证焊轨生产时流水作业。短轨区、长轨区分别设1套5台轨行联动门吊和2套各32台固定式联动门吊配合长轨的卸存。生产区贯通布置1832 m长的辊轴输送线。

2. 关键工序及工艺

(1)整码定尺钢轨。

100 m定尺钢轨按生产厂家、轨型、规格分类堆码。钢轨顺联络线平行堆码,按7.5 m间距布置钢筋混凝土台座,层与层钢轨间用方钢管支垫,堆码高度不高于15层。

装卸钢轨轻吊轻放,严禁摔跌、撞击,以防钢轨损伤。堆放要求正向平顺排列,并整齐、平直、牢固,严禁侧向放置以防钢轨扭曲。

(2)选配轨。

将基地入场验收合格的钢轨,根据无缝线路设计图纸,编制配轨。按配轨表的顺序和要求,丈量每根钢轨的长度,挑出伤损轨另行存放,再依次配轨,将选配好的定尺轨吊放于输送支架滚轮上。选配时,将钢轨端面根据实际尺寸偏差进行选配,将断面对称、公差基本一致的钢轨相对焊接,以确保焊接质量。选配轨时应将待焊钢轨分组从堆码场吊装至选配轨平台,轨头向上排列。钢轨检查时应对钢轨高度、轨头宽度、轨底宽度、断面不对称、端面斜度(垂直、水平方向)、端面弯曲、轨身平直度及钢轨表面质量都要全面检查。钢轨不得有拱背、硬弯和扭曲,钢轨母材不得有裂纹、白核、杂夹、灰碴等缺陷。配轨时要考虑轨料情况,短于9 m的钢轨不得焊接;钢轨踏面有深度超过0.5 mm的压痕、结疤等缺陷不得焊接;严重锈蚀、轨端钻孔的钢轨不得焊接,钢种不同的钢轨不得相互焊接;必要时,必须经过试焊,检验合格后方可焊接;两相邻的焊接钢轨作用边要对齐,高度相差应不大于1.5 mm。

(3)轨端打磨除锈。

采用除锈机将轨端500 mm范围内打磨除锈,达到光洁程度,使焊接时电极接触良好,加工好的端面应显出金属光泽,在距端面20 mm以内的钢轨表面应无锈垢,打磨好的端面待焊时间超过24 h或打磨后有水、油、烟、灰污染时,应重新打磨处理。对母材的打磨量不超过0.2 mm,除锈时,严禁横向打磨。除锈打磨结束后,焊接前应再次检查除锈部位的钢轨表面质量,应剔除不合格钢轨。

(4)闪光焊接。

钢轨焊接接头在焊轨机内对中,经过闪光预热、接触顶锻、推凸后完成焊接全过程。焊接前轨温不宜低于10 ℃。焊接接头轨头和轨底、轨底顶面斜坡的推凸余量不应大于1 mm,其他位置推凸余量不大于2 mm。不应将焊渣挤入母材,焊渣不应划伤母材。推凸后、未经打磨处理的情况下,应使用检测直尺(1 m)和塞尺检查接头错边,在焊缝中心线两侧各15 mm的位置测量并计算接头错边量,接头错边量不应超过规定值,对于接头错边量超过最大允许值的焊接接头,应在焊缝两侧各100 mm的位置切掉钢轨焊接接头。

(5)冷却与编号。

将钢轨焊接接头自然冷却至500 ℃以下,对焊头进行编号,用油漆喷号。标识应位于同一侧轨腰、距焊缝 1～3 m 位置。标识应清晰、端正。标识方式应保证每个钢轨焊接接头(成品)能够依各项生产记录或信息实现追溯。

(6)正火。

当轨温降到 300～500 ℃时,用专用的正火设备把钢轨焊接接头加热到 Ac3(亚共析钢)或 AcM(过共析钢),加热至温度为 850～950 ℃。正火完后,用喷风装置对焊缝进行快速冷却,使其轨温快速冷却至 500～550 ℃,以达到细化金属结晶、均匀组织,提高焊缝硬度,减少或部分消除焊接残余应力,改善并提高焊缝及附近粗晶区的力学性能的目的。可利用轴流通风机进行吹风冷却,使钢轨焊接接头温度降至 500 ℃以下。

(7)粗磨。

对焊接接头进行初步打磨,清除轨头、轨腰、轨底和坡角的残余焊瘤。粗打磨的部位是距轨底脚尖端 35 mm 范围内的轨脚上表面焊筋,为避免探伤误判,可以对该范围内的轨脚下表面焊瘤进行打磨处理,轨底下表面焊筋余量不得大于 0.5 mm。接头处的轨底上、下脚应打磨圆顺,打磨时不得伤及母材,打磨后的不平度不大于 0.5 mm。应对焊接接头的轨腰及其上、下圆角,轨头的外侧进行打磨,使得这些部位的不平度不大于 1 mm,并对轨顶面及工作面进行初打磨,使其焊后推凸余量不大于 0.8 mm。钢轨打磨应顺钢轨纵向进行,不得横向打磨。打磨时用力不得过猛,不得冲击钢轨和在钢轨上跳动,打磨量不得过大,严禁打亏,严禁打磨表面发黑、发蓝。

(8)水冷。

对焊接接头较长范围内进行雾和水冷却,使焊接接头表面温度达到 50 ℃以下。

(9)四向调直。

用四向调直机对钢轨不直处进行校直,使钢轨在水平和垂直方向平直度达到要求标准。

焊接接头的轨头工作面经外形精整后,表面不平度应满足:在焊缝中心线两侧各 100 mm 范围内,表面不平度不大于 0.2 mm,轨顶面及轨头侧面工作边母材打磨深度不应超过 0.5 mm。

焊接接头及其附近钢轨表面不应有裂纹、明显压痕、划伤、碰伤、电极灼伤、打磨灼伤等伤损。测量钢轨焊接接头平直度应在温度低于 50 ℃时进行,测量长度 1 m,焊缝居中。平直度偏差的测量位置分别为轨顶面纵向中心线、轨头侧面工作边上距轨顶面 16 mm 处的纵向线,测量应以焊缝中心线两侧各 500 mm 位置的钢轨表面作为基准点。

(10) 精磨。

用精磨机对轨头及工作面进行打磨,使其直线度达到要求标准。精磨的长度不应超过焊缝中心线两侧各 450 mm 限度,外形精整不应使焊接接头或钢轨产生任何机械损伤或热损伤,不应使用外形精整方法纠正超标的平直度偏差和超标的接头错边。

(11) 探伤。

用钢轨探伤仪检查焊接质量,检查内部是否有裂纹等缺陷存在。探伤前应对探测系统校准,探伤时焊接接头的温度不应高于 40 ℃,当焊接接头温度高于 40 ℃ 时可浇水冷却,浇水冷却时的轨头表面温度应低于 350 ℃,扫查前检查侧面表面粗糙度,应无锈蚀和焊渣,打磨面应光滑,打磨范围应能满足探伤扫查需要。探伤应填写探伤记录,包括仪器、探头、焊接接头编号、测试数据、探伤结果及处理意见。

(12) 长钢轨验收及分区存放。

对焊接后的长钢轨进行全面检查,填写质量证明书。对验收中发现的问题应及时进行处理。长钢轨基地存放时,应轨面平整、排列整齐、堆放牢固。分层堆码时,层间必须平直,不得窜动,上、下层间 50 mm 方钢管安放应对齐、稳定、牢固。堆码层数及钢轨根数由存轨台的存载能力、取材方便和稳定性决定,但最多堆码不超过 12 层。层与层长钢轨之间用方钢管支垫,上下对齐。

6.2.2 长钢轨现场铺设

1. 施工准备

500 m 长轨铺设是在区间无砟轨道或无砟道岔完成并达到过车条件后再开始。施工准备工作包括如下。

①WZ500 型无砟轨道铺轨机组的安装调试。利用铺轨基地轨道联络线或调车线,对 WZ500 型无砟轨道铺轨机组进行安装、调试,对铺轨牵引车及分轨器、锁轨装置等进行工艺检验。

②铺轨地段无砟轨道或无砟道岔施工质量达到铺轨条件的确认。由建设单位组织监理、咨询及施工单位共同确认无砟轨道或无砟道岔施工达到铺轨条件。

③建立行车安全管理体系,组建前方站,制订并实施工程线运输管理办法,与各单位签订安全配合协议,确保行车与施工两不误。

④依据设计编制配轨图,配轨图应考虑道岔、信号绝缘、路桥过渡段及最小铺轨长度等因素。

⑤依据配轨图,编制装车计划。

2. 长钢轨吊装

基地长钢轨吊装时,按每人负责 2~4 台门吊均匀分布。长钢轨存放龙门吊设计为集中联控,可同步起落、横移。长钢轨吊起后,龙门吊控制室按现场指挥人信号,将长钢轨横向移动到位,并统一走行、升降、下落就位。长钢轨吊运时各台龙门吊动作一致,缓起缓落,保持钢轨基本平稳。长钢轨下线作业和装车作业时,与本作业无关的人员不得随意进入现场,严禁穿越已起吊的长钢轨。

长钢轨装车堆码整齐,按顺序编号,左右股对称放置,以方便出轨拖拉。长钢轨装车时,顺铺轨方向端对齐,并相互锁合,轨端头设挡,防止钢轨运输途中窜动。基地长钢轨每日装车作业完毕后,由铺轨基地指令人员与铺轨组指令人员相互签认交接记录,交接记录包括所装长钢轨数量、长度、编号和装车时间、交接人员等相关内容。

3. 长轨列车运输

长轨列车按行车管理办法由铺轨基地向区间铺轨地点推送运输,长轨列车通行,区间线路封锁单线。长轨列车推送行车速度不大于 30 km/h,接近铺轨地点 1 km 时减至 5 km/h,由调车人员引导列车至铺轨地点。

4. 500 m 长钢轨铺设

①轮胎式铺轨机和钢轨导向车预先在铺轨起点处等待,待长轨运输车进入区间后,DF4 机车推送长轨运输车与钢轨导向车连接。

②人工从铺轨机上将牵引绳经钢轨导向车引入长轨运输车,并按预定顺序分左右两股各挂住钢轨轨头,车上人工配合拨轨和拖轨,同时卸钢轨扣件、支垫滚筒。

③铺轨机向前走行,牵引长轨经钢轨导向车和后引入未铺地段轨道板承轨槽,之后向前走行铺入线路。

④拆除牵引绳和支垫滚轮,按 1/2 上齐并拧紧轨枕扣件,用锯轨机锯平钢轨接头后,用无孔夹板连接钢轨接头。

⑤机车推送长轨运输车向前走行,进入下一对钢轨铺设。

⑥后续人员补齐扣件,以保证工程列车通行 45 km/h 的安全。

⑦铺轨时按 1.5 km(单元轨节长度)加入短轨头,根据实测轨温计算单元轨

节钢轨锁定时的预留伸长量,扣除焊接顶锻量和轨缝值后得出短轨头的长度,以避免钢轨焊接和锁定时长钢轨大范围串轨。

5. 长轨列车返空

长轨列车返空时按牵引行车,最大行车速度为 45 km/h,区间封锁单线行车,车站内调车速度不大于 15 km/h。

6.2.3 无缝线路焊接锁定

1. 施工方案

高速铁路采用 500 m 长钢轨一次铺设跨区间无缝线路。长钢轨铺设,除道岔区外,长钢轨单元焊接头和锁定焊接头一般采用 K922 移动焊轨车焊接,先期将 500 m 长轨焊接成 1500 m 的单元轨节,再将 1500 m 的单元轨节焊接成跨区间无缝线路,根据投标承诺和节点工期,投入 2 台移动焊轨机紧随长轨铺设进行无缝线路单元轨焊接、无缝线路锁定和焊接施工。

2. 工艺要点

(1)K922 移动焊轨车焊接长钢轨。

长轨移动闪光焊接在铺轨一定数量后,利用长轨列车行车间隙进行,顺铺轨方向依次进行,焊轨时需要在线路两端设置防护,以保证施工设备及人员安全。

①施工准备。人工使用丁字扳手全部松开距待焊接头 10 m 及前 1 根 500 m 长轨的轨枕扣件,通常左右股 2 根钢轨同时进行,校直钢轨;按 10 m 间距在前方钢轨下支垫滚筒,在待焊接头两端各 10 m 处设位移观测点,以检查焊接时钢轨的相对位移和实际顶锻量。

②轨端打磨。对两焊接轨端面、焊机电极钳口轨腰接触区打磨至呈现光泽,对有缺陷的钢轨端头用锯轨机切割,调整焊缝在两个承轨台中间。

③钢轨焊接。在钢轨下加楔子将两焊接轨端抬起 15 cm 的高度并调平,便于焊机对位夹轨。轨道车推进移动焊轨车初定位,由吊机的液压系统吊起焊机精确定位,焊机夹紧钢轨并自动对正后自动焊接钢轨、顶锻并推除焊瘤,完成钢轨接头焊接后,移动焊机退出焊接位置。

④钢轨正火。在焊接接头不受拉力的条件下有用氧炔焰正火,正火温度为 (900±50) ℃,正火时间及相关要求按焊接形式检测确定的工艺。

⑤移动焊机前移。钢轨焊头轨温降到 350 ℃ 以下时,拆除轨下支垫及滚轮,按 1/4 上齐钢轨扣件并拧紧螺栓,移动焊机前移进入下一焊接接头作业。之后,

继续补齐钢轨扣件,以保证工程列车通行安全。

⑥钢轨打磨。在焊缝温度低于300 ℃时进行焊头打磨,打磨过程中保持轨头的外形轮廓。焊头打磨长度不超过焊缝两侧各450 mm的限度,轨底上角、下角应打磨圆顺。采用手砂轮纵向打磨焊接接头,使火花飞出方向与钢轨纵向平行,打磨过程中砂轮不得在钢轨上跳动,以防冲击钢轨母材。使用仿形打磨机将焊缝及焊缝两侧1 m长度范围内的轨顶面、轨头内侧面进行精细打磨,打磨时钢轨温度不大于50 ℃。

⑦钢轨探伤及线路整理。利用便携式超声波探伤仪检查焊缝质量,检查焊接接头平整度,喷焊接接头流水号。

(2)无缝线路长钢轨焊接锁定。

①施工准备。人工拆除单元轨节范围内全部轨枕扣件和绝缘垫片,按10 m间距支垫滚轮,使钢轨处于"无阻力状态",按300 m间距安装撞轨器,在钢轨轨腰上每间隔100 m安装一个轨温器,以便确认锁定轨温。

②应力放散。当待实测轨温处于设计锁定轨温范围内时,利用撞轨器向道岔轨方向撞击,并配以橡胶锤敲击钢轨轨腰,使钢轨释放应力处于自由状态。按100 m间距设置钢轨移动量检查点。在撞轨过程中,检查各点钢轨移动量一致或最大偏差不超过2 mm时,可视为长钢轨应力为零。

③线路锁定。查看钢轨轨腰轨温计的温度,当实际轨温在锁定温度范围内时,及时拆除支垫滚轮及撞轨器,上齐轨枕扣件和绝缘垫片,每隔100 m利用一台定扭矩的内燃扳手对钢轨沿线的扣件进行紧固,并拧至规定扭矩值。

④设置线路标志。设置位移观测桩,粘贴位移标尺,清理线路。

⑤长钢轨锁定焊接。全部松开下一对单元轨节的钢轨扣件,支垫滚轮、撞轨,并进行钢轨锯切,保证焊缝处于两承轨台之间,离承轨台的最小距离为100 mm。之后按长钢轨焊接工艺完成长钢轨锁定焊接。

⑥进入下一对单元轨节锁定焊接施工。

(3)无缝线路长钢轨低温锁定施工。

①施工准备。

无缝线路长钢轨低温锁定由区间或股道的一端向另一端施工。

a.人工拆除起点处一对100 m拉伸锚固轨和与其连接的单元轨范围内全部钢轨扣件和绝缘垫片,按10 m间距支垫滚轮,使钢轨处于"无阻力状态"。

b.在钢轨轨腰上每间隔100 m安装轨温器,查看轨温。

c.在单元钢轨上按200~300 m间距安装撞轨器,并向锁定施工前进方向进行撞轨,使 100 m 轨和 2000 m 轨之间留有一定的缝隙。

②起点处 100 m 拉伸锚固轨锁定焊接。

起点处拉伸锚固轨不能提供拉伸反力,不能采用拉伸法锁定,在低温条件下进行区间锁定时,道岔钢轨不能进行拉伸。因此,100 m 拉伸锚固轨采用加热的方式使钢轨伸长,达到锁定轨温的长度。

a. 用锤敲击钢轨轨腰使钢轨在滚轮上伸缩进行应力释放,使钢轨处于"无阻力状态"。

b. 在钢轨沿线路方向两端和中部设位移观测点,查看钢轨伸长量。

c. 每隔 5 m 用 1 个煤气喷枪对钢轨来回循环加热,观察轨温表的轨温显示和钢轨伸长量。

d. 当钢轨伸长量达到计算量且钢轨温度达到锁定轨温上限时停止加热,迅速取出滚轮使钢轨落槽,并上紧扣件对钢轨进行锁定。

e. 利用 K922 接触焊机对 100 m 拉伸锚固轨与前端的单元轨进行焊接。

③单元轨应力放散。

a. 利用撞轨器向施工反方向进行撞轨和敲轨,使钢轨处于当前轨温的自由长度,在 2000 m 单元轨前端安装钢轨拉伸机。

b. 每隔 100 m 根据拉伸长度要求设置一个钢轨观测点,以便确认钢轨的均匀拉伸和钢轨拉伸量。

c. 在拉伸钢轨的同时,辅以撞轨器向锁定施工前方方向撞击,并配以铁锤敲击钢轨轨腰,使钢轨在拉伸时均匀伸长。

④线路锁定。

a. 观测钢轨拉伸过程中每个观测点的位移量,当钢轨拉伸量达到计算要求时,停止拉轨,取出钢轨下面的滚轮。

b. 拆除支垫滚轮及撞轨器,上齐轨枕扣件和绝缘垫片,每隔 100 m 利用一台定扭矩的内燃扳手对钢轨沿线的扣件进行紧固,并拧至规定扭矩值,完成 2000 m 钢轨的应力放散和锁定。

c. 拆除钢轨拉伸机,转移至同线另一根钢轨上进行应力放散和锁定。

d. 设置位移观测桩,粘贴位移标尺,清理线路。

e. 两单元轨之间钢轨焊接时,焊缝应设在两承轨台之间,离承轨台的最小距离为 100 mm。

6.2.4 无缝线路钢轨预打磨

钢轨预打磨对高速铁路开通运营后的养护维修和增长钢轨使用寿命具有重大意义。我国铁路既有线进行的钢轨打磨多属于修复性打磨,是对钢轨使用过程中产生的缺陷予以消除。开通运营前进行的钢轨预打磨是一项全新的技术课题,工作的目的是要消除钢轨表面的缺陷,提高轨道的平顺性,既是提高钢轨使用寿命的需要,也是提高车辆安全和行车舒适度的需要。

在德、法、日等铁路发达国家,钢轨预打磨的技术已经非常成熟,因此,高速铁路钢轨预打磨就是借鉴国外技术、引进国外先进设备来修建我国的高速铁路。

1. 施工准备

(1)初步完成轨道线性精调,动态列车检查 2 级以上不合格项全部消除。

(2)检查并打磨钢轨焊接接头,钢轨焊接接头表面不平顺度为 0～0.3 mm。

(3)完成钢轨打磨列车调转,选择不少于 500 m 的线路,进行钢轨试打磨,确定打磨参数。

(4)清除拟施工地段沿线的障碍物,特别是易燃易爆物。

2. 打磨施工

按要求完成对钢轨的 4 遍打磨。即根据每天的作业时间,确定每天完成的长度,保证每千米能连续打磨 4 遍,做到打一段、完一段。

3. 尾工处理

(1)利用高压风管、毛刷、扫帚将钢轨打磨留下来的铁屑清除出无砟轨道。

(2)重新检查钢轨焊接接头,用仿形打磨机将平整度超限的钢轨接头打磨至合格要求。

6.3 高铁道岔施工

高速 350 km/h 道岔有国外进口的 BWG 道岔,也有国内山桥和宝桥自主研发生产的 350 km/h 道岔,按照施工工艺可以分为长枕埋入式和板式,这两种施工工艺在京津城际和武广高铁均有应用。下面主要就 BWG 道岔的长枕埋入式和板式进行介绍。

6.3.1 道岔运输及就位

6.3.1.1 施工方法

道岔区底座混凝土浇筑完成后,将工厂内预组装合格后的长枕埋入式道岔按钢轨组件长度分为多段道岔轨排,通过拖挂汽车或液压式轴线运输车运输到工地,大吨位汽吊配用吊具梁吊卸道岔轨排,再通过安装在路基或桥梁上的道岔平移台车组将道岔轨排平面推送到铺设位置,最后将道岔轨排连接成整体,开始道岔的进场检查。

6.3.1.2 关键工序工艺要点

1. 施工准备

正式施工之前,应对路基(桥梁)组织验收,接收并复测道岔区及前后 300 m 的基准测量网 CPⅢ网的资料,接收合格的路基沉降评估报告,确定道岔进场方案并修建道岔轨排运输通道,完成测量设备和精调支架系统验证,落实混凝土供应。

2. 底座混凝土浇筑

道岔区底座为 C30 钢筋混凝土结构,随道岔线形呈梯形布置。混凝土采用厂拌混凝土、模筑法连续浇筑施工。道岔区底座混凝土浇捣完成后人工平整并压光抹面,插入剪力钢筋,风镐对底座混凝土表面凿毛。

3. 测量及放样

底座混凝土浇筑完成且终凝后,对道岔铺设基桩进行测量放样。首先采用 TCA1800 以上等级的高精度全站仪、电子水准仪复测位于路基(桥梁)两侧的 CPⅢ基准网,经软件分析复测结果合格后,再根据 CPⅢ基准网复测结果按"全站仪自由设站,后方交会法"对 39 号道岔的岔心、岔尾、岔首、侧股曲线起讫点、过渡段起讫点等铺岔基桩进行放样,并按 5 m 间距向线路两侧外移 1.8 m 加密,铺岔基桩采用特制铜质测钉,以植筋的方式定位于底座混凝土表面。用墨线或油漆标识道岔外轮廓边线、混凝土模板安装位置、纵移台车走行轨道中线、预埋件埋设位置、侧向调节支架固定点等。铺岔基桩高程以电子水准仪测量和复核。

4. 道床板底层钢筋绑扎

清洗底座混凝土表面,铺设接缝滑动膜,用预先加工的钢筋绑扎道床板底层钢筋,钢筋间距采用角钢胎模控制。对处于影响纵移台车走行轨道等后续施工的部分,可调整钢筋间距,或暂缓施工。之后,将道床板面层钢筋放在底层钢筋上方。

5. 道岔平移台车组安装

按道岔设计铺设高程、中线计算平移台车走行轨道的位置和高度。平移台车走行轨道采用工具钢轨铺设,轨道以下按1.0 m间距铺设厚10 cm的方垫木。自下而上依次安装台车纵梁及走行部、横抬梁,之后安装就位设备和横移设备。

6. 道岔出厂验收

工厂预组装是每组道岔在运往施工工地前在厂内进行组装调试,由道岔供货商负责完成。为避免将道岔设计和制造的误差延续到施工工地,施工和监理单位一般派专人驻厂配合出厂验收工作。道岔预组装完成后,按设计规定对整组道岔的各部分尺寸、零件的安装及零部件的偏差进行检查和记录,对各部位尺寸严格按照设计及工厂组装条件进行检查和记录,同时检查道岔上的轨枕间距标记、特殊结构点标记,记录道岔扣件系统所用的弹性基板下橡胶垫板和轨向调节锥的使用情况。

7. 道岔节段运输

18号长枕埋入式无砟道岔组装后的轨排分为3段4节,其中最长节段29.5 m,重约20 t,为导轨区。39号长枕埋入式无砟道岔组装后的轨排分为4段7节,其中最长节段54.5 m,重约42 t,为转辙器。

道岔节段运输为保证道岔节段在运输和吊装过程不变形。根据道岔节段的长度及重量选择不同的运输车辆,30 m以下用拖挂汽车,30 m以上用轴线汽车。运输时,在车体上安装足够刚度的专用托架,道岔节段层与层之间按不小于6 m间距用木枕横向支垫。

运输前预先规划车辆进出通道和吊卸方案,对施工便道及吊装场地加宽加固,办理公路运输超限货物相关手续,临时迁改或拆除障碍物。

8. 道岔吊装及就位

根据轨排节段的长度选用1台或多台200 t级及以上的汽吊吊装道岔,配专用吊具梁,吊具梁上设有多根等距布置的吊索,吊索按对称布置,并保证道岔节段竖向变形不超过1‰、横向变形不超过2‰。如54.5 m转辙器轨排吊装,则需要2台200 t级汽吊配2个吊具梁同时吊装。道岔轨排吊装卸车直接落在提前安装就位的道岔平移台车上,再经人工推送到铺设位置,用无孔夹具和轨距拉杆将道岔轨排连接成整体。

9. 道岔进场检查

道岔运输进场后的检查,在道岔轨排移到铺设位置并适当调整后进行,检查的目的既要验证道岔的工厂组装质量,又要消除运输途中产生的变形。检查的重点包括道岔结构及组成部件的完整性,道岔长度,道岔内部几何状态,转辙器动程、支距等。检查中发现的问题,应及时与供货商沟通并处理。

6.3.2 轨下基础浇筑前道岔线形调整

6.3.2.1 关键工序工艺要点

1. 道岔粗调

道岔粗调是轨下基础浇筑前线形调整的一项基础工作,通常与道岔进场检查同步进行,其轨道方向的调整主要是依据铺岔基标和轨道平移台车组上调整工装完成。

①道岔轨排连成整体后,用L尺逐点检查并调整道岔基本轨方向,高低尽量归零,使道岔面处于顺直状态。

②检查道岔内部几何状态,包括轨距、扣件及钢轨离缝、钢轨接头平顺度、道岔钢轨平齐、工装控制点平齐、道岔曲股支距,对超标处进行调整,补充缺损件,复紧钢轨扣件螺栓。

2. 精调

支架系统安装与轨道平移台车组拆除道岔粗调就位后,按2m左右间距在道岔两侧钢轨外的轨枕空内安装竖向精调支架,辙叉区可适当加密。安装时注意消除各组件间空隙,用水平尺控制竖向精调支架的垂直度。之后,由L尺逐点检查并通过竖向精调支架抬高道岔至设计高度。

自上而下分解拆除轨道平移台车组,同时在道岔两侧钢轨外的轨枕空内安装侧向精调支架。安装时注意消除各组件间空隙,尽量使侧向支架与道岔钢轨垂直,侧向支架基座使用植筋螺栓的方式固定在底座混凝土上。轨道平移台车组拆除完成后,人工使用工具轨组装道岔前后长枕及过渡段双块枕组装成轨排,与道岔连接成整体,同样安装竖向和侧向精调支架系统。

用L尺、道尺检查并通过调整支架系统调整道岔方向、水平度。之后,安装道岔枕上竖向支撑螺杆,同步拆除道岔长枕区竖向精调支架。再次用L尺检查并调整道岔方向、水平度。

通过上述调整工作，一般可使道岔绝对精度控制在 2 mm 以内，最大不超过 5 mm。之后，即可快速完成道床混凝土的钢筋绑扎和模板安装。

3. GRP1000 轨检小车测量方法

GRP1000 轨检小车测量数据在 GRP1000 轨检小车测量之前，道岔及前后各 300 m 范围内的基准测量网 CPⅢ网必须复测完成，且复测成果满足使用要求。将 CPⅢ网测量成果及道岔轨道线形数据输入轨检小车系统软件。

轨检小车与全站仪按"全站仪自由设站，后方交会法"测量。全站仪架设在线路中线上，通过后视线路两侧 8 个 CPⅢ控制点进行自由设站，观测轨检车上的棱镜，之后全站仪将测量数据传递给轨检小车。轨检小车通过自身携带的传感器对轨道的超高、轨距进行测量，之后软件将所有测量数据进行处理，实时形成每个测量点的绝对坐标（竖向、横向）、轨距、方向、高低与设计数据的对照，并通过不同的界面予以显示或输出打印。

轨检小车测量时，一次设站最大测量距离 80 m。前后两次测量的搭接区不小于 5 个测点，同一点不同测站的测量数据不超过 0.5 mm。为保证测量数据的一致性，对道岔进行测量时，轨检小车在轨道上的放置方向应将轨检小车的导向边固定在道岔基本轨上。

4. 精调轨道线形

使用轨检小车辅助道岔线形精调是基于轨检小车可实时测量并显示轨道线形状态。为保证测量数据反映真实的道岔线形状态，在测量之前，应对道岔轨道内部几何进行检查和调整，重点是消除钢轨扣件离缝、工装点不正、钢轨接头不顺、扣件扭矩不足、尖轨不密贴、滑床板与钢轨离缝以及精调支架系统安装不规范等问题。此外，对轨检小车提前检校，清除轨检小车走行轮上和钢轨表面的污垢。精调轨道线形优先从直股开始，直股调整合格后再调整曲股。

①调整前，先前道岔扳到直向定位，检查和调整尖轨到密贴。

②调整从道岔的一端向另一端逐根依次进行，考虑到钢轨的弹性变形，每调整 1 根螺杆前首先测量并调整前 5 根螺杆，之后轨检小车返回第 2 根螺杆进行测量和调整，轨检小车再测量调整第 6 根螺杆，又返回测量调整第 3 根螺杆，以此前推，完成最后的测量和调整。

③道岔直股精调完成后，将道岔扳到侧向定位，检查和调整尖轨到密贴。

④由于道岔转辙器结构的特殊性，道岔转辙器只作测量检查而不作调整，但

测量结果与直向测量结果的相对误差不得大于 0.7 mm,之后从第 41 根轨枕前后开始按②所述方法完成道岔侧向的调整,道岔侧向除岔后短枕区外只检测不调整方向,但测量结果与直向测量结果的相对误差不得大于 0.7 mm。

⑤若调整过程中,道岔侧向方向测量结果与直向测量结果的相对误差大于 0.7 mm,应认真分析原因,特别要注意消除道岔组装偏差或扣件系统使用不正确。

⑥调整过程中,须保持精调支架系统和竖向支撑螺杆、轨距拉杆等支撑牢靠、稳定。

5. 轨道线形测量及评估

每完成一次轨道线形精细调整,对轨道线形进行测量,采用轨检小车测量轨道线形方法同前文所述由道岔的一端向另一端逐根依次进行,为方便各次测量数据的对比和线形调整,测量的位置可固定在岔枕螺栓位置。测量完成后及时输出测量报告,对偏差项目进行调整。一般情况下,连续调整 3~5 遍可使道岔轨道线形达到 1 mm 以内的偏差,即可开始混凝土灌注施工。

6.3.2.2 质量控制措施

(1)每次测量前,通过道尺、弦线检查对比可以检查和校对轨检小车的稳定性和可靠性。

(2)每次调整和测量应选择合适的作业时机,避免大风、雨雪、沙尘及烈日暴晒,否则将影响测量精度,在混凝土浇筑前的最后一次测量,还要根据混凝土开盘时间反推测量开始时间。

(3)道岔调整和测量过程中,尤其要消除精调支架系统、竖向支撑螺杆安装歪斜、部件离缝或安装不稳的问题,尤其要消除轨道内部扣件不紧、钢轨离缝、尖轨不密贴等问题,保证测量结果与实际一致。

(4)道床板混凝土钢筋、模板须避开精调支架系统、竖向支撑螺杆及道岔组件安装,避免施工过程相互碰撞影响道岔稳定。

6.3.3 长枕埋入式道岔板混凝土浇筑

道岔板混凝土浇筑宜在 5~25 ℃晴天少风的天气进行,除冬季外,建议安排傍晚至夜间施工,夜间施工时,应配足照明设施。施工方法:厂拌混凝土,罐车运输,泵送入模,捣固棒捣固,人工抹面。

1. 钢筋绑扎

底层钢筋和面层钢筋分两层绑扎。底层钢筋在道岔轨排粗铺前优先完成。清洗底座混凝土表面,铺设接缝滑动膜,用预先加工的钢筋绑扎道床板底层钢筋,钢筋间距采用角钢胎模控制。对处于影响纵移台车走行轨道等后续施工的部分,可调整钢筋间距,或暂缓施工。之后,将道床板面层钢筋放在底层钢筋上方。面层钢筋在道岔轨排粗调后、精调前完成。先完善道岔底层钢筋,再绑扎面层钢筋。钢筋交叉处采用塑料绝缘卡和塑料扎带隔离和固定。钢筋绑扎过程中,钢筋须绕开道岔组件及精调支架系统,避免相互接触影响道岔线形稳定。钢筋绑扎后,按要求测试绝缘性能。

2. 模板安装

道床板混凝土侧模采用组合钢模板安装,转辙机开槽模板及其他接口模板采用胶合板现场制作安装,安装后的模板须避免与道岔组件及精调支架系统接触。在钢筋骨架与模板安装混凝土保护层垫块。

3. 道岔调整合格

混凝土灌注之前 5 h 以内,再次检查道岔内部几何状态和轨道线形,检查结果确认全部合格后方可进行混凝土的浇筑。

4. 混凝土供应

道床板混凝土浇筑采用的厂拌混凝土,混凝土配合比中适当减少水泥用量,增加 1 级粉煤灰和减水剂的掺量,以减少甚至避免裂纹产生。混凝土加工质量按工艺要求取样试验,测试混凝土泌水性、和易性和坍落度。坍落度值在满足泵送的前提下应尽量小,一般控制在 14~17 cm。

5. 道床板混凝土浇筑

道床板混凝土浇筑通常安排在傍晚或夜间施工(夏季施工),混凝土浇筑周期控制在 6~8 h,应避开高温天气、雨天运输、汽车泵送入模、机械振捣的施工方式。混凝土浇筑应由一端向另一端逐段推进施工。混凝土浇筑前,清洁混凝土模板,涂脱模剂,对支撑螺杆、竖向调节器上的 PVC 管用胶带密封,采用防护罩遮盖道岔钢轨部件、岔枕面,以免造成污染。道床板混凝土采用厂拌混凝土、罐车,混凝土通过移动导管直接注入钢轨内侧岔枕盒内,并左右移动导管。当第二个岔枕盒内混凝土高出岔枕底部时,方可移动导管灌注第二个岔枕盒,以此类推。人工配合扒平、均匀轨枕盒内混凝土,插入捣固棒振捣,对轨枕底部加强振捣,捣固时应防止捣固棒碰撞竖向调节螺杆及其他固定装置。

混凝土浇筑过程中,派专人负责对道岔轨道线形和位置的检查。当道岔线形发生微小变动后,及时调整恢复,若调节支架遭遇意外撞击而使道岔变形时,混凝土浇筑必须马上停止,待测量检查后再恢复浇筑。待混凝土初凝后,及时撤除遮盖在钢轨、岔枕上的防护罩,人工对混凝土表面压光抹面,设置表面排水坡。在混凝土表面喷洒养护剂。

6. 精调支架系统拆除

待混凝土终凝且强度达到 5 MPa 以上后,将长短枕连接夹板螺杆、精调支架系统和竖向支撑螺杆及时松开 1/2~1 圈,混凝土终凝后,及时松开钢轨扣件螺栓,并拆除精调支架系统和竖向支撑螺杆,以免气温变化产生的温度应力造成混凝土表面裂纹。一旦混凝土初凝,初凝依赖于浇筑温度和搅拌设计,垂直螺杆和扣件系统及时放松混凝土终凝后,再拆除模板、调节支架和支承支架,清理道岔区卫生。用土工布覆盖混凝土表面,洒水养护 7 d 以上。混凝土养护期间,严禁行人、车辆在道岔上通过。

7. 模板拆除

混凝土终凝后,拆除混凝土模板。

8. 尾工处理

混凝土终凝后,用土工布覆盖混凝土表面,洒水养护 14 d。精调支架系统、竖向支撑螺杆和模板拆除后,及时清理混凝土表面垃圾,用无收缩修补砂浆灌注孔洞。在混凝土养护期间,严禁行人、车辆在道岔上通过。

6.3.4　Ⅱ型板式无砟道岔安装

6.3.4.1　概况

高速铁路铺设 18 号板式无砟道岔。18 号板式无砟道岔沿用 BWG 道岔系统技术及结构体系,采用德国 BWG 公司原装道岔钢轨及扣件,将长枕埋入式现浇道床结构改为预制板式。18 号道岔全长 69 m,直向过岔速度为 350 km/h,侧向过岔速度为 80 km/h。高速铁路Ⅱ型板式无砟道岔是国际上正式铺设于运营线首组高速板式无砟道岔,也是我国目前铺设的技术含量最高、施工标准最高、施工水平最高的客运专线无砟道岔。

在施工过程中,依靠技术创新,在取得 CRTS Ⅱ 型板式无砟轨道、长枕埋入式无砟道岔技术突破的基础上,研究了道岔板精调施工技术、高性能自流平混凝土配制及工艺技术,以及道岔现场组装及精调施工技术。

6.3.4.2 关键工序施工工艺

道岔板运输及吊铺、道岔板精调、底座混凝土浇筑、道岔组件吊铺及组装、道岔轨道几何精细调整、钢轨焊接与道岔锁定是影响Ⅱ型板式大号无砟道岔施工质量的主要因素,也是施工质量控制的操作要点。

1. 施工准备

施工准备应在施工组织设计的基础上进行,Ⅱ型板式无砟道岔施工涉及面广,配合单位多,相应的各项准备及配合工作也较多。

①路基验收及整修。

为确保满足无砟轨道各部结构的技术条件要求,应对路基采取相应的配合性保障措施。

②CPⅢ网复测。

CPⅢ控制网基点采用后方交会法测量,即CPⅢ控制网与CPⅡ或CPⅠ控制网进行联测,每站测设6对CPⅢ控制点,换站后搭接前一测站3对点,通过最小二乘法获得最合理的联系。

高程测量用电子水准仪进行往返观测,启闭于CPⅠ网点间,单程水准测量闭合差公式为 $a+b\times\sqrt{S}$。其中,控制点允许偏差 a 为0.5 mm,每千米水准线路允许偏差 b 为2 mm;S 为单程水准测量线路长度(单位:km)。平面测量仪器为TCA1800全站仪,高程测量仪器为DIN12电子水准仪。

③线下工程稳定性评估。

因高速铁路无砟轨道对线下工程沉降要求很严,底座混凝土施工前,必须对线下结构进行沉降评估。

2. 找平层混凝土浇筑

路基级配碎石层完成后,模筑法施工找平层C15素混凝土,混凝土表面用简易摊铺机摊铺,钢丝刷拉毛。混凝土终凝后,用切割机设置伸缩缝,土工布加塑料薄膜洒水养护7 d。

3. 测量及放样

为满足大号无砟道岔竣工后轨道线形(轨距±2 mm,水平±2 mm,轨向、高低各2 mm,6.25 m基线)的高精度要求,在大号无砟道岔施工过程中,结合

CRTSⅡ型板式无砟轨道的施工,施工测量包括 CPⅢ点复测、铺岔基标放样、道岔板精调、轨道线形测量等 4 项内容,其中铺岔基标精度为平面 0.2 mm、高程 0.1 mm,道岔板精调精度为 0.3 mm。

① CPⅢ点复测。

CPⅢ控制网基点采用后方交会法测量,即 CPⅢ控制网与 CPⅡ或 CPⅠ控制网进行联测,每站测设 6 对 CPⅢ控制点,换站后搭接前一测站 3 对点,通过最小二乘法获得最合理的联系。高程测量用电子水准仪进行往返观测,启闭于 CPⅢ网点间,闭合差应符合相关要求。

②铺岔基标测量。

铺岔基标的设置原则以满足施工需要为准,通过线路两侧的 CPⅢ控制点进行自由设站,按已经计算好的道岔基标理论值进行放样,每测站放样距离控制在 50 m 以内。在预先安装定位的垫块上,标注完工的找平层上标注道岔板的边角位置,标注 GRP 点点位,采用钻机钻孔、植筋胶结的方式安装铜质基标,通过 CPⅢ网复测建立 GRP 测量网。其施工精度为:两邻点位平面精度 0.2 mm、高程 0.1 mm。

4. 钢筋绑扎及支承垫块安装

找平层混凝土浇筑完成,达到高程±20 mm、平整度 7 mm/4 m 并拉毛处理后,待强度达到 20 MPa 以上,人工用预先加工的钢筋绑扎底座混凝土钢筋网,钢筋下支垫 50 mm 厚的砂浆垫块。钢筋纵横交叉点处用绝缘卡进行隔离,加塑料扎带绑扎固定。钢筋绑扎完成后,按要求进行绝缘测试,测试方法及要求同 CRTSⅡ型轨道板施工。

安放混凝土支承垫块的方式为:先采用早强、黏结性好的砂浆在支承垫块的安放位置铺设一层 2 cm 厚的砂浆垫层。安放垫块时需特别注意垫块预埋的钢筋必须要和底座钢筋保持绝缘。对影响垫块安装的钢筋可适当调整间距以避开。

5. 道岔板运输

板式无砟道岔板长 3.88 m,宽 3.64 m,重达 9 t,为非预应力钢筋混凝土结构,在运输及吊装过程须按 3 点支撑理论支垫道岔板,用 4 块 20 cm 见方的硬木块并行排放,层与层道岔板的支垫木块对齐布置。

道岔板委托大件运输公司用 30 t 平板汽车从预制板厂运输到施工工地。每台 30 t 平板汽车可装道岔板 3 块,每块轨道板间按相关技术条件要求加

20 cm方垫木支垫,在平板汽车四周加装角钢围挡,道岔板与围挡之间的间隙采用硬杂木填充,以防止道岔板在运输过程中晃动碰损。

6. 道岔板吊装及就位

道岔板采用专用吊具吊装,专用吊具由4根带连接螺栓的吊链组成,吊装时将吊链上的连接螺栓与道岔板上预埋螺栓孔连接即可。根据工地条件,用160 t汽吊将道岔板从便道上吊到路基面铺设位置。轮胎式铺板龙门吊再逐个吊装道岔板并粗铺到位。粗铺时,人工使用小撬棍配合将道岔板落在预安装的混凝土垫块上,通过对照道岔板轨道中线标志和找平层上轨道中线可使道岔板的粗铺精度控制在5 mm以内。粗铺到位后,及时在道岔板两侧安装支撑牛腿及多向精调器。

7. 道岔板精调及固定

道岔板精调通过改装后轨道板快速精调系统实现。道岔板在工厂定位螺栓孔的同时,就已在板的四角各做一个定位孔,定位孔按图定坐标设计,宽度及长度较大的道岔板则在中部增加了1~2个定位孔,精调时通过测量安装在定位孔中的棱镜即可判定道岔板位置是否准确。精调时,全站仪架设在道岔板之间的基准点上,以上一块已经精调到位的轨道板直股上的一个棱镜点及对应的基准点两个点定向。道岔板上安置棱镜的点的理论坐标已经导入快速精调系统,全站仪架设在轨道基准点上,通过快速测量系统,测量正在调整的道岔板上的4个(或6个)专用棱镜位孔上棱镜的实际三维坐标,其结果及与理论数据的差值会实时显示在快速精调系统的屏幕上,再通过道岔板四周的多向精调器,对道岔板进行横向、竖向、纵向的调整,消除偏差,直到道岔板达到要求。精调完成后的道岔板定位精度达到横向、纵向、高程偏差在±0.3 mm以内。借助辅助量尺、游标卡尺等,对相邻道岔板上的定位孔之间测距进行测量检查,可获得纵向补充控制。

道岔板精调完成后,按在道岔板两侧及两道岔板之间预定位置安装扣压装置。采用植筋方式钻孔、注胶、安装锚固螺杆,再在锚固螺杆上安装L形和Ⅱ形扣压装置,固定轨道板。

8. 混凝土模板安装

道岔板下的底座混凝土模板采用组合钢模板,模板安装时不得碰撞道岔板及多向精调器。

9. 道岔板边缝密封

采用 C35 混凝土对轨道板横向边缝分两次进行填充。第一次在钢筋绑扎完成后进行,填充宽度较轨道板横缝宽 10 cm,填充高度高出钢筋层 3 cm 且低于道岔板底部 5 cm,并捣实抹平,用毛毡覆盖后洒水养护。第二次在轨道板粗铺、精调后进行,填充宽度同轨道板横缝,填充高度至轨道板底部以上,并按 50 cm 间距在板缝两侧设置观测气孔,养护方法相同。

10. 底座混凝土浇筑

道岔板下的底座混凝土采用 C40 高性能自流平混凝土浇筑,浇筑之前,完成模板安装、道岔板之间横向边缝的混凝土浇筑。C40 高性能自流平混凝土以重力式灌注方式,每块道岔板分别施工。混凝土拌制和灌注过程中,应按检验标准要求对混凝土拌和物的坍落度进行测定,并进行同条件试件留置,且混凝土入模温度控制在 5~30 ℃。施工时采用专用料斗配合灌注,厂拌混凝土、罐车运输、混凝土汽车泵输送,混凝土通过灌注料斗上导管、梭槽滑动道岔板下面,并靠自身流动性填充密实。当一块道岔板灌注完成后且相邻道岔板即将灌注完成时,及时拆除两道岔板之间的隔离模板,以使混凝土良好结合。板边混凝土在初凝后人工压光抹平,终凝后喷洒养护剂。之后,土工布覆盖、洒水养护 7 d。期间,用同标号混凝土灌注道岔板间接缝,对伸缩缝用热沥青浇筑。

11. 道岔板复测及尾工

道岔板施工完成后,及时拆除模板及多向精调器、固定架,采用普通混凝土模筑法完成道岔板横向接缝及转辙机平台的施工。清理现场卫生。及时对道岔板铺设后线形进行测量,据此制订道岔组装计划,特别是轨道线形精调所需的调整扣件。

6.3.4.3 道岔件现场组装工艺

道岔板施工完成后且混凝土强度达到承重条件后,即可运输和铺设道岔钢轨组件。道岔组件应优先在工厂内按长枕埋入式大号道岔预组装的要求进行组装和检查合格,之后将钢轨件和扣件系统、零部件解体装运,并补充板式道岔区别于长枕埋入式道岔增加使用的部分,再通过汽车运输到施工现场。

现场利用汽吊、吊具梁将道岔钢轨件吊卸在铺岔位置,再通过人工转运就位,人工按铺设图组装道岔。道岔组装流程:先摆放扣件及螺栓,再散铺钢轨,最后组装扣件。组装过程中,应保证扣件安放准确,扭力符合要求,各部件间密贴,应保证钢轨平齐(特别是各工装点)。用 12.5 m 长的 60 kg/m 新轨工具轨组装道岔渡线及道岔前后各 12.5 m、25 m 的过渡段,道岔及过渡段钢轨之间用临时夹具连接,前后过渡段与道岔一起进行后续的精调。

道岔组装注意事项如下。

(1)由于现场空间狭窄,施工时重点控制安全,防止安全事故的发生。

(2)当在轨枕上安装钢轨时,轨底外边应该与承轨台棱接触,棱在运行边的对面。在承轨台上的螺旋道钉孔为带有轴套的调节锥孔,此调节锥孔必须设置在零位。零位与螺旋道钉孔同心。偏心度从 0 到 10 mm,调整可以以 1 mm 进阶。

在组装道岔时,若出现意外,可以改变锥度。如必要使用其他锥度需要记录在册。如果在安装和焊接后需要任何校正,也需要记录在册。

(3)转辙部分放置在轨枕与垫板间的中间层。标准垫板厚度为 6 mm(心轨区部分枕木除外),调节后的垫板厚度为 2~26 mm。

(4)根据要求的扭矩拧紧弹性基板螺栓,固定钢轨的弹条扣件间隙为 0.5~1 mm。

(5)最后进行全面检查。

6.3.5 无缝道岔焊接与锁定

1.道岔钢轨焊接关键工序施工工艺

(1)施工准备。拆卸即将焊接的道岔钢轨焊缝两侧约 15 m 的扣件,将钢轨适当垫高,满足模型安装需要。同时将焊接所需要的氧气、丙烷及焊接施工所需要的工器具搬运至施工现场。对待焊钢轨根据需要进行锯切,并保证所锯切的钢轨断面与轨底面或顶面垂直。

(2)轨端除锈去污。用角磨机或钢丝刷打磨焊接钢轨端部、两侧及轨底锈污至有金属光泽,并用钢丝刷清除轨端 500 mm 范围内的铁锈和杂质。

(3)对轨。以轨脚为基准,控制两钢轨焊缝宽度(28±1)mm,特殊情况为 26~30 mm;调整尖点,1 m 直尺的中点与焊缝中点重合,使用对轨架调整钢轨,直到塞尺检查 1 m 直尺下与焊缝两侧 0.5 m 的钢轨间隙为 1.5~2 mm;调整焊缝两端钢轨轨头、轨腰、轨脚平直。

(4)砂模安装。将侧砂模在轨缝处进行摩擦,使其与钢轨密贴;底砂模置于金属底板中并以轨缝居中架于轨底;拧紧金属底板的夹紧螺丝,同时检查轨端对正;安装侧模并以轨缝居中,套上侧模夹具;盖住砂模上部开口,用封箱泥封堵缝隙,再准备两个堵漏棒,砂模安装完成。

(5)封箱。封箱前先盖住砂型箱,防止落入砂粒形成夹杂,用拌制好的封箱砂对砂型箱各封隙进行封堵,并用捣实棒捣实。

(6)预热。用氧气和丙烷的预热枪的火焰对封砂箱内进行预热,使钢轨轨头温度达到 950～1000 ℃,其颜色为鲜红色。

(7)点火浇筑。将焊药装进坩埚内,插入点火引线,盖上坩埚,手拿防漏棒,站在一边准备堵漏。

(8)拆模及推瘤。浇注 5 min 后,拆走坩埚和底砂盘,拆走砂模;6 min 后推掉多余焊料,在焊缝温度未降至 350 ℃ 以下时,不得解除对正设备。

(9)打磨。打磨分为粗磨和精磨两部分,粗磨在推瘤且轨温低于 300 ℃ 后进行,也称为热打磨,采用手砂轮将钢轨头部两侧与轨顶面过渡圆弧处打磨至与既有钢轨轨面齐平,将轨道内外两侧打磨至与既有钢轨轨面齐平;精磨在钢轨焊头完全冷却后进行,也称为冷打磨,采用手持式仿形打磨机将焊缝中心及两侧各 500 m 范围内打磨至轨顶面和作业边的表面平顺度为 0～0.2 mm,轨腰和轨底焊筋平整度不大于 0.5 mm。

(10)探伤。检查焊接面,焊接探伤,做好记录和标记。

(11)收尾。恢复钢轨扣件,检查并调整轨道线形。

2. 无砟道岔无缝线路锁定关键工序施工工艺

道岔锁定必须在实测轨温大于 15 ℃ 的条件下进行。

道岔锁定与锁定焊接同步完成,将道岔前后 6 个接头和尖轨跟端 2 个接头留在最后作为锁定焊接头。

(1)在规定的轨温条件下,松开道岔及前后各 200 m 线路并支垫滚轮,待轨温达到锁定轨温范围时,橡胶锤来回敲击钢轨,使钢轨处于自由状态,检查并调整尖轨区工装点平齐,复紧扣件锁定钢轨。

(2)焊接道岔前后的 6 个接头。

(3)将道岔尖轨跟端扣件松开,通过串动道岔尖轨的方式使尖轨限位器居中,根据经验焊接后尖轨会向岔后方向串运 1～2 mm,检查和调整道岔两尖轨尖端平齐,锁定道岔扣件,检查并调查道岔两尖轨与基本轨密贴。

(4)最后焊接尖轨跟端的 2 个接头时,焊接前对道岔工装点和限位器进行检查和调整。

(5)道岔锁定后同步设置位移观测标记,及时在道岔尖轨尖端、限位器、辙叉心、单元轨末端位置等设置位移观测标志。

(6)部分道岔转辙器和辙叉区段不做应力放散,锁定时仅放散导轨及道岔前后的线路部分。

6.4 轨道维护作业

6.4.1 钢轨整修作业

钢轨是轨道结构的主要部件,搞好钢轨及其接头的养护维修,是保证钢轨正常工作的条件,不仅能延长钢轨使用寿命,也是确保行车安全的重要措施。

1. 钢轨打磨

轨道平顺性是列车平稳、安全运行的基础。轨道不平顺分为长波不平顺及短波不平顺。长波不平顺又分为轨道结构在外力作用下的残余变形,如轨距、水平、高低、扭曲等几何状态的变化和钢轨在轧制、校直过程中产生的周期性变化。这两类不平顺的消除方法完全不同:前者通过整道消除;后者随着钢轨生产工艺的改进在钢厂即可消除。短波不平顺分为周期性不平顺和非周期性不平顺:周期性不平顺即为波浪磨耗和波纹磨耗;非周期性不平顺是指擦伤、表面龟裂、剥离掉块、压溃、焊缝不平顺等。

钢轨打磨一般是指消除钢轨周期性和非周期性短波不平顺而进行的作业。高速铁路平顺性是能否实现高速行车的关键,钢轨打磨也就显得格外重要。

2. 客运专线无缝线路钢轨重伤和折断的处理

(1)检查发现钢轨重伤时,应及时切除重伤部分,实施焊复。检查发现钢轨焊缝重伤时,应及时组织加固处理或实施焊复。进行焊复处理时,应保持无缝线路锁定轨温不变,并如实记录两标记间钢轨长度在焊复前后的变化量。

(2)钢轨折断的处理要求如下。

①临时处理。钢轨折损严重,不能立即焊接修复时,应封锁线路,切除伤损部分,两锯口间插入长度不短于 10 m 的同型钢轨,轨端钻孔,上接头夹板,用 10.9 级螺栓拧紧。在短轨前后各 50 m 范围内,拧紧扣件后,按不大于160 km/h 的速度放行列车。

临时处理时,应先在断缝两侧轨头非工作边做出标记,标记间距离约为 12 m,并准确丈量两标记间的距离和轨头非工作边一侧的断缝值,做好记录。

②永久处理。对临时处理的处所,应及时插入短轨进行焊复,恢复无缝线路轨道结构。钢轨折断宜直接进行永久处理,条件不具备时可进行临时处理。

③放行列车时,焊缝轨温应低于300 ℃。

6.4.2 有砟轨道修理作业

铁路轨道的传统结构是有砟轨道,有砟轨道的主要特点是轨下基础采用散粒体道床。自有铁路以来,对有砟轨道的修理工作就集中在道床作业上。进入20世纪60年代,为适应铁路高速、重载及轨道结构重型化的发展,各国铁路竞相采用大型养路机械。特别是高速铁路的迅速发展,有力推动了养路机械技术的进步,无论是机械的种类还是质量水平,无论是机械的功能还是智能化程度,都达到了很高水平。至20世纪80年代,工业发达国家的铁路已形成以大型养路机械为主要作业手段的格局,而高速铁路的修理则形成了机械功能齐全、作业质量优良、自动智能控制的模式。大型养路机械在维护、改善主要干线线路质量,提速扩能,新线开通,保证行车安全和促进工务修制改革等方面都取得了显著的成果,大型养路机械已成为我国铁路新线开通和线路维修中不可缺少的重要手段。高速铁路建成后,无论是保证开通速度达到设计速度,还是有砟轨道的修理作业,都离不开大型养路机械,尽早研究和确定高速铁路轨道修理的有关问题是十分必要的。

大型养路机械的特点是重型、高效、价格昂贵,要求的施工"天窗"时间比较长,因此进行施工工艺的研究,严密组织施工,最大限度地发挥其功效是十分重要的。大型养路机械作业基本要求如下。

1. 线路维修作业技术规定

(1)捣固作业时应设置不少于 10 mm 的基本起道量。当起道量为 10～50 mm 时捣固一遍,起道量超过 50 mm 时捣固两遍并稳定一遍,接头处应增加捣固遍数。

(2)在需变更曲线超高地段,当里股起道量大于 20 mm 时,应分两次进行起道。

(3)线路方向的整正可采用四点式近似法,用 GVA 自动拨道或查表输入修正值手动拨道。当线路每隔 2.5 m 有准确的拨道量时,可按精确法进行拨道。在长大直线地段,应采用激光准直系统进行拨道。

(4)捣固作业结束前,应在作业终点划上标记,并以此开始按不大于 2.5‰

的坡度递减顺坡,达到安全放行列车的要求。一般情况下不在圆曲线上顺坡,严禁在缓和曲线上顺坡结束作业。

(5)在有砟桥上,枕下道砟厚度不足 150 mm 时不能进行捣固作业。

(6)站区内作业,线路起道后的钢轨顶面至接触网距离不得小于 5700 mm。

(7)大型养路机械维修后的线路几何状态应达到《高速铁路有砟轨道线路维修规则(试行)》(TG/GW 116—2013)规定的要求。

2. 线路大修作业的技术规定

(1)使用清筛机清筛道床,其清筛深度一般不小于 300 mm。

(2)清筛机枕下导槽在作业时应按 1∶50 的坡度向道床排水侧倾斜。

(3)被清筛线路两侧的建筑物(包括埋设在道床中的固定物)至线路中心的距离应不小于 2100 mm。

(4)线路大修作业应经过三遍捣固后验交。整细捣固应采用精确法严格按照线路大修设计技术资料进行作业,其他捣固作业可采用近似法。

(5)整细捣固顺坡率不得大于 2.5‰。当作业终点有拨道量时均应输入拨道递减量,以便将线路拨顺,达到安全放行列车的要求。

(6)大型养路机械大修作业后的线路质量应达到《高速铁路有砟轨道线路维修规则(试行)》(TG/GW 116—2013)所规定的标准。

6.4.3　无砟轨道修理作业

一般来说,扣件的各个部件均可以更换。但如果混凝土轨枕内的套管或混凝土螺纹损坏了,这就危险了。在这种情况下要找出需要维修的套管。在套管范围内,当混凝土或混凝土螺纹损坏时必须钻孔,并用工程上允许采用的合成树脂重新黏合需要维修的套管即可,以 Vossloh300-1NL 为例,WJ-8 和 WJ-7 扣件同样需要注意以下内容。

1. 弹条松弛或钢轨扣件没有结构性的损坏

扣件弹条松弛不需要更换任何扣件部分,只需要适当地紧固轨枕螺钉即可。这将根据轨道扣件系统 LOARV300-1 和 Vossloh300-1NL 安装指令进行。

(1)修复过程:用扭力扳手或螺旋机根据安装说明紧固轨枕螺钉。

(2)空间需求:完全封闭受影响的路段,在工作中必须对下一节轨道保持一定的安全距离。

(3)重要的安全要求或有效的完成方法:如果工作人员有了一定的安全防护

措施,此工作就可执行了。

其安全措施有:①安全的组织方法;②安全的技术方法;③上面提及的两种方法同时具备的情况;④完全封闭受影响的路段;⑤对下一轨节保持一定的安全距离。

2. 轨枕外扣件或扣件组件的损坏及修复

这种缺陷是由于正常使用、意外事故以及安装或材料缺陷而造成的。其损害类型有:①一个或几个钢轨扣件组件的变形;②一个或几个钢轨扣件组件的破裂。

这种缺陷通常仅通过肉眼就可检查出来。其修复的工作步骤为:

(1)放松有损坏部分的轨道和相邻轨道的扣件;

(2)提升起钢轨;

(3)去除有缺陷的钢轨扣件或扣件组件;

(4)用压缩空气或空气嘴清扫钉孔(如果取出了轨枕螺钉);

(5)润滑轨枕螺钉;

(6)安装新的钢轨扣件或扣件组件;

(7)放低钢轨;

(8)按需要的扭矩安装钢轨扣件。

3. 轨枕内扣件螺钉部分的损坏及修复

这种损害类型有:螺钉失效和螺钉断裂。

这种缺陷通常仅通过简单的视觉进行检查。在螺钉失效的修复中是不需要抬升起钢轨的,只需要替换螺钉即可。在螺钉断裂的修复中,榫钉内部的螺钉部分可以使用直径为 8~15 mm 的左螺纹钻钻孔清除。钻头逆时针方向钻进断裂的螺钉中,随着转动阻力增大,则能够从榫钉中移除螺钉部分。如果这种方法不能去除螺钉部分,则全部榫钉必须替换。

修复工作步骤:

(1)去除断裂螺钉的上部部分;

(2)去除弹条和轨距板;

(3)去除榫钉内的螺钉断折部分(使用钻孔机和左旋螺纹钻);

(4)用压缩空气清洗榫钉;

(5)润滑轨枕螺钉;

(6)安装轨距板和弹条;

(7)用适当的扭矩拧紧螺钉。

4. 轨枕内扣件榫钉部分的损坏及修复

这种损坏无须借助其他检测仪器,仅凭肉眼就可进行判断。

修复工作步骤:

(1)放松损坏部分的轨道和相邻轨道的扣件;

(2)提升起钢轨;

(3)去除有缺陷的钢轨扣件;

(4)锤击销钉或螺钉进入有缺陷的榫钉内;

(5)沿逆时针方向从混凝土枕身内去除有缺陷的榫钉;

(6)用榔头或铁锤从有缺陷的榫钉内去除销钉或螺纹装置;

(7)用销钉或螺纹装置和扳手将车削螺纹的修理榫钉拧入混凝土枕身;

(8)用压缩空气或空气喷嘴清理榫钉孔;

(9)安装新的轨枕扣件或轨枕扣件组件;

(10)放低钢轨;

(11)用适当的扭矩固定扣件。

5. 混凝土轨枕内锚固扣件的损坏及修复

意外事故、安装或材料的问题,可能造成钢轨锚固扣件的损坏。其损坏类型如下:①螺栓头部分损害或失效、断裂;②塑料钉损害或失效;③混凝土枕身损害或破碎、破裂。

这种损坏只需通过视觉就可检测出来。这种缺陷所需要的修复方法和各自的作用力与损坏的程度有关,因此它们每一个都必须单独地进行分析和解决。

修复工作步骤:

(1)松开受损和相邻部分的钢轨扣件;

(2)提升起钢轨;

(3)去除有缺陷的全部钢轨扣件;

(4)在有缺陷的榫钉周围钻取芯孔(直径为 37 mm 缺陷榫钉的使用环氧树脂 KONUDUR 160 PL,直径大于 37 mm、深度大于 140 mm 的有缺陷的混凝土表面,使用 PAGEL 修复砂浆 V2/10 进行修复);

(5)用压缩空气(空气喷嘴)清理榫钉孔;

(6)准备混凝土替代材料;

(7)灌注混凝土替代材料;

(8)将修理用榫钉和混凝土替代材料插入所钻的孔洞里；
(9)混凝土替代材料的硬化；
(10)去除榫钉定位装置；
(11)安装新的钢轨扣件或扣件组件；
(12)放低钢轨；
(13)用适当的扭矩固定扣件。

6.4.4 轨枕的维修

1. 松动轨枕的修复

(1)对松动轨枕采用的修复方法。

对松动轨枕的修复，可能采用的并在修复方案中规定的措施是全套更换轨枕，在轨枕盒中安装新的支承点并对部分裂纹压注填料。

(2)对双头轨枕松动的具体修复方法。

双头轨枕由于晶格桁架的固化作用，能够良好地锚固于混凝土板中。因此，对轨枕松动的锚固，可以使用注浆材料(环氧树脂或聚氨酯)加以恢复。这种维修方法必须由有自己的材料技术和装备的有相应实力的公司来负责实施。

2. 单根轨枕的更换

首先，应在无砟轨道与应更换轨枕相连的部位用垂直设置的钢筋连接。在把钢轨松开和提升后，通过切割和抬升把损坏的轨枕从充填混凝土或混凝土支承层中挖出。对于纵向钢筋穿过轨枕或穿过轨枕钢筋桁架的无砟轨道结构形式，应切断该钢筋并使伸到相邻轨枕盒里的连接钢筋裸露出来。抽出损坏的轨枕后，把轨枕盒中裸露的混凝土表面清扫干净，然后铺入新轨枕，并将直径适宜且穿入新轨枕的钢筋焊接到裸露的钢筋上。对于轨枕无钢筋连接的无砟轨道结构形式，应通过配筋混凝土组成的锚件加固新浇筑充填混凝土的配筋连接。对铺入的新轨枕进行调整以及对裸露混凝土表面进行适当预处理之后，可以使用适合的材料浇筑轨枕盒。

应使用收缩性尽可能小的混凝土或以水泥为基础的高流动性和高早强性的灰浆。这种混凝土必须满足相关合同技术条件规定的最低要求，并应进行相应的后处理。上述灌注灰浆在室温条件下约24 h后达到B35(C30/37)强度。在温度降低时需要延长凝固时间。

每根轨枕所需的作业时间为4~6 h，用高效灰浆浇筑新铺轨枕时，恢复线路运营应能够限在 8~10 h 之后。目前所有进行过的修复工程在日常运营中已经受了考验且并未造成后续损坏。

3. 混凝土轨枕裂纹的修复

混凝土支承层或轨枕的表面受到损伤只影响轨道系统的坚固性，并不会直接导致功能降低，在无砟轨道系统维修方案中建议用合成材料调配的灰浆(PCC)重新修复损伤的混凝土构件。此外，轨枕承轨台侧面隆起处的损伤，只要其支承层功能不低于 50%，也可以用这种方式予以修复。其他维修方案，由于受损伤混凝土支承层范围尺寸（面积和深度）的限制，其使用范围有限。在这里，其损伤原因可能是施工缺陷、环境影响或事故（脱轨）。

由于所探讨的无砟轨道结构形式是有不规则裂纹的贯通形式配筋混凝土支承板式无砟轨道，因此裂纹是系统形式所决定的。大的裂纹可以损坏整个结构的耐久性，此外局部集中出现的深裂纹（裂缝）能够导致行车轨道刚度不可忽视的突变。在钢轨范围内不允许出现裂纹。对于槽形结构无砟轨道，无配筋槽壁上出现的裂纹因与宽度无关，不起关键作用。

此外，对裂纹宽度约达 1 mm 的修复，建议采用灌注环氧树脂（EP-T）的方法。对此首先用金刚石砂轮把裂纹打磨约深 5 mm。对于注入打磨槽的环氧树脂的硬化时间，在恢复荷载前根据当时的温度、列车通过时裂纹宽度的变动和所使用的材料应定为 0~12 h。

出现更大宽度的裂纹时，建议采用环氧树脂压注法（EP-I）或聚氨酯压注法（PUR-I）充填裂纹。充填前需以适当的间距（一般情况下约 30 cm），沿着裂纹把黏合物塞进裂纹，在裂纹的其他范围则填塞环氧树脂、聚酯材料或聚氨酯。压注硬化时间（0.5~8 h）取决于温度情况、所使用的材料和所需的灌注压力。在裂纹填充物硬化时间之后，将调配的充填物（环氧树脂或聚氨酯）压入黏合塞中。为使充填物在线路开通之前得以硬化，根据当时的温度、列车通过时裂纹宽度的变动和所使用的材料，压注硬化时间应另规定为 0~12 h。

一般来说，对在混凝土板内有裂纹的轨枕不准进行修理，而且在安装上层轨道板结构之前要清理出来。然而，对于已经安装了的混凝土板外部有裂纹的轨枕，则无论其宽度如何，都必须进行裂纹修复。唯一修复混凝土轨枕裂纹的方法是灌浆。使用的灌浆材料是环氧树脂或聚氨酯，这种方法必须由有自己的材料技术和装备的专业化公司来负责实施。

4. 混凝土枕肩碎裂

由于意外事故上部结构的整体混凝土枕身通常会被挤碎，例如列车脱轨。

较为典型的轻度损害首先是部分枕肩被挤碎,如最大的损坏面积为 80 cm^2 的枕肩被挤碎的最大深度为 5 cm。另外,枕肩承力功能的减少不能超过 50%。

另外,对于混凝土枕身严重的碎裂损坏(枕肩承力功能减少超过 50%,裂缝深度超过 5 cm,损坏面积超过 80 cm^2)必须更换轨枕,并重新安装如 VosslohDFF300 型的钢轨扣件进行修复。

在这种情况下,使用适当的材料和模具就能重新修整枕肩。对于这部分枕肩损坏的修复是没有标准的枕肩模具以供使用的,主要是因为枕肩的形状根据所采用的混凝土枕的类型不同而有所差异。因此,根据维修需要设计和准备适当的模具系统将是有用的。

5. 混凝土支承层的损坏

(1)混凝土支承层上有微小或表层裂纹的修复。

根据相关调查研究显示,在混凝土支承层上裂纹宽度不超过 0.5 mm 是可以接受的,不需要进行任何维修工作。然而,如果裂纹的宽度超过了 0.5 mm 将被认为需要用饱和的环氧树脂来进行修理。

(2)混凝土支承层上有较宽或较深裂纹的修复。

根据 Deutsche Bahn AG 编写的板式轨道系统的建设编目要求,混凝土支承层上的裂纹在宽度超过 0.5 mm 的情况下必须进行修复,因为它们能起固化作用,防止和消除锈蚀,并增加混凝土板的稳定性。

① 混凝土支承层裂纹的修复方法。

修复混凝土板如此宽度的裂纹的合适方法就是使用环氧树脂或聚氨酯灌浆。这种方法必须由有自己的材料技术和装备的专业化公司来负责实施。

② 混凝土支承层裂纹修复的工艺过程。

胶黏剂封隔器(注射喷嘴)被固定(用适当的胶黏剂)在裂纹上面 20～30 cm 处。全部裂纹必须用合适的注浆化合物密封起来(宽度大约为 10 cm),以避免灌浆材料从混凝土板表面流出。仅在裂纹末端留一个通气孔。另外,需要准备速凝材料去修复可能在灌浆过程中发生的泄漏点。灌浆压力必须沿一个方向进行。

注浆必须从外层封隔器开始(与开的通气孔相反的末端)。如果灌浆材料从下一个封隔器流出,则前一个封隔器必须封闭,注浆能够在上述封隔器继续进行。这个过程将一直持续到末端的裂纹处,以确保完全填充。

(3)混凝土支承层浅表层损害。

通常而言,混凝土支承层由于意外事故会受到损害,如列车脱轨的影响。典型的轻微损害是深度不超过 10 cm 的擦伤。

这种损坏的具体修复方法如下：①所有松散的混凝土部分必须去除掉（用铁锤、钢丝刷或无油空气喷嘴）；②有缺陷的表面必须被清扫干净和适当润湿；③选择黏结层材料（如 Pagel 防锈蚀材料和 MS02 黏结材料或装备）刷在表面；④之后立即进行修复，用砂浆填入缺陷的孔洞中。

如果需要修复的孔洞较小，可以选择灌浆化合物和浮筒。

在修复工作完成后要保证适当的愈合时间，并采取一定的保护措施以确保能达到所要求的修复质量。例如使用 PCC 砂浆的环境温度超过 5 ℃并需采取适当的蒸发保护措施。

(4) 大面积更换混凝土支承层。

如果由于混凝土支承层的损坏而无法保证轨枕或钢轨支承点的荷载的均匀分布和位置的稳定性，并且采用其他措施也不能修复时，则必须一段一段地完全更换混凝土支承层。在这种修复方式下，无论在何种情况下我们都应在最大程度上保证水硬性支承层的完好性。

首先在需要更新的轨道区段把钢轨锯断并拆下，与损坏区段的连接段，应对支承层采取必要的措施进行固定。在做好这些准备工作之后，用金刚石锯把损坏的混凝土支承层锯成可供运输的块段。通过剪切和抬升把混凝土块段与水硬性支承层分离，然后运走。在与相邻完好路段连接的过渡段，为便于钢筋搭接，连接钢筋应预留足够的长度。在下一步的施工流程中，根据 ZTV-ING 和 SIB 的规定应对裸露的混凝土表面进行预处理，并把适合的钢筋焊接到裸露的连接钢筋上。全部钢筋铺设和轨枕定位之后就可以铺设浇筑混凝土支承层的模板了。调整轨排和浇筑混凝土按无砟轨道的施工规定进行。这里应根据 ZTV-BETON-STB 的规定使用早强混凝土 B35(C30/37)。在各种维修方案中，只有个别方案提出采用速凝混凝土。新浇混凝土应使用适宜的措施（覆盖薄膜、隔热、保湿）进行足够的养护。对相应的混凝土配比，根据温度的不同养护 2～6 d 后就可以完全恢复荷载。

6.4.5 无缝线路作业

1. 跨区间无缝线路的养护

跨区间无缝线路的基本原理与普通无缝线路相同，因此，普通无缝线路的一切养护维修办法，都适用于跨区间无缝线路。但跨区间无缝线路因其轨条特长，也有一些不同于普通无缝线路的特点。

跨区间无缝线路一经锁定,其锁定状况因其跨区间而不易改变。例如,锁定轨温不准、轴向力分布不均匀时,只能进行局部调整,几乎无法进行整体放散。因此,"锁定轨温要准"对跨区间无缝线路来说格外重要。为此,必须做好以下几点。

(1)跟踪监控。大修换轨时,工务段要派遣分管无缝线路的技术人员,对施工中锁定轨温的设置实行跟踪监控。施工单位确定的锁定轨温的依据是否可靠;新轨的入槽轨温和落槽轨温的测定是否准确适时;低温拉伸时,其拉伸温差和拉伸量的核定是否无误,拉伸是否均匀等,都要认真监视、检查和记录。

(2)严格验收。工程验交时,有关记录锁定轨温的资料,必须齐全,同时要一一查对核实,如有疑问必须核查清楚。

(3)最终复核。工程验交之后,工务段要对验交区段的轨长标定进行一次取标测量,去掉可疑点,算出各分段的锁定轨温值。而后将跟踪监控、交验资料、取标测算三方面的情况进行一次最终核查,将查定的锁定轨温作为日后管理的依据。

(4)日常监测。在日常管理中,要对爬行观测桩和轨长标定的设标点进行定期观测,并互相核对。如发现两观测桩之间有位移,则需进一步对两观测桩之间的设标点进行取标测量,详细检查发生位移的实际段落所在。核定后进行局部应力调正,使之均匀。

为保证无缝线路有足够的强度、稳定性,防止胀轨跑道和钢轨折断,确保列车安全运行,其养护维修工作除必须遵守有关的特殊规定外,还要根据线路状态、季节特点、实际锁定轨温等,合理安排作业内容。

2. 无缝线路养护维修中应力放散

因锁定轨温的变化或纵向力分布不均,难免要进行应力放散。方法多样,如强制性撞击放散,用加热器加热放散,用拉伸器张拉放散,将轨条置于滚筒上的滚筒放散,等等,均难以达到放散均匀彻底,有的需占用很长的封锁时间。法国铁路用振动器进行振动、敲击钢轨的应力放散方法,苏联铁路采用摩擦系数很小的板材制成"摩擦对"置于钢轨与轨枕之间,列车限速运行的应力放散方法,效果较佳。

3. 胶接绝缘接头的养护

胶接绝缘接头拉开时,应立即复紧两端各 50 m 线路的扣件,并加强观测。

当绝缘失效时,应立即更换,进行永久处理。如暂时不能永久处理,可更换为高强绝缘接头进行临时处理并限速(速度不超过 160 km/h)。进行永久处理时,应保证修复后无缝线路锁定轨温不变。

第7章 "四电"施工技术

7.1 "四电"系统集成概述

7.1.1 "四电"系统集成的发展状况

高速铁路"四电"系统主要包括通信、信号、电力、电气化四个专业系统。"四电"系统集成是指"四电"系统集成商按照建设单位提供的高速铁路"四电"系统初步设计方案和具体要求，提出一套完整、系统的"四电"系统工程建设方案和全方位的技术服务方案，主要包括"四电"系统集成组织机构设置，人力资源配置，总体技术方案研究与策划，工程设备方案研究，工程设备采购、制造、型式试验与供应，工程建筑与安装，系统专用软件开发与应用，系统联调联试，以及工程管理模式及管理方法研究与实施等多方面工作的集成，是为高速铁路"四电"系统工程建设提供的一个完整的系统管理与服务平台。

截至2020年底，我国已投入运营的高速铁路总长3.7万千米。高速铁路"四电"集成技术也得到发展并发挥了巨大作用。这主要体现在将传统意义上的通信、信号、电力、电气化四个分散专业整合为一体，统一进行设计、施工、管理和执行，实现了铁路建设技术中多学科的交叉融合。

在牵引供电技术方面，实现了良好的高速弓网匹配，动车组自动过分相；供电可靠、稳定、少检修；供电能力满足高速度、高密度、大功率的要求，且具有一定的综合一体化远程监控能力。

在通信信号技术方面，广泛采用GSM-R无线通信技术，实现了移动话音和数据、车地双向列车运行控制信息的传输，满足在固定设备与移动体间，实现大容量信息交换的要求。结合我国国情、路情自主制定了CTCS技术标准，打破日本、德国、法国三种高速列车自动控制系统自成体系、不兼容、不开放的技术壁垒，代表未来高速列车运行控制技术的发展方向。

在运营调度技术方面，实现了以北京、上海、武汉、广州为中心的调度指挥系统,构建运营调度技术体系,达到了国际领先水平。

在综合维护检测方面,研制了高速综合检测列车,实现了对列车运行支撑体(路基、轨道等)和"四电"系统的一体化检测,提高了检测评估和故障判断的效率。

7.1.2 "四电"系统集成的必要性

高速铁路"四电"系统是四电自身发展及高铁建设的必然结果,其必要性主要体现在四电协同、标准统一、资源整合、接口管理、造价降低、管理有效等方面。

(1)"四电"系统是实现同一目的(向移动设备提供服务)的不同方面。具体内容如下:

①通信系统是信息传输保障。

②信号系统是安全与控制保障。

③牵引供电系统是动力保障。

④电力供电系统是以上三电正常工作的保障。

⑤只有以上四个方面的协同动作才能保证动车组的顺利运行。

(2)"四电"系统技术方面的标准应一致,这样才能在满足各专业需求的同时实现各系统间的互联与互操作。

(3)"四电"系统的协同性需要系统间技术与资源的整合,如信号系统,需要列车自动控制技术与通信技术的整合;远程监控、视频监控、电源等需要资源性整合,以实现资源共享。

(4)"四电"系统的接口可分为四电系统间的、与土建设施间的、与移动设备间的、与铁路外的以及与环境的各种接口,具有多样性、分散性,需要统筹考虑。

(5)通过标准的协调和系统的整合达到资源共享,实现节约投资的目的。

7.1.3 "四电"系统集成的内容和程序

"四电"系统集成的主要内容包括:系统总体设计,接口技术,项目管理技术,RAMS(可靠性、可维护性、可用性、安全性)评估技术,EMC(电磁兼容)评估技术,安装调试技术,综合试验技术,维护培训技术,环境条件技术,用户/建设经验等。"四电"系统集成工作内容具体见表7.1。整个系统集成技术和方法将运用于高速铁路建设从设计、供货、安装、试验、培训、技术服务到运营维护的全过程。

表 7.1 "四电"系统集成工作内容

技术	工作内容
系统总体设计	承包人完成通信、信号、牵引供电、电力供电的总体设计,以达到系统集成和系统优化的目的
接口技术	承包人从组织机构、人员、制度等方面对已经实施的各种土建设施的接口和各系统间以及系统内外部接口进行统一管理
EMC 评估技术	承包人采用中国标准和欧洲标准对承包范围内的电磁兼容进行系统评估
RAMS 评估技术	承包人采用欧洲标准或 ISO 标准对承包的系统进行 RAMS 评估,以提高系统的可靠性、可用性和安全性
环境条件技术	承包人对承包系统的环境影响进行综合评估。若必要,则采取环境治理措施
项目管理技术	承包人对承包系统按项目管理的方式进行管理,以确保项目系统集成和工程质量、工期、成本等综合目标的实现
维护培训技术	承包人对承包系统的实施和运营维护提供完全的技术支持,确保系统的正常运营
综合试验技术	承包人对承包系统实施综合联调,确保系统的功能目标完全实现和最优
用户/建设经验	承包人在实施承包项目中充分利用已建成的高速铁路系统集成经验并借鉴国外高速铁路的建设经验,避免失误。在系统实施中,充分协调与建设单位、其他系统的关系,充分听取建设单位意见

"四电"系统集成是一个全方位的技术服务过程,从技术层面看包括设计策划→总体设计→设备采购→检验→安装调试→系统试验→集成试验→试运行→后期技术服务等流程,以及各子系统的多层次系统集成工作界面。从流程上可分为设计阶段、采购供货阶段、施工安装阶段、试验调试阶段、后期技术服务阶段。

7.1.4 "四电"系统集成的主要原则和措施

(1)统筹考虑包括运营调度系统、客运服务系统、电力机车及动车组、基础设施等在内的整体系统的匹配性、兼容性,以及振动、噪声、电磁干扰等环境影响及其控制措施和信息共享平台。

(2)统筹考虑通信、信号系统、牵引供电和电力供电系统对基础设施、电力机车及动车组、运营调度系统和客运服务系统间的接口要求。

(3)满足近期最高设计速度、远期设计速度,接触网的验收速度为最高设计速度 1.1 倍的要求;满足旅客列车、货物列车最小追踪间隔的要求。

(4)满足近、远期预测客货运量及高峰时间段客货运量的需求,并满足适应运输组织模式的需要,满足组织动车组、旅客列车与货物列车混合运行要求。

(5)满足动车组在既有线提速及其他线上运行的需要。

(6)严格执行相关技术标准、规范。

(7)系统设计、产品的选择、安装与调试、试验等方面,应密切联系,统筹协调,使之形成有机的统一体。

(8)引入枢纽的牵引供电方案,要结合枢纽内其他线路进行整体规划,确保相互之间的供电支援。

(9)系统应选择供电能力强、可靠性高的牵引供电方式,并且优先选择容量利用率高的牵引变压器,牵引变电所外部电源应选用可靠性高的地方电力系统。

(10)应通过充分吸收国内外同级别铁路线路的设计和运营经验,并充分考虑国内施工企业的施工能力和水平,进行系统优化,选用的产品(设备、材料和零部件)应成熟可靠。

(11)"四电"系统的动力及环境监控纳入 SCADA 统一系统平台,合理利用资源,方便运营管理。

(12)采用列车控制系统,以连续速度控制模式曲线监控列车安全运行,并具备升级扩展条件。

(13)涉及行车安全的系统/设备应满足"故障导向安全"原则,其中列车控制和联锁系统的安全等级应达到 SIL4 级的要求;系统设备采用高可靠、高安全、高可用性的冗余体系结构,采用模块化设计,便于系统升级和扩展。

(14)充分利用系统集成商的优势,对各系统主要设备机架机柜外观等进行统一,以体现工程实施的标准化和一致性。

(15)集成的系统设备应具有抗电磁干扰、防雷电干扰和抗牵引电流干扰的能力,电磁辐射应符合相关国际、国内标准要求。

(16)按时完成整个系统的集成试验,参与建设单位主持的运行试验,确保"四电"系统集成总目标的实现。

7.1.5 "四电"系统集成的模式

目前,我国高速铁路"四电"系统集成的模式主要有两种,即项目总承包系统集成和项目施工总承包系统集成。

1. 项目总承包系统集成

在这种模式下,系统集成商应具备设计资质和施工总承包资质,负责系统总体方案设计、设备(材料)采购与供货、安装、试验以及后期技术服务等方面的工作,一般是施工单位与设计单位组成联合体参与投标。

2. 项目施工总承包系统集成

在这种模式下,设计文件由设计单位编制完成。系统集成商主要负责协调建设单位与设备材料供货商、各专业施工单位之间的接口工作,以及进行联合设计、施工、试验和后期技术服务等方面的工作,一般是施工单位独立参与投标。

7.2 通信工程施工

通信系统是保障铁路安全运营和高效管理的信息基础平台,主要任务是提供语音、数据、图像等多媒体通信手段,确保信息的实时、准确、可靠处理和传送,是整个铁路建设有机整体不可缺少的组成部分。

7.2.1 主要施工内容

高速铁路通信系统施工的主要内容包括三大部分:室外设备安装(含基础、杆(塔)体等,重点是 GSM-R 铁塔基础及其塔体、反馈系统安装);线路施工(包括长途及地区光电缆、区间漏缆、室内综合布线等);室内设备安装。

7.2.2 通信相关接口工程施工技术

相对于普速铁路,高速铁路通信系统与铁路其他系统间的接口更加广泛,联系更加紧密。

高速铁路通信系统相关的接口主要包括以下两方面。

1. 与土建、房建专业接口

该部分主要为与相应站前专业施工配合,贯穿于通信施工的全过程,接口主要包括土建和房建专业对通信系统电缆槽、人手井、区间以及站内的各类过轨管预埋,桥上引下电缆槽预留预埋,穿墙孔洞预留,综合接地端子的预留。

在施工过程中,通信系统首先要根据本专业设计及实际需要整理编制完成相关接口工程台账,台账标注清晰、内容完善,并根据站前工程的实际进度实时录入更新。其次,要以自身的设计图纸、标准规范并合理考虑通信施工需求出台接口工程验收管理办法,汇总各方意见后签字确认、严格执行。最后,在全过程施工中建立接口工程调查、跟踪、交流、落实整改的循环机制,定人定岗。

2. 与信号、电力、电化、防灾、客服等专业接口

该部分接口主要是通信系统中的传输子系统为各专业系统的业务传送和组网提供传输通道,接口点分界面位于通信传输设备的 DDF、ODF、FE 等端口处。

实际施工中,为避免跨专业作业的盲目性、随意性,减少后期试验检测故障,在合同允许界面范围内,可对其他专业涉及通信作业施工的缆线布放、接续成端、测试等接口处工程一并纳入通信专业实施。

(1)与列车控制系统接口:选择适于信号机房安装的 ODF 盒,盒内法兰盘、适配器等固定牢靠,留有成端测试操作空间。

(2)与 CTC、微机监测、电力远动、电力牵引远动 E1 接口:同轴线规格型号满足相关专业要求,同轴线与信号、电力侧接口须匹配,焊接制作规范,焊接后芯线测试确保无虚焊、短路。

(3)与防灾、客服等 FE 接口:网线制作规范,水晶头压接牢靠,经网络测试仪测试满足指标要求。

7.2.3　长途光缆施工技术

高速铁路通信系统线路包括长途及地区的光电缆线路、区间漏缆、室内综合布线等,各种线路施工流程、方法与普速铁路类似,主要区别在于长途干线光缆敷设路径不同于普速铁路,系统对线路接续损耗指标要求更严格。

1. 长途干线光缆径路复测、配盘

对照设计图实地测量光缆长度,测量过程中一要核实光缆用户位置,包括基站、信号中继站、区间电话等,保证光缆分歧接头落在相关房屋位置附近;二要确定好光缆中继段内接头数、接头地点,要避免接头位置落在桥梁、河流、公路等处;三要确定穿越轨道、桥梁、隧道及有关建筑时的防护处所和防护方式。根据测量后的缆长(含余留)、接头情况等配盘采购。

2. 长途光缆单盘检测

根据出厂记录对照检查光缆程式、绝缘介质、加强芯、外护层、色谱标志等机械物理特性,开盘检验光缆端面,确定 A、B 端,采用 OTDR 测试单盘光缆的长度及固有衰减等指标是否符合设计、合同要求,做好测试记录。

3. 长途干线光缆敷设

长途光缆敷设在预制的电缆槽内,采用人工分段顺序开启电缆槽盖,开盖以及恢复时注意轻拿轻放,避免使用锹、镐、撬棍类工具。掀开的盖板平放在预留电缆槽的外侧,依次顺序摆放,堆码整齐。

根据缆线长度配备足够的施工人员,并设专人统一指挥,保证放缆速度适中,不压、折、摔、拖、扭光缆。采用专用千斤顶将缆盘架设离地面 10~20 cm。在穿越电缆井(手孔)桥上接触网基础预留孔、过轨管口、室外引入洞口等处加设塑料子管或塑料垫圈防止机械损伤,电缆井、引入口、通过桥梁和隧道等处余留 3~5 m。

4. 长途干线光缆接续、测试

光电缆接续、测试由持有合格上岗证且实践经验丰富的人员操作。光缆接续的同时采用 OTDR 实时监测接续损耗;中继段测试对每根光纤在 1310 nm 及 1550 nm 两个波长上进行 A→B 及 B→A 双向测试,测试内容包括光纤顺序对号、接头平均衰耗、中继段线路衰耗,R、S 点最大离散反射系数和最小回波损耗等,测试指标应符合规范和设计的要求。

7.2.4 铁塔基础施工技术

1. 选址、划线定位

根据 GSM-R 无线网络规划勘测结果选择合适的基础位置,在基础外围打桩拉线定位,定位桩在基坑开挖过程中不得移出或移动。

2. 基坑开挖、垫层浇筑

50 m 以下铁塔基础可采用旋挖钻孔方式开挖,50 m 及以上铁塔基础采用挖机整体开挖,开挖至设计深度后,利用轻型动力触探检测地质承载力情况,确保地质条件符合设计要求。地质条件合格后进行垫层浇筑,采用经纬仪等控制好垫层的水平度。

3. 基础布筋及地线焊接制作

安装架设基础地脚螺栓,在基坑边安装接地体,引接到基础骨架上。

4. 模板安装

钢筋绑扎施工完成后立即进行模板安装。利用架子管等加固。不得用重物冲击模板,不准在吊帮的模板上搭设脚手架,保证模板的牢固和严密。

5. 混凝土浇筑

混凝土浇筑前,清除模板内的碎屑、泥土等杂物。木模浇水湿润,堵严板缝及孔洞,清除积水。

开始浇筑时先满铺一层 5~10 cm 厚的混凝土并捣实,使基础笼钢筋下段和钢筋网片的位置基本固定,然后对称浇筑。浇筑时先使混凝土充满模板内边角,然后浇筑中间部分。分层下料,每层厚度为振动棒的有效振动长度。浇筑过程中采用插入式振捣器进行振捣。

6. 拆模养护

采用撬棍从一侧顺序拆除,侧面模板在混凝土强度能保证其角不因拆模而受损坏时进行,浇筑完成 12 h 后覆盖和浇水常温养护;养护期间设专人检查落实,防止由于养护不及时而造成混凝土表面出现裂缝。

7.2.5　GSM-R 反馈系统施工技术

GSM-R 反馈系统包含安装在铁塔塔顶的天线、功分器,从塔顶引入室内基站的馈线、避雷器、馈线窗及接地处理等。反馈系统施工由两个小组配合完成:一组人员负责塔顶及塔身部分作业;另一组人员负责地面作业。

1. 安装天线

塔顶工作人员在攀爬铁塔过程中,在爬架一侧安装好馈线卡,攀爬至塔顶后选定位置安装固定好滑轮,将大绳滑下地面;地面操作人员负责连接好天线、功分器、跳线。制作好馈线接头,然后用大绳绑扎固定天线,最后由塔顶操作人员牵引至塔顶工作平台安装,由地面人员用指南针配合完成天线方位角的预调整,调整好后将天线下部固定夹拧死,用坡度仪配合完成俯仰角的预调整,调整好后将天线上部固定夹拧死。

2. 敷设馈线

馈线盘在地面架设好后,沿塔身内部的爬架倒穿引上塔顶,由塔顶操作人员连接好功分器后从上往下依次紧固固定,并按照设计要求在塔顶、塔身中央、入室前等处连接固定好接地卡、接地线。

3. 馈线连接

馈线引入室内后,在水平走线架(架空走线方式)或室内线槽内(埋地引入方式)经避雷器后连接基站的收发跳线。

4. 天馈线测试

在相应频带下采用驻波比测试仪测试反馈系统驻波比值。

7.2.6 室内设备安装施工技术

高速铁路通信系统室内设备安装是指在铁路局通信中心、沿线各车站、段(所)、区间基站、直放站、中继站等房屋内安装的通信各个子系统的设备、线缆以及走线用支架、线槽等,其施工流程、施工方法与普速铁路类似,区别在于其设备规模较大(尤其是 MSC 核心网机房、中间站通信室等)、种类较多,多数点和信号、电力等系统有接口,施工中需合理安排施工组织。

1. 安装环境检查确认

设备安装前对机房环境进行检查确认,检查内容包括机房的门窗、照明、房屋的装修、室内的温湿度、外部电源引入、接地装置、消防器材配备等是否能满足通信设备安装条件;机房内的预埋件、沟、槽、孔位置等是否正确,满足要求后方能施工。

2. 设备安装

(1)机架设备安装:按照设计的室内平面布置图确定安装位置,核对地面水平度。机架设备固定按照安装说明进行,防振加固措施符合设计要求;对于有防静电地板的机房,先制作安装底座,以保证设备整体稳固和整齐美观。

(2)架内设备安装:设备固定牢靠,在机架内排列整齐。

(3)电缆槽道的安装:槽道端正、牢固并与大列保持垂直,列间槽道成一条直线。

(4)终端设备安装:各种终端设备安装摆放整齐,标识齐全,并利于人工操作。

3. 布线及配线

按规范和设计径路要求,将同一类别的所有缆线一次布放。电源线、总线电缆、信号电缆、用户电缆、光纤等分开布放。同一走向的缆线应理直、编束,并使线束平直整齐,不互相交叉,线扣间距均匀,松紧适度。

4. 安装检查

设备安装完成,按照规范和设计要求进行全面自检。机架应稳固、接地系统良好,接地电阻符合要求。用数字万用表和数字电缆测试仪对设备的各种配线进行验证测试,确保上线端子正确,配线无断线、混线、错线,各种配线特性指标符合设计和规范要求。

7.2.7 调试试验施工技术

传输、接入网、程控电话、数字调度等子系统可沿用以往普速铁路成熟的调试方法,此处就不一一介绍。

高速铁路 GSM-R 通信系统调试程序复杂、周期长,是整个高速铁路通信系统调试检测的核心,其调试试验如下。

1. 系统调试

GSM-R 系统设备安装施工完毕,设备配线完成经检查无误,系统接地、绝缘等测试合格、单机加电调试完毕,与 GSM-R 相关的传输系统、数据网系统已调测完毕。按照测试规范和设备技术文件要求,对 GSM-R 的各个子系统分别进行功能和性能调试、检测。例如,MSC 需调试的功能性项目有呼叫处理、移动性管理、安全保密、呼叫详细记录、数据通信等;对设备或系统有冗余备份、自动倒换功能的,进行模拟故障试验验证;最后整理调试记录结果并归档。系统调试后各种功能、性能指标应符合规范及产品技术要求。

2. 第三方检测、静态验收

静态验收期间,由专业检测机构对各个子系统功能、设备性能指标做定量抽测,其测试内容、检测用仪器仪表见表 7.2。

表 7.2 第三方检测测试内容、检测用仪器仪表

序号	子系统类别	测试内容	检测用仪器仪表
1	MSC	A 接口信令测试、与 PSTN 接口 ISUP/TUP 信令测试、基本业务功能试验、基本补充业务试验、GSM-R 业务试验、移动性管理试验、智能网业务测试、GPRS 功能测试	通信规程分析仪、中继模拟呼叫器

续表

序号	子系统类别	测试内容	检测用仪器仪表
2	基站	发射功率、峰值相位误差、RMS 相位误差、频率误差、功率时间包络、调制频谱、切换瞬态频谱、反馈系统驻波比	基站综合测试仪、驻波比测试仪
3	传输	平均发送光功率、光接收机灵敏度、光接收机最小过载功率、设备映射/去映射性能、输出口比特率、输入口允许比特率抖动性能容差、指针调节性能、告警功能、通道误码	SDH 网络测试仪、2 M误码测试仪
4	FAS	接口电气性能与传输特性指标、数字中继接口间传输特性和接口参数性能指标测试、铃流、信号声、呼叫接续及复原控制方式、用户信号方式、系统功能验证及维护管理功能测试、调度台功能试验、车站功能试验、PRI接口信令测试	PCM 话路分析仪、用户模拟呼叫器、PCM/VF 呼叫分析仪、ISDN 测试仪
5	数据网	路由器、交换机单机指标及全网功能	ATM/LAN/WAN分析仪、IP 网络测试仪
6	综合视频	视频图像质量、视频图像采集功能、视频图像管理功能、防区设置功能、视频图像存储功能、视频行为分析功能	视频信号发生器、综合视频分析仪

3. 动态检测、联调联试

(1)检测条件:静态检测验收报审合格,开行高速铁路检测试验列车。

(2)检测项目:GSM-R 电磁环境,场强覆盖,网络服务质量,以及调度命令信息传送、车次号校核数据传送、调度通信等应用业务功能。

(3)检测方法。

①GSM-R 电磁环境检测:采用测量接收机频谱扫描方式,同时利用 GPS 定位系统与之对应定位,测量 GSM-R 频段内的干扰分布和强度。

②场强覆盖检测:利用测量接收机在基站打开的情况下,按照规定的检波方式、取样间隔、统计区间统计 95% 时间、地点概率条件下的接收电平是否满足大于 −95 dBm 的要求。

③网络服务质量检测:采用 8W 测试模块分别和测试模块、FAS 终端之间

拨打通话,测试呼叫建立时间、呼叫成功率、切换成功率等语音通信服务质量;采用测试手机和地面测试服务器间周期性发送数据包,测试 GPRS 数据传输延时、吞吐量、丢包率等分组数据服务质量。

④应用业务功能检测:在高速列车运行条件下,由测试人员发起不同类型的呼叫,进行调度通信系统动态功能测试;通过 CTC 系统功能试验,验证调度命令信息无线传送、车次号校核数据传送功能。

7.3 信号工程施工

铁路信号是铁路运输的基础设备之一。它犹如人的耳目和中枢神经,担负着路网上行车设备的运用状况、列车运行的实时状态、运输调度的指令控制等信息的传递与监控任务。铁路信号的主要功能是:保证铁路行车安全、扩大线路通过能力、提高运输组织效率、改善职工劳动条件。随着我国铁路交通建设的快速发展,当今铁路信号系统技术已融通信、信号、计算机等先进技术于一体,并向数字化、智能化、综合自动化方向发展,其发展水平已成为我国铁路现代化建设的重要标志之一。

7.3.1 电缆工程施工技术

(1)进场条件的检查。

电缆敷设前,应严格按程序对土建等相关工程施工的接口、作业面验收交接,并检查是否达到进场条件。

(2)信号电缆敷设应符合下列要求。

①电缆按 A、B 端敷设,主干电缆应统一 A、B 端方向,分支电缆依次相接。

②电缆绝缘外护套无损伤、变形、背扣。槽内电缆布放应排列整齐无交叉。

③电缆敷设最小弯曲半径要求:

a.综合护套电缆不得小于电缆外径的 15 倍;

b.内屏蔽数字电缆不得小于电缆外径的 20 倍;

c.应答器数据传输电缆不得小于电缆外径的 20 倍;

d.应答器尾缆不得小于电缆外径的 10 倍。

④手孔、人井内的电缆与其他电缆无物理隔离时应加信号电缆标志。

(3)电缆余留长度应符合下列要求。

①主干电缆每端余留长度采用直埋方式时不应小于 2 m,采用电缆槽方式时留足一次做头余留长度,50 m 以下的分支电缆可不留余留长度。

②室外电缆进入室内的余留长度不得小于 5 m。

③电缆地下接续时,接续点每端电缆的余留长度留足一次接续的余量。

④桥隧两端及线路两侧的手孔、人井不留余量。

⑤槽内余留电缆应呈"S"形布放,并排列整齐,轨道电路用数字电缆和应答器电缆严禁盘成闭合圈。

(4)电缆上、下桥处的防护应符合下列要求。

①从伸缩缝预留锯齿孔沿桥墩至地面的钢槽,厚度不应小于 2 mm,并采用热镀锌处理。

②箱梁与桥墩电缆钢槽的连接处间隙为 5~10 mm。

③两箱梁间过渡钢槽连接处活动搭接面不小于 50 mm。

④梁体与桥墩电缆槽应平缓连接,其弯曲半径应符合电缆弯曲半径的要求。

⑤钢槽内电缆及钢槽应分段固定,固定间距不应大于 1500 mm。

⑥钢槽在地面以下部分,电缆槽下端部距地面埋深不应小于 500 mm。地面以上的电缆槽外部应采用砌砖防护,砌砖高度不应小于 2000 mm。

(5)电缆槽引出的外露电缆、路基地段电缆槽、电缆手孔至箱盒的电缆,应采用防护套管进行防护。防护套管应自然弯曲并符合电缆弯曲半径的要求。

(6)电缆通过桥梁接缝处时应在电缆槽道断开处增加电缆槽防护。

(7)车站内有综合管线的电缆槽道内不应采用填砂封堵。对沿线有盖板的电缆槽道,应采用砂袋防护。

7.3.2 应答器安装施工技术

1. 报文读取模块

(1)变压器箱(XB-1)采用新型密封复合材料变压器箱,安装在有源应答器尾缆同侧钢轨外方,变压器箱外侧距钢轨外侧不大于 3 m。

(2)变压器箱内安装的报文读取模块固定在底板上,模块之间连接采用短封联线方式;报文读取模块连接 220 V 电源,与室内通信分线板通道和检测天线均采用专用接插件方式。

(3)变压器箱内使用的接线端子与客专信号设计一致,使用两柱磁端子或万可(WAGO)端子均可。

2. 报文读取天线

(1)报文读取天线电缆与有源应答器尾缆出线方向一致,安装时分别通过电缆保护管引入变压器箱;应答器检测天线引出线方向统一,检测天线可 180°旋转。

(2)任意安装,满足变压器箱安装在线路不同位置时天线的安装要求。

(3)报文读取天线安装在有源应答器的下方,安装有源应答器时应综合考虑应答器面距轨面的高度。

3. 应答器设置位置

(1)应答器实际设置位置与设计位置允许偏差为±0.5 m。应答器组内相邻应答器间的距离为(5±0.5) m。

(2)应答器安装位置与设备编号必须相符。

4. 应答器安装固定装置选择

(1)在有砟轨道窄型混凝土枕上,应采用抱箍方式固定在轨枕上。

(2)在有砟轨道宽型混凝土枕及无砟轨道板上,应采用化学锚栓方式安装。

(3)在框架式轨道板中空地段,应采用连接支架方式安装。

(4)应答器安装支架应具备抗振动能力。

5. 应答器周围无金属空间位置要求

(1)应答器平行于长边的中心线两侧无金属体距离不应小于 315 mm。

(2)应答器平行于短边中心线两侧无金属体距离不应小于 410 mm。

(3)应答器 X 轴基准标记点至下部无金属体距离正常情况下不应小于 210 mm,特殊情况下不小于 140 mm。

6. 应答器安装高度、横向偏移和角度允许范围要求

(1)应答器安装高度可通过调节底部衬垫数量,使其 X 轴基准标记至钢轨顶面的距离为 93~150 mm。

(2)应答器 X 轴基准标记应设于两钢轨中间 $S/2$ 处。X 轴基准标记沿 Y 轴方向允许横向偏移为 $S/2±15$ mm。

(3)正常情况下,应答器上平面应与两钢轨面平行,左右面应与钢轨平行。

7. 应答器尾缆要求

(1)应答器尾缆终端盒可采用 HZ-6 电缆盒,其安装方式同箱盒安装。

(2)应答器尾缆长度应符合现场实际需要。

(3) 应答器尾缆应套防护管防护。

(4) 通过路肩的尾缆防护管应埋入路肩沥青防水层下。

(5) 尾缆在轨道板、道床板、轨枕处固定方式采用化学锚栓方式。

(6) 应答器连接口的尾缆应采用专用工具锁紧。靠近应答器下部尾缆固定点距应答器不应大于 150 mm。

7.3.3 轨道电路施工技术

1. 电气绝缘节(JES)设备安装

(1) 电气绝缘节长度为 $(29^{+0.3}_{0})$ m,选择电气绝缘节位置时应尽量选择长轨,如电气绝缘节内方有轨缝,则要保证电气特性连接良好,用双导接线或一塞一焊连接。

(2) 设备与钢轨间的连接线为钢包铜注油线。连接线两端均采用压接(铜)鼻子与连接线压接而成,连接线与设备端连接时采用固定螺栓,与钢轨连接时采用配套的冷挤压塞钉固定,连接时应可靠连接,以保证电气性能良好。

(3) 连接线需用塑料卡箍平行绑扎在一起,并固定在专用小枕木上,以便于维修。连接线与钢轨之间须用专用卡具固定。

(4) 调谐单元、匹配变压器、空芯线圈设备外须加装聚酯纤维防护盒。防护盒应有引线孔,引线孔处应配有防护管。

2. 电气绝缘节两端调谐单元和匹配变压器的安装

调谐单元的频率必须与所属轨道区段频率一致。调谐单元、匹配变压器应背对背安装在电气绝缘节的两端。

(1) 在电气绝缘节的两端距钢轨内侧 1500 mm 以外的地方,各挖一个 400~500 mm 深的基础坑。然后将调谐单元和匹配变压器背对背用 φ13 的螺栓固定在基础上部的固定板上(使调谐单元的盒体正面面向钢轨,匹配变压器的盒体正面面向大地)。将装好设备的基础放入基础坑中,调整安装高度使防护盒的上外沿距轨面的最大高度差不大于 200 mm;调整设备安装限界,使防护盒外沿距钢轨内侧 1500 mm,再将基础坑回填好,使基础及设备平稳牢固。

(2) 用截面面积为 7.4 mm² 的两根多股铜芯电缆线(电缆线两端用 φ13 的接线片压接)将匹配变压器的 V1、V2 端与调谐单元连接好。

(3) 将一端与设备固定好的长度为 3900 mm、2000 mm 的两根钢包铜连接线用塑料卡箍平行绑扎在一起,固定在专用小枕木上,另一端与钢轨用冷挤压塞钉固定。连接线与钢轨之间须用专用卡具固定。

3. 空芯线圈的安装

空芯线圈设在电气绝缘节的中间,距两端调谐单元$(14.5_0^{+0.15})$m 处。

(1)在距钢轨内侧 1500 mm 以外的地方,挖一个 400～500 mm 深的基础坑。将空芯线圈用两根 ϕ13 的螺栓固定在基础上部的固定板上(使空芯线圈的正面面向大地)。将装好空芯线圈的基础放入基础坑中,调整安装高度使防护盒体的上外沿距轨面的最大高度差不大于 200 mm;调整设备安装限界,使防护盒外沿距钢轨内侧 1500 mm,再将基础坑回填好,使基础及设备平稳牢固。

(2)将一端与空心线圈固定好的长度为 3900 mm、2000 mm 的两根钢包铜连接线用塑料卡箍平行绑扎在一起,固定在专用小枕木上,另一端与钢轨用冷挤压塞钉固定。连接线与钢轨之间须用专用卡具固定。

4. 进站、出站口处设备的安装

(1)ZPW 轨道电路的进站、出站信号点的设备由调谐单元、空芯线圈、匹配变压器、扼流变压器各一台及钢轨与设备连接线组成。

(2)进站、出站信号点的空芯线圈有 4 种频率,施工时应注意与调谐单元的频率一致。

(3)调谐单元、匹配变压器、空芯线圈要加装聚酯纤维防护盒。防护盒应有引线孔,且防护盒的开启要便于施工和维修。

(4)调谐单元和空芯线圈的安装。

①调谐单元和空芯线圈应背对背用螺栓固定在同一基础上部的固定板上。安装时使调谐单元的盒盖正面面向钢轨,空芯线圈的盒盖正面面向大地。

②在站外方向距扼流变压器中心 700 mm 的地方挖一个 400～500 mm 深的基础坑。将同时装有空芯线圈和调谐单元的基础放置在基础坑内,使设备防护盒的中心与扼流变压器的中心距离 700 mm,设备防护盒顶面与扼流变压器顶面平齐。防护盒的内沿与扼流变压器内沿成一直线且距轨道内侧 1500 mm。

③调谐单元和空心线圈用 ϕ16 钢包铜连接线与钢轨连接。连接线两端采用压接端子。与钢轨固定时将调谐单元连接线及空心线圈连接线用同一个专用的加长冷挤压塞钉与钢轨固定在一起。连接线须进行平行绑扎后固定在专用小枕木上,同时与钢轨之间用专用卡具进行防护。

(5)匹配变压器的安装。

①进、出站信号点处匹配变压器安装时应单独设置。安装时使调谐单元的

盒盖正面面向大地。

②在距调谐单元中心 700 mm 的地方挖一个 400～500 mm 深的基础坑。将装有匹配变压器的基础放置在基础坑内,使匹配变压器的外防护盒中心与调谐单元和空心线圈防护盒的中心距离 700 mm,防护盒顶面相平,内沿在一直线上且距轨道内侧 1500 mm。

③用两根截面面积为 7.4 mm² 且加有防护套管的多股铜芯电缆将匹配变压器与调谐单元连接起来。连接电缆须进行防护。

④调谐单元和空心线圈用 ϕ16 钢包铜连接线与钢轨连接。

(6)扼流变压器的安装。

在机械绝缘节站外方第一、第二轨枕间距钢轨内侧 1500 mm 以外的地方挖 400～500 mm 深的基础坑,将扼流变压器与基础固定好,调整扼流变压器基础高度,使基础面与轨面平齐。扼流变压器中心至钢轨中心 2220 mm,将基础坑填好,使基础和设备平稳牢固。

5. 补偿电容的安装

(1)补偿电容的安装技术要求。

①补偿电容的安装数量及容量应根据轨道电路的长度、导电阻的高低,在补偿电容的配置表中查找确定。

②轨道电路长度 L 为轨道电路两端调谐单元的距离。如两端为电气绝缘节,则 $L_{调}$=轨道电路实际长度 $L-29$ m;如一端为电气绝缘节,另一端为机械绝缘节,则 $L_{调}$=轨道电路实际长度 $L-14.5$ m;如两端都为机械绝缘节,则 $L_{调}$=轨道电路实际长度 L。我们用 Δ 代表补偿电容的等间距长度,用 N_c 代表在配置表查到的补偿电容数量,则 $\Delta=L_{调}/N_c$,即可确定补偿电容的设置位置。

③根据计算的等间距长度 Δ,准确测量在钢轨上补偿电容的位置,两端调谐单元与第一电容距离为 $\Delta/2$,安装允许误差为 ±0.25 m。

(2)补偿电容的安装。

①塞钉连接方式。清理枕木孔之间杂物,在枕木孔钢轨腰处钻眼,将补偿电容放入枕木孔处,扣好防护装置,防护装置顶面不得高于枕木中间部分顶面。将电容两端引线穿过轨底,将塞钉由线路外侧对准钻孔打入钢轨,手锤击打塞钉时用力要均匀以免将塞钉打歪。要求塞钉引线斜朝下并与水平线夹角为 45°～60°。塞钉露出部分为 1～4 mm,且塞钉孔及塞钉全部涂上长效防腐剂。

②冷挤压塞钉连接方式。在装设补偿电容的枕木孔处的钢轨腰上打孔(此

孔直径应符合冷压塞钉防护套的要求),用专用液压钳将塞钉防护套从打的孔中拉出,当防护套在孔中固定不动时再将连有补偿电容器的塞钉从防护套中穿出并用螺母固定即可。

(3)补偿电容的防护。

①当补偿电容在枕木孔处放置时,其引线应用高弹防护卡具将其与钢轨固定上,补偿电容器应用机械强度高的防护装置进行防护。

②补偿电容也可放置于特殊轨枕中进行防护。

7.3.4 提速道岔施工技术

1. 安装装置

(1)安装装置基础托板应与轨枕连接牢固,并与道岔直股基本轨垂直,托板外侧应翘起 5 mm;安装在基础上时连接牢固。

(2)转辙机应安装在道岔正线外侧。转辙机应与道岔基本轨平行,其外壳两端与基本轨的距离差不应大于 5 mm。

(3)电液转辙机两牵引点间的油管应采用槽钢对扣防护。油管在出入地面处应有防护,油管弯曲半径不得小于 150 mm。

(4)动作杆和外锁闭杆安装时,应检查各部管、垫齐全。各部绝缘应安装正确,不遗漏,不破损。

(5)在转辙器部位安装尖端铁后,将长短表示杆与尖轨连接铁连接,并按设计要求正确安装绝缘件。

(6)在辙叉部位安装接头弯板时,应将心轨表示杆与接头弯板相连,并按设计要求正确安装接头弯板及绝缘件。

(7)转辙装置各部位紧固件齐全,安装螺栓紧固并达到规定的拧紧力矩,螺纹露出螺帽外的余量应大于 5 mm,并有防松措施,开口销应齐全,劈开角度为 60°~90°。

(8)表示杆接头与尖端铁的连接应牢固。

2. 外锁闭装置

(1)尖轨外锁闭装置安装。

①在各牵引点分别连接两锁闭杆,两锁闭杆连接应平直,与绝缘垫板、连板配合应良好,螺栓、螺母、垫圈连接应牢固。

②连接铁与尖轨间应预置不少于 3 mm 调整量。

③调整两侧锁闭框位置,使锁闭杆在锁闭框内摆放平顺。

④锁闭铁与锁闭框之间预置不少于 5 mm 调整量。

⑤锁闭铁、锁钩与锁闭杆接触的摩擦面及运动范围内应保持清洁,无异物。

⑥锁钩孔内应注润滑油,保证锁钩能沿销轴自由滑动。

(2)心轨外锁闭装置安装。

①锁闭框应与翼轨的轨头和轨底的侧面贴靠,同时保证锁闭框与锁闭杆的接触面水平。锁闭框、挡板应按标记安装在不同牵引点的直股侧或曲股侧。

②两侧锁闭铁应按标记安装在不同牵引点的直股侧或曲股侧。

③锁闭铁、锁钩与锁闭杆接触的摩擦面及运动范围内应保持清洁,无异物。

④锁钩孔内应注润滑油,保证锁钩能沿销轴自动滑动。

7.3.5 箱梁桥上设备安装技术

(1)箱盒在防护墙(挡墙)安装时应避开伸缩缝及内部钢筋。

(2)方向盒可采用侧向引入方向盒安装在电缆槽内;也可采用下部引入方向盒方式安装在防护墙(挡作墙)外侧。支架安装平稳牢固,安装高度应符合电缆最小弯曲半径的要求。

终端盒、变压器箱应安装在防护墙(挡墙)外侧,支架采用防松通透孔螺栓固定,并应加装补强板。

在曲线地段或防护墙顶面与电缆槽道盖板上平面间高度小于 300 mm 的特殊地段,可采用基础支架加宽连接方式或采用槽钢支架连接方式。

7.4 牵引供电工程施工

牵引供电系统是高速铁路的重要组成部分,是保证列车运行高速、安全、可靠的关键系统之一。牵引供电系统施工技术分牵引供电、接触网两个部分进行阐述。

7.4.1 牵引供电施工技术

7.4.1.1 主要内容

高速铁路牵引变电所施工共包括土建工程、房建工程和电气设备安装三个部分。其中电气设备安装由建筑工作和安装工作两项工作组成。建筑工作主要包括基坑开挖、基础浇筑、构架和支架组立等。安装工作主要包括各种母线安装、接地装置敷设、大型电气设备搬运、电气设备(装置)安装及调整、控制及保护装置安装、电缆敷设、二次配线、传动试验、送电试运行等。高速牵引供电施工技术与常规铁路施工技术相比没有太多的变化,在此仅对主要施工工序主变压器安装、综合自动化系统安装进行介绍。

7.4.1.2 技术标准

牵引变电所电气(建安)工程施工中应贯彻执行的技术标准分为国家标准、行业标准、企业标准三种。施工中,对国家标准和行业标准必须按规定执行。而企业标准是施工企业内部制定的技术标准,规定较细,便于实施,主要用以进一步保证工程质量。目前在牵引变电所施工中,主要采用的标准如下。

(1)国家标准,即《电气装置安装工程 高压电器施工及验收规范》(GB 50147—2010)、《电气装置安装工程 电力变压器、油浸电抗器、互感器施工及验收规范》(GB 50148—2010)、《电气装置安装工程 母线装置施工及验收规范》(GB 50149—2010)等。这些标准是国内电气装置(设备)安装工程施工及验收中必须遵守的技术法规。在牵引变电所电气工程施工、验收时须按这些规范并结合有关行业标准执行。

(2)行业标准,即《客货共线铁路电力牵引供电工程施工技术规程》(Q/CR 9658—2017)、《铁路电力牵引供电工程施工质量验收标准》(TB 10421—2018)等,适用于牵引供电工程,包括牵引变电所工程施工及其工程质量的验收,可补充上述国家标准中对有关牵引变电所电气安装工程标准的不足。《牵引变电所运行检修规程》作为变电所试运行期间值班、倒闸作业、检修作业、巡视及事故抢修的参照依据。

(3)企业标准,一般均在单项工程中施行。包括设备制造厂制定的与安装有关的标准、规定,以及施工企业制定的工艺卡片、标准化施工图、施工操作规则等,用以提高施工质量和工艺水平,统一工艺标准,降低材料消耗等。

7.4.1.3 主变压器安装

1. 适用范围

适用于铁路牵引变电所工程(含变电所、分区所、自耦变电所和开闭所),变电所工程额定电压为 220 kV 和 110 kV 及以下,包括油浸牵引变压器、自耦变压器。

2. 作业内容

220 kV及以下主变压器安装：基础测设纵横中心线，变压器二次搬运就位，器身加垫板固定，变压器吊芯检查、变压器附件安装，抽真空、注油、油密试验检查，接地线安装，母线连接，通风装置安装，绝缘油耐压试验及简化分析。

3. 操作要点

（1）施工准备。

①根据现行的《铁路通信、信号、信息工程施工安全技术规程》(TB 10307—2020)规定，制定专项施工方案，并按规定进行审批和备案。

②对已浇筑完成的变压器基础的高程进行检验与校核，然后进行基础纵横轴线的测量与放线，并检查其方正程度及安装螺栓孔的间距是否符合产品规定。同一安装轴线上的变压器基础，应当一次完成测设工作。

③班组技术员组织学习变压器安装作业指导书，并按作业对象对施工人员进行技术交底，班组长向施工人员交代施工项目的安全注意事项。

④按照企业的技术管理规定，组织设备的开箱检查。参加开箱检查的人员除技术管理规定的人员和部门外，尚应通知监理、设备运营接管单位的代表参加。所有检查项目依照先外观、后内部的程序进行。

⑤进行变压器安装前，应及时了解并掌握当地气象台站近期的天气预报情况并建立联络关系。

（2）主变压器基础对位及就位。

①无论采用任何一种二次搬运方法，待运至主变压器安装位置后，都需要将变压器就位于基础上。

②变压器纵横中心线与基础上标注的纵横中心线重合后，采用滑动或滚动方法将变压器就位于基础的中心线上。

③当需要仔细调整变压器的安装位置时，可采用小滚杠加钢垫板的形式进行调整。

（3）主变压器吊芯检查。

①吊芯准备。

a.编制吊芯技术措施，进行工序技术交底并进行人员分工。

b.准备好吊芯用的材料及检查时需使用的工具，并记录数量。

c.清除作业场地内的杂物，做好防尘和防雨措施。

d. 准备好绝缘油过滤系统且达到随时开动功能；补充用变压器油应事先过滤好。滤油机操作应该按照滤油机操作程序进行。

②排油、拆除连接部件。

a. 测量并记录场地内的环境气温及大气相对湿度。

b. 在环境温度及大气相对湿度符合技术要求的情况下，连接输油管道，打开器身顶部注油阀，使油面与大气接触。开始记录器身暴露时间。

c. 排油时，先启动滤油机，当滤油机进入工作状态后，再缓缓打开油箱底部放油阀，将器身内的变压器油排入贮油罐内。

d. 当油面低于铁芯上铁轭后，即可拆卸分接开关的操作机构及绝缘连杆。将它们用塑料布包好，以防受潮。拆卸前应记下分接开关位置并刻上标记。

e. 对已装好低压侧及铁芯接地绝缘套管的变压器，应打开套管座侧面的工作孔，将芯部低压侧引线从套管上拆下来，用绝缘带固定于铁芯上适当位置，不得影响钟罩起吊。拆下来的零配件，交材料保管员清点记录并保管。

f. 油位低于油箱下部法兰盘后，即可按对角线方向成对称拆卸法兰连接螺栓，先普遍松一遍，然后再逐个拆下来，清点数量后妥善保管。

g. 油箱内的油排净后，及时拆除排油管路，在储油罐内对绝缘油进行循环过滤。

③起吊钟罩。

a. 在专用的吊环上系上钢丝绳，调整吊车吊臂使吊钩位于钟罩中心。

b. 在钟罩四角的法兰盘上绑扎晃绳并在四角利用法兰螺栓孔穿入四根引导定位钢筋。

c. 打开上、下轭铁与夹铁间的接地片，用兆欧表测量穿芯螺杆与铁芯，铁轭与夹铁对穿芯螺杆的绝缘电阻应符合规定。铁芯外引接地的变压器，拆开接地线后，铁芯对地绝缘应良好。

d. 检查绕组绝缘层应完整，无缺损、变形。各绕组排列整齐，间隙均匀，油路无堵塞。绕组的压钉应紧固，拧紧锁紧螺母，绝缘垫块紧固、完整。

e. 电压抽头切换装置的各分接头与线圈的连接应紧固正确；各分接头应清洁、接触紧密、弹性良好；接触部分用 0.05 mm×10 mm 塞尺检查，应塞不进去；转动接点位置正确并与指示器所指位置一样；切换装置的拉杆、分接头凸轮、小轴、销子应完整无损；转动盘动作灵活、密封良好。检查后三相凸轮要返回原来位置。

f. 引出线绝缘包扎紧固，无破损、拧弯现象，引出线绝缘距离合格，固定牢靠,其支架应牢固;引出线裸露部分无毛刺或尖角,焊接质量良好,接线正确。油箱内部应清洁、无锈蚀。

g.检查结束后,用绝缘带把高低压侧引线和接地引线绑扎在正对钟罩手孔位置下方,便于引线与套管连接。

h.用合格的变压器油自上而下对铁芯及绕组进行冲洗,用油刷清理干净油箱底部的杂质及污物。从油箱底放油孔将油放尽。

i.检查调整好法兰密封圈位置。清点所用工具及剩余材料的数量,做好恢复钟罩的准备工作。

④装回钟罩。

a.吊复钟罩时速度要平稳,四角晃绳用力要均匀。吊起后将底部擦拭干净。下落时要对正中心位置,下落时速度要慢,不得与线圈碰撞,接近合拢时从四角上下法兰穿引导钢筋。

b.钟罩落定后,检查密封圈有无位移。然后摘除吊钩。

c.穿好连接螺栓,带上螺母。然后从四角按对角线方向成对称拧紧螺母,拧紧时用力要均匀。

⑤连接部件安装。

a.按相序标志装回各分接开关的连杆和机构。安装时要端平操作机构,使连杆垂直,然后慢慢地往分接开关主轴上套。当连杆接头与主轴接触后,稍稍左右转动连杆使连杆接头套在分接开关主轴的销钉上。两者套上之后,旋转操作机构,操作应灵活。确认分接开关在各挡位及极限位置无误后,紧固机构固定螺栓在额定位锁定。

b.恢复低压套管、接地套管、中性点套管的引线,盖严手孔。

(4)变压器附件及接地线安装。

①散热器安装。

a.制造厂有标记的按制造厂标记进行装配;制造厂无标记时,须测量散热器和油箱连接法兰的孔距,进行尺寸选配,做好标记。

b.拆下散热器集油管封板,按施工技术标准进行散热器的清洗,然后用白布蘸汽油擦净法兰接合面。

c.检查油箱蝶阀密封情况,卸下法兰封板,擦净法兰接合面,擦净(或更换)密封胶垫,在胶垫两个接合面涂抹密封胶,然后将胶垫镶入法兰槽内。

d.吊起散热器(靠油箱侧有排气孔的为散热器上端,靠外侧有排气孔为下端)至油箱近旁,调整高度和位置,使法兰相接,注意密封垫不要错位,带上螺母,并对角拧紧。依次安装全部散热器。安装完毕,打开所有散热器下部的蝶阀,让变压器油充满整个散热器,观察有无漏油现象。

②净油器安装。

a.拆开净油器法兰封板及上下盖,擦净净油器内壁及管路污渍,用合格的变压器油清洗。然后装好下盖及滤网。

b.装入制造厂规定重量的经干燥和用合格变压器油清洗干净并浸泡24 h后的吸附剂,以装满内腔为宜,装好上盖和连接管路。

c.关闭油箱蝶阀,取下连接法兰封板,擦净法兰接合面及密封胶垫,涂上密封胶。

d.把净油器装于箱体机座上,按对角拧紧螺母。打开下蝶阀和放气阀,让变压器油充满净油器,同时观察有无漏油现象。

③油枕安装。

a.打开油枕端盖及气体继电器连接的法兰封板,将内壁擦洗干净。

b.将胶囊顺油枕方向放置平整,胶囊口安装不允许出现皱褶,要严密畅通,方向不应扭转。

c.向胶囊内充2 kPa气作漏气检查,经检查无漏气后,将压力泄放,装上端盖及与气体继电器连接的法兰封板。

d.将油标管擦干净,装上浮子,轻轻拧紧固定螺母,将油标管固定,根据产品说明书规定做好油位标志线。

e.打开小油枕端盖,从油标呼吸塞处注入变压器油,同时,用手不断挤压小胶囊,排尽小胶囊内的空气,当油标浮子浮起时,从油标放油塞处放油,使浮子落到油标底部后,关闭放油塞,装上呼吸塞。

f.吊装油枕前,先将油枕与托架的连接螺栓松开,将油枕就位后,拧紧托架固定螺栓。

④防爆筒或压力释放阀安装。

a.拆除防爆筒封板,清洗防爆筒内壁,装好隔膜或防爆玻璃。其材质应符合制造厂的规定。

b.打开油箱顶部防爆座的封板,擦净接合面,在密封胶垫两侧涂抹密封胶,镶入密封槽内。

c.将防爆筒吊至油箱顶部,喷口朝外,用螺栓固定于防爆筒座上,防爆筒与油枕间如有支承座应予以连接。

d.打开压力释放阀下盖板,清洗其内壁。

e.将压力释放阀正确安装在器身上,注意二次接线孔应位于压力释放阀的下方。压力释放阀就位后,打开运输锁闭系扣,使之处于正常工作位置。

⑤高压套管安装。

a.对于已完成电气性能试验且合格的高压套管,用汽油擦净瓷套表面及法兰接合面,检查套管油位及有无渗油现象。

b.拆下高压套管上端的接线板、导电密封头,从上向下穿入φ1.5镀锌铁线。

c.拆下油箱上高压套管座封板,清洗套管座法兰,擦净密封胶垫,涂抹密封胶,镶入法兰密封槽内。当变压器设计装有套管升高座时,首先安装套管升高座,套管升高座也需要如前述清洗,然后再安装套管。

d.将高压套管吊起,油标朝外,放气塞在最高位置,吊至套管座上方时,将高压侧接线端部栓在提前穿入的细铁线上。牵引套管内的铁线,落钩时要稳要慢,要扶正套管,不要碰撞套管座,在法兰相接同时将细铁线牵出套管顶端,上好法兰连接螺栓,穿上销子,上好导电座密封头和接线板。依次装好其他高压套管。

⑥气体继电器安装。

a.打开试验合格的气体继电器封板,擦净连接法兰接合面,解除内部扎绳,手动触试开口杯和挡板动作应灵活。

b.拆下油箱和油枕与气体继电器相连接的法兰封板,并擦净接合面和密封胶垫,涂抹密封胶,镶入密封槽内。

c.将气体继电器置于两法兰中间,箭头指向油枕侧,适当拨动油枕,调整好位置和间隙,如胶垫无错位,便可对角拧紧连接螺栓。

d.拧紧油枕与支架的连接螺栓。

⑦变压器接地线安装。

a.用独立的接地线将变压器接地套管的引线直接与接地网进行连接。

b.用扁钢(铜)接地线将变压器底座的接地螺栓与接地网进行连接。

(5)抽真空注油及补充注油。

按采用的抽真空方法,连接抽真空系统。根据产品说明书的要求连接抽真空管路,将抽真空管路连接到油枕上部或其他指定部位。变压器有两种注油方式:一是变压器全部一次安装完毕,直接抽真空注油;二是在原先常规注油基础上的抽真空补充注油。

抽真空注油的操作步骤如下。

①打开所有散热器和冲击油压继电器的蝶形阀门,使变压器全部油路畅通。检查并拧紧各类放气塞、油堵及进出油阀门,保证变压器处于全密封状态。

②安装真空泵及其冷却系统,并进行空载试验和常规保养。一般情况下,真空泵循环冷却用水量不应少于 2 m^3,以降低温升。

③连接储油柜至真空泵间的抽真空管路,由于抽真空管路上端直接连接在储油柜顶部的真空阀门上,因此在安装后要将管路固定牢靠,不得使阀门承受额外应力,以防损坏。

④利用从变压器上拆下的、运输中用的氮气压力监测计量器具,改制成真空度检测及充氮压力监测导管组合计量器具,连接在从储油柜引下的吸湿器连管末端,其中真空计与连接嘴之间用直径为 6 mm 左右的橡胶管连接,接口处应涂敷密封脂。

⑤检查抽真空系统和真空度监测装置的配管,连接部位应密封完好。

⑥确认上列检查合格后,按以下步骤操作,进行抽真空作业前的漏泄率检查。

a.启动循环水水泵,使真空泵冷却系统运转。

b.打开变压器抽真空阀门及连通吸湿器联管的连通阀门。

c.启动真空泵,投入抽真空系统。

d.打开真空计阀门,记录抽真空开始时间,监视真空度上升速率,每小时记录一次真空度值。

e.当变压器内的真空度达到 667Pa 时,关闭抽真空阀门,停止真空泵运转。30 min 后,记录真空计读数,与停机前的真空度比较,其下降值即为该变压器的漏泄率。一般情况下,漏泄率不大于 130Pa,即认为合格。超过时,应对变压器的密封状况进行全面检查。缺陷处理后,应重新检测漏泄率。

⑦真空漏泄率符合规定后,启动抽真空系统,在保持 667Pa 真空度的情况下,连续抽真空 12 h,并每小时作一次真空度记录。

⑧变压器真空注油。

a.连接变压器与真空滤油机之间的输油管路,并将变压器主体及输油管路金属连接管部分可靠接地。

b.在变压器的真空度及连续抽真空时间达到规定时,打开注油阀门向变压器注油,注油量为油位计的 30% 刻度线。注油过程中,真空泵应持续运转,并保持 800Pa 的真空度。

c.注油量符合要求后,停止注油,关闭注油阀门,继续抽真空作业。

d.15 min 后,停止真空泵运转,关闭抽真空阀门及连通阀门,拆下真空计,在原与真空计连接处换接氮气瓶管路。

e.通过真空计阀向隔膜袋内缓缓充入氮气,破坏原真空状态。

f.随着氮气充入,储油柜内的油面将下降,当油位计指示10%刻度线时,停止充氮。打开注油阀门,再次注油至30%刻度线。重复上述操作,至隔膜袋内达到大气压力为止。

g.再次向隔膜袋内充入氮气,并反复加压至9.8~14.7 kPa范围内后,保持压力不变。

h.反复打开储油柜、套管升高座、气体检出继电器和冲击油压继电器等附件的放气塞,排出残存在器身内的空气,然后关闭所有放气塞。位于储油柜顶部的放气塞,排气拧紧后应涂敷硅脂密封。

i.再次向隔膜袋内充入压力为34.3 kPa的氮气,在保持压力不变的情况下,静置24 h后,对变压器进行油密封状况检查。确认变压器密封状况良好后,排放储油柜内的氮气,拆除测量用导管组合计量器具。

⑨安装呼吸器。

a.将3%硅胶重量的氯化钴溶于水中。水量以能被硅胶全部吸附为宜。

b.将硅胶浸泡在氯化钴溶液中,使其充分吸收,直至硅胶变为粉红色。

c.将粉红色硅胶在115~120 ℃的烘箱内干燥处理,至全部变为蓝色为止。降温后装入呼吸器内。

d.取下呼吸器罩、密封胶圈,在罩内注入变压器油至油面线后,将罩装上,密封胶圈不再装回。

⑩安装温度计。

a.将温度计表面擦干净,固定在表座上,检查指针是否在整定位置。

b.打开变压器顶盖上的测温座盖,擦净内腔,注入少量变压器油,插入测温包,油位以浸没测温包为宜,拧紧盖上的螺栓。

c.将毛细管理顺,多余部分盘成直径不小于50 mm的圆圈,用卡子固定在变压器适当部位的油箱上。

(6)母线安装。

①根据变电所母线平面布置图及母线结构剖面图的设计要求,测量母线引下线的长度,安装变压器的母线引下线。

②对于在室内安装的变压器,由于其位于室内,基本上采用高压电缆引入。

(7)风扇安装及配线。

①风扇托(支)架安装要水平(垂直)、牢固。拉筋要调直,位置处于散热器中心。

②用500 V兆欧表测量风扇电机绝缘,其阻值应不低于0.5 MΩ。

③将风扇固定在托架上,拨动风扇叶片应转动灵活。

④分别测量主接线盒至风扇分线盒及各分线盒间的环形电源供电回路的长度,将电缆和蛇皮管按测量长度下料。

⑤将电缆穿入蛇皮管,两端剥出芯线,校出并标上A、B、C相区别。

⑥将蛇皮管两端分别卡在接线盒上。中间固定在油箱上,将电缆芯线按相别接到主接线盒和风扇分线盒端子上,形成供电环路。

⑦用500 V兆欧表校核回路接线。检查主接线盒及各分线盒的熔断器是否齐全,规格型号是否相符。

用临时电源通电试验,检查电机转向是否正确,转动是否平稳灵活,有无卡阻、摩擦和振动现象。

(8)变压器电气试验。

①静置48 h后,应将变压器各部位的残余气体排尽,测试绝缘油的绝缘强度,并取油样送当地电力公司指定电气试验部门进行绝缘油的简化分析。

②试验人员按照国家电气试验标准进行变压器的电气性能试验。

(9)施工收尾。

①清理现场施工剩余材料,将剩余的变压器油装入运输用绝缘油桶内,并按规定进行保管。

②对损伤的变压器表面油漆进行修补,若已经露出金属部分,则要按常规刷防锈漆、补腻子、涂刷面漆。

③填写变压器安装技术记录。

7.4.1.4 综合自动化系统安装

1. 适用范围

适用于牵引变电所工程综合自动化系统安装。

2. 作业内容

变电所测控盘、通信盘、远动盘、综合自动化盘安装,变电所通信网络布线、二次回路接线;系统模拟试验,远动系统联调。

3. 操作步骤

(1)施工准备。

①复核基础槽钢尺寸及水平度,应满足安装需要和标准规范的要求。

②通信施工完毕,通信通道、通信接口、通信方式已经确定,通信接线盒已预留好接线位置。

(2)远动盘就位。

依据设计要求,按照盘柜就位组立的工艺进行远动盘的就位与固定。盘柜接地要符合标准。

(3)电源配置。

在调试阶段,尽量使用正式电源,实在解决不了的再使用临时电源。对于控制中心,UPS等电源设备技术参数要符合设计要求。

(4)与二次设备接口。

①二次回路校线。按照设计文件和厂家资料认真校核回路。

②电缆二次配线。按照电缆走向和接线位置,对电缆进行配线分把。

③远动二次接线,按照设计文件和厂家技术说明,核对后在盘柜内正确接线。

(5)所内模拟试验。

①确认电源装置输入、输出电压的极性和电压值满足产品的技术要求。

②投入远动盘,在盘上作设备模拟动作试验,确认各动作指示灯及指示命令正确。

③待盘上模拟试验正确后,可将各控制盘(柜)上相关转换开关扭到远动位,进行所内模拟试验。所内模拟试验按下列顺序进行。

a.主控单元和通信单元测试:接通设备电源,建立测试仪与远动设备间及各单元之间的通信,确认主控单元与各单元之间的数据传输正常,且远动装置处于良好的工作状态。

b.遥信单元的测试:用I/O模拟器分别接于各对应的遥信端子进行测试,确认遥信输入位正确。

c.遥控单元的测试:用I/O模拟器分别接于各对应的遥控端子进行测试,确认每一个控制输出组动作可靠。

d.模拟量遥测单元的测试:用I/O模拟器分别接于各对应的遥测端子进行测试,确认其精度满足产品的技术规定。

e.脉冲计数遥测单元的测试:用I/O模拟器分别接于各对应的脉冲量端子进行测试,确认其精度满足产品的技术规定。

f.故障点标定单元的测试:用I/O模拟器分别接于故障点标定端子进行测试,检查精度,确认误差满足产品的技术规定,模拟馈线故障,故障点标定装置应可靠启动,故障显示和打印记录正确,显示值与实际值误差满足设计要求。

(6)与通信系统接口。

与通信专业联系,确认通信接线盒预留端子位置,接线正确,并调试正常。

(7)远动系统联调。

①在远动系统通信通道和被控站远动终端连接前进行远动通道的信噪比、误码率、接收电平和发送电平及通道环阻测试,以确认通道传输技术指标满足设计要求。

②在被控站使用I/O模拟器检查、确认控制站的硬件配置、软件功能满足设计要求。

③远动系统联调一般在电调所进行,被控站配合人员对被控对象进行实时观察,并通过电调电话与电调所远动操作人员保持联系,确认被控对象的运行状态。

④在电调所模拟各被控站被控对象的所有控制动作和保护动作。

(8)收尾、投入运行。

①清理施工场地,并对远动盘的电缆引入处进行封堵。

②施工负责人、技术负责人及试验人员按工程质量评定标准,对施工质量进行全面检查、评定。做好各种安装技术记录、调试记录,请监理工程师签认。调试记录应包括通道情况、设备情况、调试内容、存在问题等。

7.4.2 接触网主要施工技术

1. 施工测量

(1)施工定测是指施工单位在接触网工程开工前,按照有关施工设计文件要求对线路中心线、基准高程、接触网纵向跨距和横向位置进行复核、定位的测量。

(2)由于高速接触网工程与普速接触网工程在建设程序、内容、遵循的技术规范、标准等方面都有较大的差别,因而其施工定测也有差别。普速铁路接触网工程一般是以现状轨道的中心线和轨道高程为基准,因此一般不对线路中心线、基准高程进行定测(新建铁路轨道未锁定情况除外),而高速电气化铁路接触网一般都是与路基、轨道工程同步施工,必须对线路中心线、基准高程进行定测。

(3)在高速电气化铁路工程招标时,建设单位就已明确接触网基础工程划入土建标或电气化标。划入土建标的,接触网基础工程由土建单位负责施工;划入电气化标的,接触网基础工程由电气化施工单位负责施工。

(4)当接触网基础工程由土建单位负责施工时,其基础位置由土建单位按照接触网专业的技术要求和相关规定进行定测和施工,电气化施工单位只对已施工的基础位置进行复核测量、确认。复核测量时请土建单位进行交桩配合,根据设计文件确定的起测点按图复核基础平面布置和高程即可,发现不满足设计文件要求或不符合验收标准规定的情况,向建设单位提报复核资料,由土建单位负责处理。

(5)当接触网基础施工由电气化施工单位直接负责施工时,其基础位置由电气化施工单位负责定测。在这种方式下,铁路路基、桥梁、隧道工程一般已完工,其定测的方法与前述方法有较大的区别。定测时由路基、桥梁、隧道施工单位进行交桩,以确定线路的设计中心线、基准高程、起测点等,再根据接触网工程平面图和相关技术规范、标准的规定,采用全站仪、经纬仪、水准仪等光学精密仪器进行逐点测量、定位,并按规定予以标识。

2. 隧道锚栓安装

(1)钻孔:悬挂锚栓埋入孔使用专用冲击电锤钻孔。钻孔时采用专用钻头,钻杆竖直向下,保证中间立柱垂直。达到钻孔深度后,钻头挡板即抵住隧道壁,以钻头加粗部分为支点进行环状旋转,对钻孔底部进行锥形扩削,形成柱锥钻孔。同时保证该螺栓垂直于该处隧道壁平面钻孔。

(2)清孔、锚栓埋设:钻孔完成后,测量检查孔深、孔径、孔距等各项参数,并做好记录。用专用清孔气囊和钢刷彻底清除孔中的灰屑,进行锚栓安装。使用专用敲击式工具将锚栓膨胀套管推至低于混凝土表面至少 1 mm 以下,露出蓝色标记,即表示锚栓已安装到位。对于化学锚栓,置入药剂管或丝网药剂包后,用电锤匀速旋入锚栓直至药剂流出为止,待药剂硬化后即完成埋置。

3. 支柱安装

(1)支柱安装宜在轨道铺设前进行,一般采用人工结合汽车式起重机的方式。

(2)清除基础表面杂物和基础螺栓保护塑料布,用法兰盘模具检查各螺栓位置的合适性,每个螺栓安装一个螺母和一个垫圈(用于调节支柱的倾斜度)。

(3)汽车式起重机就位,按有关规定打好支腿。

(4)将一条尼龙吊绳在距支柱顶部 1.5 m 处套牢支柱,并在支柱底部绑上晃绳。

(5)操纵吊车,用起吊钩钩住尼龙吊带起吊,拉紧晃绳,防止支柱在起吊过程中冲撞,待支柱底部法兰盘高于基础螺栓0.5～1 m时,停止上升,调节起吊臂角度,使法兰盘在基础螺栓正上方。两人扶住支柱,使法兰盘螺栓孔与基础螺栓上下对齐后,吊车缓缓放下支柱,使其顺利落在基础上。然后在基础螺栓上各带上一个螺母拧紧,吊车吊钩落下摘除支柱上尼龙吊带。

(6)利用撬杠和垫块整正支柱达到标准要求,然后配齐各个螺栓螺帽并用大扳手拧紧。复查支柱状态,确认无误后做好记录。

(7)清理恢复现场,然后组立下一根支柱。

4. 硬横梁安装

(1)采用经纬仪测量、机械运输、机械吊装的施工方法。

(2)用激光测量仪、经纬仪测量硬横梁长度,生产厂家根据测量数据制造硬横梁。

(3)硬横梁组装。选择一处平整的硬化场地作为硬横梁拼接场地。安放好支架,并在每对支架上横设一根钢管,测量各支架顶面钢管高度,并用支架调整螺丝调节钢管高度,使其达到横梁设计的拱度要求。

(4)用吊车先放置中间段,再放置两端并且每两段组装一次。用吊车将梁稍稍吊起,将下边的支架撤除,用水准仪测量硬横梁的预留拱度。

(5)将检查结果记录。

(6)硬横梁安装。利用封闭点进行吊装时,吊车停在距硬横梁安装位置6～7 m。堆放硬横梁平板车组与吊车车组各占用一个股道并行。在硬横梁的两端各拴一条大绳作晃绳,控制梁起吊后的旋转。

(7)根据横梁中心位置和钢丝套长度确定悬挂点位置,吊车先吊起横梁,离开平板一定高度后将运载横梁的平板车拖走,利用横梁两端晃绳,吊车配合横梁缓慢转动将横梁转动到垂直线路状态。

(8)调整吊车吊臂的长度和角度,将横梁悬吊至硬横梁支柱正上方,两端晃绳控制好横梁的方向,吊车缓慢地下落大钩直至高于钢柱顶端200～300 mm位置,调整横梁中心位置。

(9)钢柱上作业人员扶稳横梁,将横梁落下并将一端用连接螺栓与钢柱连接上,两边各一根,然后对应另一端将横梁与钢柱连接上。

(10)确认横梁状态良好后,将两端的连接螺栓全部补齐,配齐垫片、螺帽,用棘轮扳手紧固到一定力矩,最后用力矩扳手紧固到规定力矩。

(11)落下吊臂,卸下钢丝套,完成安装。

(12)硬横梁安装完毕后,再根据线路间距和设计要求在钢柱上标记出各个吊柱的安装位置。

5. 接触网支持结构计算安装

高速铁路运行速度越快,对接触网的稳定性要求越高。接触网支持结构通常采用稳定性较好的平腕臂结构,接触网支持结构安装要从测量、计算、预配、安装、调整等方面进行控制,提高安装精度。

(1)原始数据测量。原始数据测量包括高程测量、支柱倾斜率测量、支柱侧面限界测量。高程测量主要为确定支持结构安装的高度,一般采用水准仪进行测量,测得高程后根据纵断面图中设计轨面高程计算确定支持结构安装的高度;支柱倾斜率测量和支柱侧面限界测量主要为确定支持结构安装的尺寸,支柱倾斜率一般采用经纬仪测量,支柱侧面限界在轨道未到位之前一般采用全站仪进行逐点测量,轨道到位后可采用多功能接触网检测仪或者采用丁字尺测量。将各悬挂点处测量所得的高程、支柱倾斜率、支柱侧面限界值分别记录,为腕臂结构计算做好准备。

(2)结构计算。腕臂结构计算应采用程序化的计算系统为计算平台。首先应进行计算系统参数维护,计算系统参数包括腕臂结构尺寸及零件尺寸,必须对常用参数进行正确的维护管理。系统参数维护后按照计算系统要求的格式进行数据输入、计算和腕臂数据的输出。

(3)腕臂预配。腕臂预配应配备预制平台和预制工器具,根据结构计算输出的腕臂计算数据下料、装配、紧固,并做好区间支柱号的标示。

(4)腕臂安装。首先以高程测量确定的安装高度进行底座安装;底座安装完成并确认高度无误后,选择此处的预制完成的腕臂进行安装,一般采用人工安装或轨道车配合人工安装。腕臂安装完成后应对其状态和质量进行现场检查,并及时填写工程检查证。

(5)动态包络线检测。腕臂安装后,应进行动态包络线检测,确保腕臂各部在动态包络线以外。

6. 附加导线架设

轨道铺设后采用架线车小张力架设法,未铺设轨道采用人工架设。这里主要介绍采用人工架设的方法。

(1)安置线盘:用汽车式起重机将线盘吊装在附加导线起锚处,并固定好放线架。注意不能有卡滞现象。

(2)起锚:将附加导线牵引至锚柱后,留出预留长度,缠绕铝绑带(长度为线夹两侧各露 10~20 mm),安装耐张线夹,通过连接件挂到下锚角钢上。

(3)架线:人工牵引附加导线进行架设,每到一个悬挂点在肩架位置用钢丝套悬挂放线滑轮,将附加导线放入滑轮导槽内。

(4)弛度调整:当整个锚段附加导线就位后,在靠近下锚的适当位置将张力计安装在附加导线上,查看附加导线安装曲线和当时气温,确定附加导线的下锚张力。

(5)下锚:通知架线巡视人员汇报线索展放情况,确认所架锚段的线索不受障碍影响后开始紧线。紧线过程中随时观察张力计的数值,达到确定的张力时停止紧线。

(6)倒线:从起锚端向下锚端,把线索从放线滑轮中依次倒入附加导线固定线夹(暂不紧固,保证线索能在一定的张力下可自由滑动)后,取下放线滑轮。在倒线过程中注意张力计的张力有变化时,应对其进行调整,使张力计指示值始终维持为确定的张力值。倒线至下锚处后,再从下锚端向起锚端将地线线夹全部按紧固力矩要求进行紧固。

(7)检查:每一区段线索架设到位固定好后,检查所架设的线材是否有扭曲、断股、挂伤等现象,并做出相应的处理和记录。

7. 恒张力架线施工

对于高速电气化铁路来说,如何确保在较高运行速度下使接触线与机车受电弓具有良好的弓网关系,是工程建设中的核心技术问题之一。无论是路基、桥涵、轨道工程,还是接触网工程,最终都是围绕轮轨关系、弓网关系这两个核心技术问题而展开技术攻关与创新。因此,在设计时接触导线大都选用机械强度高、耐温特性好、导电率较高的单根铜合金导线,如 CTHA110、CTHA120、CTHA150 等。承力索一般也选择与接触导线相匹配的铜合金绞线,如 THJ95、THJ120 等。在工程施工时,要确保架线质量满足高速行车的要求,具体体现在导线架设完毕后应平整、光滑、有弹性,无硬弯、扭曲变形和表面硬伤等现象。因此,如果采用普通架线设备架线,由于其架线张力变化幅度过大(一般在 3~10 kN 范围内波动),导线因其自重而产生较大的弛度变化和纵向位移,从而造成导线硬弯、扭曲变形,这无疑会使架设后的导线质量恶化,不能满足高速行车对弓网关系的要求。鉴于此,在高速电气化铁路接触网工程施工中,必须采用恒张力架线设备及相关施工技术。

8. 整体吊弦施工

整体吊弦施工工艺,解决了导线高度调整不能一次到位的施工难题,确保了接触网的弹性均匀及受电弓受流要求。整体吊弦施工技术减少了接触悬挂的调整次数,对吊弦施工精度要求更高。整体吊弦施工的难点是整体吊弦的计算、预配和安装。

整体吊弦按载流方式分为载流式整体吊弦和非载流式整体吊弦。

①载流式整体吊弦都有一个载流环,载流环的作用是当机车通过时,电流能通过载流环进行分流,载流式整体吊弦一般都用在速度快、取流量大的正线上。

②非载流式整体吊弦没有载流环,主要作用是承力,而不承担分流,一般用在低速、取流量小的线路上,一般站线及枢纽都采用非载流整体吊弦。

整体吊弦按是否可调整分为可调式整体吊弦和不可调式整体吊弦。

①可调式整体吊弦一般在接触线端进行整体压接,而承力索端用可调式调整螺栓锁定,可调式整体吊弦一般用在低速的既有线路改造中。

②不可调式整体吊弦两端都是压接的,对施工及线路稳定性要求比较高,一般适用于新建的高速电气化铁路。

9. 线岔施工

(1)支柱定位。应提前介入站前的接触网基础施工,如果基础由站前施工单位施工,由于专业的不同,在某些关键性基础位置的理解上可能会产生偏差,给基础的定位造成不利的影响,为此,应在其进行基础施工时予以配合指导,防止关键性的基础位置出现变化,为后期的施工做好充分的准备。基础完成后,对于所有关键性的接触网支柱基础位置进行仔细的检查、测量。对发现不符合标准要求的基础,及时整改。确认基础位置及型号无误后,选择对应支柱型号,进行立杆整正。

(2)腕臂及定位装置的安装。腕臂和定位装置的测量计算是非常重要的一环,若能精确到位,将大大减少后期的精调工作量,是后期吊弦测量、计算的基础。腕臂及定位装置应严格按支持结构计算与安装技术进行施工。

(3)吊弦施工。吊弦施工有助于调节接触线的高度及平滑性,使受电弓在道岔处能平顺安全地通过,是道岔施工里非常重要的一道工序。

吊弦施工按照测量、预配、安装调整、检测的步骤来进行。但由于道岔调整的特殊性,建议采用可调式吊弦布置,以方便后期的微调。

吊弦安装过程中要求安装人员在作业平台上对已安装完成的吊弦状况进行目测检查,看接触线是否平顺,有无明显的起伏等。

(4)自检工作。利用多功能激光测距仪检测道岔处的导高和拉出值,还要检测理论岔心处的导高和拉出值,主要看其是否等高。如有必要,可以对每一根吊弦的高度都进行检查,出现问题时,可以作为后期调整和分析的依据。

10. 设备安装

(1)隔离开关安装。

①对隔离开关进行外观检查后,按照技术要求进行绝缘测试。用绳子吊装隔离开关托架,安装时用水平尺调平。

②托架安装好后,用绳子吊上开关底座,按要求将底座固定在托架上。然后将隔离开关本体吊上托架,在底座上固定好。最后将传动杆和操作机构等开关附件按照设计要求安装完毕。

③开关安装完毕后,按照设计要求进行开关的合闸、分闸试验,对开关的动作进行调试。最后安装好接地线和开关引线。

(2)分段绝缘器安装。

①对分段绝缘器外观进行检查,根据安装图纸进行组装。然后进行拉力试验。

②在设计位置安装承力索绝缘子,然后在正下方安装分段绝缘器本体。初步调平分段绝缘器,将分段绝缘器接头线夹处的接触线煨弯并固定在线夹内。分段绝缘器调整时先调整分段绝缘器两端吊弦长度,使分段绝缘器符合技术要求。安装完后,用多功能激光测量仪检测分段绝缘器高度是否符合要求,底面是否与轨面平行,并用塑料布将所有绝缘元件包扎好。

7.5 电力工程施工

电力供电系统是系统集成的重要组成部分,为确保调度指挥、信号、通信、旅客服务等系统重要负荷安全、可靠、不间断地运行,电力供电系统必须满足铁路行车安全、可靠供电的要求,设备选型满足免维护、少维修的要求。

7.5.1 电缆线路

1. 施工准备

(1)接口检查。积极主动联系相应的土建单位,对有关的接口工程进行检查。对不符合设计要求的,通过建设单位协调,要求土建相关单位及时整改。

①检查进出房屋预埋管。包括预埋管的位置是否正确,预埋管的材质是否符合要求;在有单芯电缆的情况下,应检查其采用PVC管或是钢管;预埋管的管

径是否满足要求,预埋管的数量是否满足要求。

②检查过轨管。包括过轨管位置是否正确;过轨管埋设深度是否符合要求;预埋管的材质是否符合要求;预埋管的管径是否满足要求;预埋管的数量是否满足要求;过轨管与其他专业电缆沟槽管道的交叉距离是否满足要求,特别是与通信、信号专业的电缆交叉距离是否满足要求。

③检查电缆井。包括电缆井的位置、电缆井的尺寸是否满足要求;电缆井有无合用的情况,如为合用,应检查其布置分配。

(2)现场实测,并绘制电缆敷设路径图。根据实测数量进行电缆配盘,制造长度内的电缆不考虑中间接头;少量超过制造长度的电缆要根据电缆敷设路径图进行配盘,以避开电缆过轨、上下护坡位置。

(3)与站前电缆沟施工单位联系,对计划敷设电缆的区段进行电缆沟盖板翻揭,对有破损的盖板做好记录并请站前施工配合人员签认。翻揭盖板过程要轻拿轻放,注意不损坏盖板。

(4)由于一些区段铺轨较晚,在有砟区段要在上砟之前进行电缆铺设,可用汽车配合敷设;无砟整体道床区段要通过建设单位协调,用汽车配合敷设。

(5)办理好电缆敷设区段的封锁点,设置好联络防护。对有交叉作业的施工单位通过建设单位进行协调,做好施工配合工作。

2. 固定电缆盘

将绝缘测试合格的电缆整盘吊装在放线车的电缆支架上,电缆盘要固定牢固。

3. 电缆展放

(1)在已铺轨区段利用轨道车展放电缆。

①设指挥员 1 人,负责电缆展放的统一指挥。当轨道车到达敷设地点后,先从电缆盘上端拉出一定长度作缓冲段。指挥员要与轨道车司机约定信号,根据电缆展放情况指挥车辆的开动、停止及运行。

②放线车开动后,2 人在车上转动电缆盘,使其在敷设时保持动态平衡,车速与电缆展放速度作良好配合(车速不大于 5 km/h)。车下 10 人跟随轨道车,将电缆及时移至电缆沟内,并作蛇形布置。

③电缆进变电所部分,要先测量出所需长度,将该段电缆从电缆盘上拉出预留后,人工敷设电缆到指定位置。如果路径较长,在施放时应将电缆放在滑车上。

④电缆需穿过管道时,对管道要进行检查清理,去除管口毛刺,必要时应边牵拉边涂抹润滑油。

(2)未铺轨区段电缆展放。

由于一些区段铺轨完成时间较晚,为确保箱式变电站按时送电,在未铺轨区段,采取汽车加人工方式进行电缆展放。

①设指挥员1人,负责电缆展放的统一指挥。将电缆吊至汽车放线架上,把放线架固定牢靠,先从电缆盘上端拉出一定长度作缓冲段。指挥员要与汽车司机约定信号,根据电缆展放情况指挥车辆的开动、停止及运行。

②放线车开动后,2人在车上转动电缆盘,使其在敷设时保持动态平衡,车速与电缆展放速度作良好配合(车速不大于 5 km/h)。车下10人跟随汽车,将电缆及时移至电缆沟内,并作蛇形布置。

③电缆进出基站或设备洞室部分,要先测量出所需长度,将该段电缆从电缆盘上拉出预留后,人工敷设电缆到指定位置并做相应预留。如果路径较长,在施放时应将电缆放在滑车上。

④电缆需穿过管道时,对管道要进行检查清理,去除管口毛刺,必要时应边牵拉边涂抹润滑油。

4. 电缆整理、绑扎、挂牌

(1)电缆敷设完毕后,要进行整理、绑扎、固定。电缆放在电缆支架上,使电缆稍稍呈蛇形状,以减少热胀冷缩带来的影响。采用10 kV高压单芯电缆,同一回路的三根电缆成"品"字形,轴心等距。

(2)电缆在终端头、中间头、拐弯处、夹层内等地方应挂设电缆标志牌。电缆牌内容包括电缆编号、电缆型号、电缆长度、安装(更换)日期、电缆起始端等。

7.5.2 箱式变电站安装

(1)变压器及箱式变电站运输。先进行运输经路的调查和进场道路的铺设,按相应的搬运方案将设备运抵现场。

(2)吊装和就位。隧道外箱式变电站,在变压器及箱式变电站运抵现场后,组织大吨位吊车,落实起吊点,调整千斤顶,然后严格按照相关作业程序吊装到安装基础上,调整就位,直至达到技术要求。按照施工工艺标准做好铁芯接地、器身外壳接地。

(3)隧道内箱式变电站,在箱式变电站柜体运至相应里程后,在平板车与设备洞室口搭好跳板,将叉车及箱式变电站柜体移至洞室内,然后严格按照平面布置图的柜号顺序移至箱式变电站基础上安装,箱式变电站落位后应将柜间的连接线或连接电缆按照图纸连接好。按照施工工艺标准做好铁芯接地、器身外壳接地。

(4)箱式变电站安装。

①先将箱式变电站与地基固定好后,才可进行电缆的安装,以免电缆安装完毕后由于柜体的挪动对电缆套管施加作用力。

②电缆敷设时注意相序,避免将来在柜内通过弯曲电缆来更换相序。

③电缆线耳安装孔的中心线要与柜体套管上的安装孔中心线一致,打磨线耳上的毛刺及氧化层,并保证线耳平面紧贴套管接触面。

④在电缆头装入 SF6 环网柜,柜体上的连接套管前,先用干的棉布擦拭套管绝缘表面,然后在表面上均匀涂抹一层薄的硅脂。M16 螺纹连接的电缆紧固力矩为 50 N·m(使用力矩扳手)。电缆头安装完毕后要拧紧防电缆头滑落的固定钩,热缩式电缆头除外。在连接变压器馈出柜功能熔丝井下的插拔式电缆头时,要尤其注意检查防电缆头滑落的固定措施。

⑤每相电缆的接地铜编织带要与环网柜柜体外壳有可靠的连接,紧固力矩为 28 N·m。

⑥电缆头安装完成后,再用电缆夹将电缆与柜体固定,固定力矩为 18 N·m。三芯电缆固定时需要将支架向下翻转,以保证足够的电缆分支空间。

(5)整组试验。在电缆安装及接地可靠连接后,按照安装试验计划进行试验,认真做好试验记录。

7.5.3 电缆中间接头和终端头制作

1. 高压电缆中间接头制作

中间接头制作应按照厂家的工艺指导进行,具体数据以厂家提供的为准,其制作由受过专业培训的人员进行。

(1)施工准备。

准备工具及材料:接头专用工具、中间接头组件、硅胶、无水酒精、清洁擦拭棉纸、砂纸、自黏性绝缘胶带、相色带等。用 2500 V 兆欧表检测电缆的绝缘电阻,须满足有关的技术规定;再将多余的电缆切除,电缆末端搁平、调直、锯齐;最后将热缩管穿进电缆,其端头外露长度能方便施工即可。

(2)剥外护套。

根据技术要求测定电缆外护套的剥切长度,并予以剥除。一根电缆外护套的剥除长度为 580 mm,另一根为 350 mm,以方便接头操作。

(3)剥铠装层、屏蔽层和半导电层。

用扎线在离电缆外护套断口 30 mm 处将铠装扎紧,其余铠装层剥除(如无铠装,则此步及后与之相关工序省去);从铠装断口起保留 20 mm 内护层,其余内护层去掉(如无内护层此步可省去);再从待连接的两根电缆由末端向两端各量取 270 mm,剥除这部分的铜屏蔽层,用半导电带将铜屏蔽切断处扎紧,保留 40 mm 半导电层,其末端 230 mm 长剥除半导电层。

(4)剥绝缘层。

量取电缆连接管长度 L,以 $L/2$ 长度将两电缆端部绝缘及内屏蔽层剥去,并将绝缘端部倒尖角、毛刺;用细砂纸或纱布,将绝缘层表面砂平、打光,绝缘层与半导电层相接处应平滑过渡,不允许成齿状。

(5)套接头绝缘主体。

将铜屏蔽保留较长的一根电缆的绝缘层、半导电层和铜屏蔽层清理干净,套入中间接头绝缘主体,衬管条伸出的一端先套入电缆,再将铜网套入另一根电缆。

(6)压接连接管,确定中心。

用塑料袋将中间接头和电缆绝缘临时保护好。用纱布将线芯表面砂毛,然后将连接管内外表面分别套入待连接两根电缆的线芯,挤紧后先压连接管两端,再在连接管中间压接两道(共压接 4 道);将连接管表面的毛刺、尖角等砂平,用清洁棉纸将连接管表面清洗干净,并将中间接头靠近连接管端头部位清理干净,特别注意不能在中间接头端头位置留有金属渣或其他导电物;确定已连接好的两根电缆绝缘端部的中心,由中心位置向电缆一端量取 250 mm,做好记号。

(7)收缩接头绝缘主体。

去掉临时保护,用清洁棉纸将线芯表面、连接管表面再清洗一次,待清洁剂挥发后,在电缆绝缘层上均匀抹一层硅脂;将接头绝缘主体移至中心处,沿逆时针方向均匀抽掉衬管条使中间接头绝缘主体收缩,让绝缘主体端口与记号齐平,抹尽挤出的硅脂。

(8)套铜网。

将铜网以半重叠方式绕包到中间接头上,铜网两端分别与电缆铜屏蔽层搭接 50 mm 以上,用镀锡铜扎线扎紧,在两端扎线处用锡焊牢(或用恒力弹簧抱箍抱紧)。

(9)外护层处理。

①缠一层防水带:从一端内护套将防水带拉长到约1.5倍以半搭叠方式绕至另一端内护层上,然后在防水带外以半搭叠方式绕包PVC胶粘带(50 mm宽)一层,将防水带完全覆盖。

无内护层时,此步省去,第一层防水带从一端外护套上搭接约30 mm开始缠绕至另一端外护套上,并搭接约30 mm,然后在防水带外以半搭叠方式绕包PVC胶粘带(50 mm宽)一层,将防水带完全覆盖,胶粘层应紧贴外护套。

②焊铜编织带:有铠装时,用砂纸打光铠装后再将铜编织带用铜扎线扎紧并用锡焊牢(或用恒力弹簧抱箍抱紧)在两根电缆的铠装上,即连通铠装层。

③缠第二层防水带:有铠装时,连接铜编织带后,从一端外护套上搭接约120 mm,照上述方法将防水带绕至另一端外护层上约120 mm,再以上述相同方式绕包PVC胶粘带(50 mm宽)一层,并与电缆外护套搭接约60 mm;无铠装时,绕完第一层防水带及PVC胶粘带后,在PVC粘胶带上再以上述相同方式绕一层防水带,要求两端与电缆外护套搭接约120 mm,然后绕包PVC粘胶带(50 mm宽)一层,并在电缆外护套搭接约60 mm。

④热缩护套管:将第一根长为1000 mm的热缩护套管与电缆外护套搭接100 mm,加热收缩好后,再将另一根长为300 mm的热缩护套管与另一端电缆外护套搭接100 mm,与第一根重叠搭接,加热收缩。在各搭接处分别绕包2~3层防水带,防水带外用PVC粘胶带包好。

(10)检查记录。

安装完成后按相关要求进行检查并记录。

2. 插拔式电缆终端头制作

电缆终端头与箱变环网柜进行连接,采用插拔式电缆终端头,电缆头制作安装应按照厂家的工艺指导进行,具体数据以厂家提供的为准,环网柜电缆的安装及电缆接头的制作,应由经过培训的熟悉工艺的人员进行,并查阅环网柜的安装说明书及电缆头制作说明书。

(1)施工准备。

材料:电缆终端头组件、硅胶、无水酒精、清洁擦拭棉纸、砂纸、自黏性绝缘胶带、相色带等。

工具:终端头制作专用工具、电缆拔切刀、液化气喷枪(配液化气)、钢锯、钢卷尺及常用电工工具。

(2)安装冷缩电缆准备件。

①将电缆置于预定位置,剥外护套、钢铠及衬垫层:留钢铠 40 mm 用塑料扎条扎紧,并打磨除漆;留切 10 mm 内护套,用 PVC 带将每相铜屏蔽层端头和钢铠端口分别包裹住,再去除填充物与扎条。由于柜体尺寸的差异及安装方式的不同,具体应根据现场实际情况确定。

②固定接地线,缠绕填充胶:将 25 mm^2 接地线一端约 300 mm 长度先用一只恒力弹簧尽量靠近根部固定在三相铜屏蔽层上,再用另一只恒力弹簧将地线固定在钢铠上,然后缠绕足量的填充胶,将恒力弹簧与三叉部位及外护套上 30 mm 端部包成一体。

③安装冷缩三指套:将冷缩三指套装入电缆的三叉根部,对其大端口下的外护套表面清洁后包贴一层填充胶,并夹包住地线,以防水汽沿接地线空隙掺入。逆时针将塑料支撑条抽出,先收缩颈部,使三指套收缩并包住填充胶。然后按同样方法分别收缩三芯,用 PVC 胶带对其大端口进行包封。根据安装位置、尺寸及布置形式将三相排列好。以确保以后三相接线端子孔与套管螺孔均能有效对中。

④安装冷缩管:套入冷缩管,与三指套搭接 15 mm 以上,逆时针抽掉支撑条,使其收缩。切除冷缩管时,应用 PVC 胶带固定,然后环切,严禁轴向切割。

(3)切剥电缆。

切剥中切勿划伤芯绝缘表面,对芯绝缘表面可见痕迹一定要用细砂布抛光至无痕,半导电层与芯绝缘处做 3 mm 锥面。削半导电层锥面时,一定从芯绝缘向半导电层方向削,否则易划伤芯绝缘。

(4)缠半导电带。

将半导电带拉伸 150% 后从铜屏蔽层与冷缩套结合处开始缠绕成 20 mm 宽、1.2～1.5 mm 厚的圆柱形缠绕体,注意保证缠绕长度为 7 mm。

缠绕半导电带时上部切勿成圆锥形或鼓形,以免造成应力锥不能定位。半导电带缠绕时一定拉伸到规定要求,而且电缆表面和操作者手指须清洁干净。

(5)清洗芯绝缘。

用电缆清洗纸从绝缘层半导电带缠绕体方向一次性清洁绝缘层及外半导电层,不得反方向,以免把半导电颗粒带到绝缘层上。检查绝缘层,如有残留半导电颗粒,可用细砂纸打磨干净,再用新的清洁纸清洁。

(6)装应力锥。

用干净的手指将硅脂均匀涂在电缆的芯绝缘和清洁干净的应力锥内孔内。

往电缆芯绝缘上用力推入应力锥,直到半导电台阶抵紧应力锥内部台阶面为止(与冷缩管端面平齐)。

(7)压装接线端子。

将接线端子孔方向朝向插座方向,用压线钳分三次将接线端子压紧在电缆导体上。应力锥外表面锉去端子毛刺。压接端子时应注意端子孔方向与连接套管方向一致。

(8)装前接头、后接头及避雷器。

必须以清洁产品对应接触部位,并分别涂上硅脂,接头必须推到位,接线端子必须确保压紧。

①用清洁纸清洁应力锥外表面和前接头内孔,在应力锥的外表均匀涂硅脂,将电缆推入前接头下部孔中,直到接线端子与前接头内屏蔽层接触良好为止(注意端子孔方向与连接套管方向一致);接线端子不得下移,否则推入时易划伤螺柱,其导电铜屑掉入接头装配孔内影响绝缘,应力锥大台阶面外露出接头本体不大于 10 mm。

②清洁全屏蔽接头安装孔,插座装配面涂硅脂,将 M16 螺柱旋入插座内,将带电缆前接头用力推上插座(注意接头必须推到位)。

③用涂硅脂的绝缘塞穿入接头尾孔,与螺柱旋合,用工具旋紧(若旋合困难,则请将螺柱先旋出约 10 mm)。在绝缘塞头部压上封帽。

④若需在前接头后继续装配后接头或接头避雷器,则用扳手旋紧前接头中的接线端子,旋入 M16 螺柱,将涂硅脂的后接头(电缆处理、接头装配按以上步骤)或接头避雷器推入前接头尾孔。

⑤若需多分支装配,则重复步骤④。

⑥多分支装配后,按步骤③操作。

⑦将全屏蔽接头的接地孔与接地线相连,良好接地。固定电缆,电缆接地线接地。

⑧为了保证计量的准确性,接地线应同电缆一起穿过零序CT。

(9)装配中的常见错误。

①应力锥下移 10 mm,不能有效解决电缆电场强度集中问题。

原因:半导电定位台阶缠绕不合格,不能使应力锥有效定位。

②电缆接头呈弯曲状态,引发局部放电问题。

原因:电缆分相短或深入接头内的电缆未校直。

③电缆绝缘层切剥划痕严重。

④接线端子未被压紧。

⑤接地线未接地。

(10)检查记录。

安装完成后按相关要求进行检查并记录。

7.5.4 防雷及接地

1. 施工准备

(1)根据设计图纸确定电力设备或电缆的接地类型及相关要求,准备相关材料。

(2)协调综合接地施工单位配合确定综合接地路径及引出点位置。

2. 接地装置安装

(1)接地装置采用 2500 mm×50 mm×5 mm 角钢的垂直接地体和 40 mm×4 mm 的扁钢焊接组成,垂直接地体相距 5 m。

(2)开挖深度大于 0.8 m 的接地沟槽,用铁锤把垂直接地体垂直打入地下,对地质较硬的地方应先挖一定深度的坑再打垂直接地体,水平接地体平直在沟内敷设,接地装置顶部埋设深度要求大于 0.6 m。

(3)接地引出线采用镀锌扁钢焊接引出,在引出线端部预先钻孔以便与设备连接,每处接地装置引出两个接地端子。

(4)敷设好接地体和引出线后,回填接地沟,若是土壤电阻率较高的地方需换土回填。

3. 接地电阻测试

接地装置施工完成后,用接地电阻仪进行电阻测试。箱式变电站(开)要求不高于 4 Ω,避雷器要求不高于 10 Ω,一般电器设备要求不高于 30 Ω。对达不到要求的,采用添加降阻剂或是延长接地网直到合格为止。

4. 接地连线

(1)电力装置设置保护接地。

①变压器、电器、携带式及移动式用电器具等的金属底座和外壳。

②互感器的二次绕组。

③配电、控制、保护屏(柜、箱)及操作台等的金属框架。

④电力电缆接线盒、终端盒的外壳和电缆的金属外皮,穿线钢管,起重机轨道及布线钢索、电缆桥架等。

⑤灯塔及灯桥。

⑥铠装控制电缆的外皮、非铠装或非金属护套控制电缆闲置的1~2根芯线。

⑦箱式变电站箱体的金属部分。

上述电力装置的保护接地的接地电阻值根据设备类型、保护类型按有关规程规范确定。

(2)等电位联结。

①建筑物采用等电位联结,以降低建筑物内间接接触电压和不同金属物体间的电位差;避免自建筑物外经电气线路和金属管道引入的故障电压的危害;减少保护电器动作不可靠带来的危险,有利于避免外界电磁场引起的干扰,改善装置的电磁兼容性。

②通过进线配电箱近旁的总等电位联结端子板(接地母排)将下列导电部分互相连通:进线配电箱的PE(PEN)母排;金属管道如给排水、热力、煤气等干管;建筑物裸露的金属构件;建筑物接地装置。

③建筑物每一电源进线都做总等电位联结,各个总等电位联结端子板间应互相连通。

(3)区间建筑物接地系统。

区间通信、信号基站电力系统工作接地、设备保护接地共用接地装置并与综合接地系统连接。

(4)10 kV电力线接地。

①在铁路用地界以外,10 kV架空电缆线路上一般独立设置接地装置,接地极距综合接地系统接地极不低于2.5 m。贯通线及站内高、低压电缆金属外皮与综合接地系统连接。

②在隧道设备洞室内及大于500 m的桥梁上预留综合接地系统的电力接地端子,贯通线电力电缆金属外皮与综合接地端子连接。

③装置低压配电系统接地形式采用TN-S系统。

④大型建筑如站房、综合维修工区等强、弱电设备较多的建筑物采用综合接地,接地电阻取各类设备的最小电阻,并按有关规范实行等电位联结。

为防止暂态过电压的干扰,根据不同设备的重要性,分别采取不同级别的过电压保护措施。

(5)设备接地。

箱式变电站、箱式配电所、箱式开闭所均通过两根VV22-12×16的接地电缆分别和综合地线的两个接线端子可靠连接。

第8章 防灾安全监控与环境保护

8.1 防灾安全监控系统

防灾安全监控系统是保证高速铁路安全运行的重要基础设施之一，是综合调度中心不可缺少的一个组成部分。这正是高速铁路与普通铁路的重大区别之一。通过对各类灾害监测的原始信息进行数据处理、分析与判断后，传送至综合调度中心或综合维护与救援调度中心确认和处理。根据灾害的性质和级别，对运行中的列车实施预警，或限速运行，或中止行车，以确保高速列车运行安全。

防灾安全监控系统一般包括信息采集、信息传输和信息处理三部分，对自然灾害(风、雨、洪水及地震)、轨温及火灾、突发事故、异物侵入限界等内容进行监测或控制。自然灾害主要指风、雨、洪水、地震及其他自然灾害；轨温及火灾主要指钢轨温升，大型车站、大型结构物、牵引变电所、通信信号机械室等重要机房室内及周围火灾；突发事故及异物侵入限界指突然发生的影响行车安全的事故及落石、落物、坍方或其他物体侵入限界，使铁路设施受到意外撞击等。另外，运行中的高速列车、牵引供电系统和通信信号等都有自己的安全监测和自控系统，维修、紧急救援子系统也是安全系统中的重要环节，它们共同构成安全保障体系。

8.1.1 风监测子系统

高速铁路与普通铁路相比，一方面列车运行速度快，另一方面列车车轴质量轻，因此，风对高速铁路安全的影响是不容忽视的。强横风作用下，接触网可能引起强烈摆动、翻转；作用于车辆的侧向大风将影响列车运行的横向稳定性，可能造成列车倾覆。高速铁路针对风灾害所采取的安全对策是建立风监测子系统(系统还需与气象部门联网以保证数据的合法性和对未来天气的预测需要)。该系统由风向风速计、发送装置、接收分析记录显示装置组成。风向风速计通过其附带的变换器将模拟电信号转换成数字信号，经由各自的信号发送装置，通过一对电缆发送至分析记录显示装置接收。在风速达到一定值时，自动通知中央控制中心,控制列车减速或停止运行。警报标准根据线路条件、列车抗风性能、周围环境等综合因素考虑。

8.1.2 雨量及洪水监测子系统

为了防止洪水灾害对高速铁路带来的灾害,需要建立雨量及洪水监测子系统。该系统根据高速铁路沿线气象、水文、灾害历史以及线路的路基、桥梁等设计状况,有针对性地设置监测终端,有效地制订运营及防洪措施。雨量及洪水监测子系统由水文气象数据采集终端(风速、风向、气温、气压、雨量、水位、冲刷探测、洪水测量及路堑防撞监视等)、数据处理与预报(中央装置)、数据传输与控制三大部分组成。

高速铁路受降雨及洪水的破坏,主要表现在路堤破坏、桥梁破坏以及路堑自然边坡破坏三大方面。路堤破坏类型主要有边坡侵蚀、堤内水位上升、排水不良、周围环境影响;桥梁破坏主要有桥墩台过度冲刷、桥梁撞击、水位过高;路堑自然边坡破坏,很大一部分也是由雨水冲刷造成的。因此,应针对上述情况考虑设计相应的探测及数据采集设备。

8.1.3 地震监测子系统

目前用于地震监测预警主要有两类系统。一类系统是在烈度大于或等于Ⅵ度(相当于地震动峰值加速度为 0.1 g)的线路区段的变电所内,设置地震监测设备。监测设备有两种形式:一种是加速警报仪,我国采用警报加速度为45 gal(1 gal=0.01 m/s^2),日本采用的警报加速度为 40 gal(0.4 m/s^2);另一种是显示用的地震仪,该地震仪能显示监测点的地震加速度波形,可进一步判断发出的警报是否可靠。另一类系统是日本新近开发的地震早期监测预警系统。

8.1.4 雪害监测及对策

在年降雪量和积雪深度大的地区,下雪时积雪对高速铁路的主要危害如下。

(1)暴风雪形成的雪堆,过高时影响行车安全。

(2)高速列车气动力卷起积雪并凝结在列车车体底部,导致车辆绝缘失效。

(3)列车从降雪地区行至温暖地区,车下积雪或结冰脱落,砸向道床,使道砟飞起,危害车辆设备及附近建筑物和人员。

(4)积雪使道岔扳动失灵,为此应采取相应措施。例如日本在风口地段设置防雪栅或防护林,防止在线路和设施上形成雪堆,同时在适当地点设置防雪崩桩或棚,阻止斜坡发生雪崩;降雪的地方加设防护装置和加热融雪装置;道岔处采用电气温风融雪机;设置雪害监测设备等。

8.1.5 轨温监测

高速铁路全线铺设跨区间无缝线路,在夏季,随着轨温的升高无缝线路长钢轨纵向应力将增大,如果在该季节进行夜间大型养路机械作业,作业后将改变有砟轨道道床作业的状态,实测表明道床的纵向、横向阻力均有下降,此时无缝线路保持稳定的安全储备量将减少。如果轨温继续升高到(或超出)某一临界值,只要有任意的激扰,如过车时的振动、列车在该地段制动、线路维修等,无缝线路将失去保持稳定的能力从而发生胀轨跑道事故,对高速铁路的行车安全构成威胁。

8.1.6 大型车站防灾

大型车站应设有自己的防灾中心,采集的信息有火、烟机各通道滚梯运行情况等。一旦有非常事态发生,可及时采取自动灭火、排烟隔离火源等措施,并有效地疏导旅客。大型车站内的旅客导向信息系统,是列车运行管理系统中的一部分,对车站安全起到辅助作用。通过向导显示板和广播,除提供日常服务信息外,还可提供事故信息、疏导向导。

8.1.7 其他灾害监测及安全防护工程

为避免闲人进入高速铁路线路范围内有碍高速列车运行,应沿线路两侧或在铁路用地限界处,设置金属防护网;每隔一定距离设置禁止入内警示牌。线路上有可能发生崩坍、落石的地段,应设置防护栅及监视警报系统,以保证高速线路受侵的信息能及时传输到综合调度中心,控制列车运行。凡有高速列车通过的站台,在站台安全线设置固定防护栅和车门处的活动防护栅。

公路跨越高速铁路或与高速铁路并行(公路低于铁路 1.5 m 以上的除外),在公路与高速铁路的交界处,应设置防止汽车翻落及异物跌落的防护工程,并考虑在汽车的来向端及去向端适当延长防护工程范围。与防护工程同时设置边界故障报警装置。高速铁路跨越或并行公路、既有铁路,其桥墩外侧面认为有必要时应设防护撞击设施。

线路两侧交错设置列车防护开关,站台每隔一定距离设置列车防护开关。发生突发事故(如发现线路内有障碍物、乘客从站台上跌落或线路异常等)时,线路巡导员或车站值班员操作列车防护开关,及时关闭 ATC 信号,使正在接近的列车停车,防止事故发生。设置防护开关的地点设置防护电话,便于现场与综合调度中心联系,防护电话可采用有线或无线通信。

防灾安全监控系统设备须安全可靠,直接对列车限速的软、硬件设备须考虑冗余设计。要保证高速运行中的列车在临灾之前,能得到有效的控制,即要求灾害信息传送具有实时性。因此,防灾安全监控系统信息传送采用高速铁路专用数据通信网。

高速铁路是存在于自然界中的构造物,受到灾害和事故的侵袭是不可避免的,但是,只要对各种灾害和事故进行深入的研究,针对不同灾害和事故,结合高速铁路的实际情况,制定不同的防灾安全对策,就可以将灾害和事故带来的损失降到最低,确保高速铁路的安全运行。

8.2　噪声及其控制

随着工业和交通运输的发展,噪声对环境质量的影响日益严重。据不完全统计,近年来向环保部门投诉的污染事件中,噪声事件所占的比重已上升到第一位。降低周围环境的噪声,防止噪声的危害,已成为人们迫切的愿望。治理环境噪声,已成为环境保护工作的重要内容。

8.2.1　噪声危害

一切对人们生活、学习、工作和健康有妨碍,令人讨厌的声音统称为噪声。众所周知,噪声污染是一种物理污染,虽然并不直接致病,但噪声对人的健康有重大影响,而且对神经、心脏、消化系统也有不良影响,还影响人的睡眠和休息。实验证明,45 dB(A)的噪声就开始对正常人的睡眠产生觉醒反应;在白天 100 dB(A)时,人们就会感到吵闹不安,甚至难以忍受;噪声会使人烦恼、疲劳发困、反应迟钝,影响工作效率;噪声还会影响儿童的智力发展,据调查,在吵闹环境下儿童的智力比安静环境下儿童的智力低 20%;噪声对自然界中的生物也有影响,强噪声会使鸟类羽毛脱落,甚至内脏出血而死亡;高强度的噪声能损坏建筑物,160 dB(A)以上的高强噪声会使金属结构疲劳。

铁路噪声原本存在,随着高速铁路的诞生,噪声污染就更加突出。日本新干线穿越人口密集区,修建东海道新干线之初,对噪声扰民问题引起重视,建成后由于沿线噪声扰民不断,引发投诉事件和强烈抗议,在日本环境厅于 1975 年颁布新干线噪声标准之后,被迫采取了许多减振降噪措施。法国国铁也曾由于 TGV 东南线高速列车运行产生的噪声问题而被罚款,但与日本比起来,由于国家规定了较宽的铁路用地范围,沿线人口稀少,对噪声、振动控制不迫切,因而对其治理投资较少,列车辐射声级也较高。可见,世界各国在修建高速铁路时,对噪声问题相当重视,都采取各种综合减振降噪措施,来满足政府部门制定的噪声法规和环境噪声标准的相关要求。

8.2.2 噪声源

噪声按不同的来源可分为工业噪声、交通噪声和生活噪声。工业噪声按产生的机理又可分为三种:第一种是空气动力性噪声,如各种风机、高速气流等所产生的噪声;第二种是机械噪声,如各种车床、电锯、铁路车轮滚动所产生的噪声等;第三种是电磁性噪声,如发电机、变压器、电力机车集电系统所产生的噪声等。

高速铁路由于具有高速、高架、电气化等特点,其辐射噪声与普通铁路有所不同,主要体现在噪声源及其辐射强度方面。高速铁路的噪声主要由轮轨噪声、集电系统噪声、空气动力噪声、建筑物激励噪声和其他机械噪声等组成。

1. 轮轨噪声

轮轨噪声是高速铁路的主要噪声源,它产生的噪声来自如下三个方面。

(1)车轮通过钢轨轨缝、道岔以及擦伤后的车轮在钢轨上转动时产生的冲击声。

(2)车轮与钢轨粗糙的接触表面相互作用后所产生轮轨振动轰鸣声。

(3)车轮通过曲线时,轮缘挤压外轨以及内侧车轮踏面在钢轨上滑动所产生的摩擦噪声。高速轮轨噪声主要通过车轮辐射,仅有小部分通过钢轨辐射,其声能分布的频域范围较宽。

2. 集电系统噪声

凡由动车组受电弓引发的声音,统称为集电系统噪声,它产生的噪声来自如下三个方面。

(1)受电弓沿接触网导线滑动而引发的机械滑动声。

(2) 受电弓离线时产生的电弧放电噪声(拉弧声),它与接触网吊弧弧度的大小有关。

(3) 整个受电弓与导线滑动过程中产生的风切声,它与导线的张力有关。其中电弧噪声最大,有时瞬间可达 100 dB(A)。

3. 空气动力噪声

在高速铁路上行驶的动车组,会使车体表面出现空气流中断,并因此引起涡流,从而产生空气动力噪声。这种噪声与列车的行驶速度、车体表面的粗糙程度,以及车体前端是否流线化等因素有关。

4. 建筑物激励噪声

高速铁路的路基,高架混凝土桥、钢桥、隧道等建筑物结构在振动状态下均可成为二次辐射噪声源。不同的基础建筑结构,辐射噪声级不同。路堤型路基噪声高于路堑型路基噪声。在桥上或高架结构物上产生的振动能以低频噪声传播,尤其当列车通过无道砟轨道的钢轨时,这种二次辐射噪声值较为明显。高速列车行驶在隧道出口处时,因微气压波,导致能量很大的冲击噪声。

5. 其他机械噪声

在高速铁路噪声源中,其他机械噪声与列车速度虽无直接关系,但由于机车功率提高而同样显得突出,例如动力传动机构、牵引电机冷却风机及其气流等。此外密闭车厢内的设施,例如空调机组及其通风管道、车内电器装置等,也会对车厢内环境产生噪声。

8.2.3 噪声环境评价标准

不同国家不同发展阶段的高速铁路,在噪声水平控制技术上有很大的差异。不同的线路结构、不同的桥梁结构、不同的建筑群类型和布局,以及不同的动车组等均对噪声的大小范围有很大影响。因此,确定噪声的控制标准是一项比较复杂的任务。

有关高速铁路噪声标准,目前仅日本和法国已制定并执行,其他国家大多仍受既有铁路噪声标准控制。标准值由各国通过调查沿线居民对噪声的烦恼度,进行数理统计分析后提出,因而数值大小与各国国情有关。

日本新干线噪声限值为列车通过时的最大声级,其限值如下:

Ⅰ类地区(主要为住宅的地区):$L_{A\max} \leqslant 70$ dB(A);

Ⅱ类地区(商业、工业等Ⅰ类以外地区):$L_{A\max} \leqslant 75$ dB(A)。

法国高速铁路标准为等效声级 L_{eq},昼间 65 dB(A)。我国既有铁路噪声限值为距铁路外侧轨道中心线 30 m 处,昼夜等效声级均为 $L_{eq}=70$ dB(A)。其他国家既有铁路噪声值大多在 60～68 dB(A)之间。等效声级相当于以一个稳定的连续噪声来代替随机噪声,二者在规定的一段时间内具有相同的能量。

对各国铁路噪声限值进行比较,日本新干线噪声限值是当今世界最严格的铁路噪声限值。这可能与新干线运营初期,沿线居民对噪声的强烈反应有关。我国现行的国家标准为《声环境质量标准》(GB 3096—2008)和《社会生活环境噪声排放标准》(GB 22337—2008)两大标准。满足国家规定的环境质量要求是高速铁路技术体系的重要组成内容,也是交通发展方向的重要目标之一,因此采取适当措施达到一定的降噪效果是十分必要的。

8.2.4 噪声控制技术

高速铁路噪声的控制措施,可分为如下三个方面。

1. 生源降噪措施

(1)降低钢轨和车轮表面的粗糙度,对轮轨的表面进行研磨,使之保持平滑完好状态。

这项措施适用在日本新干线上,可使噪声衰减 3～6 dB(A)。

(2)铺设超长无缝线路可减少车轮对钢轨的接缝的冲击声;采用 60 kg/m 及以上的重型钢轨,保持线路方向顺直,可减轻高频振动对道床的影响,提供高速行车所需的平滑运行表面。

(3)采用防振钢轨。日本在新干线上采用的防振钢轨是使用橡胶从钢轨头部及以下将整个轨腰部位包覆直至轨底的上部表面,使橡胶件与钢轨组成一个整体。在高架桥上采用这种防振钢轨,可降低噪声约 4 dB(A)。

(4)铺设大号码可动心轨道岔,可加大道岔的导曲线半径,消除道岔有害空间,从而减少车轮对道岔的冲击噪声。

(5)采用高弹性轨下垫板和相应的弹性扣件,高架桥上采用混凝土箱梁或连续梁,并设置橡胶支座。

(6)采用动力集中型动车组,可减少整个动车组受电弓的数量,从而减轻受电弓离线时,产生的电弧放电噪声。日本缩小接触网吊弦间距(由原来的 10 m、5 m 改为 7 m、3.5 m),将受电弓的两点接触改为多点接触,采用轻型高强度导线,使吊弦间弧度减少,安装受电弓罩,等等,都可以降低脱弓频率,使集电系统的噪声衰减 4～5 dB(A)。

(7)动车组头部流线化,车体表面无凸起、平滑化。列车在高速运行时空气阻力将会明显增加,空气阻力与速度的平方和车体迎风的截面面积成正比。动车组车体头部的流线化,将使空气阻力系数减少 0.5 以上,既可减少空气阻力,同时也将大大降低风切噪声。车体表面的无凸起、平滑化,将空调装置从车顶移到台板下,高压电缆接头设置在车体结构内,车篷结构的低噪声化,缩小车窗及车门的高低差,尽量减少车辆暴露面的尖端形状等,均可使噪声衰减。

(8)采用盘式制动方式代替闸瓦制动,不仅可以减少闸瓦对车轮的磨耗,而且可以避免制动时的尖叫噪声。

(9)改善转向架导向性能,轮缘涂油,装设防滑器以减少车轮踏面擦伤等,也可使噪声衰减。

2. 传播途径上的降噪措施

(1)设置隔声屏障。例如,日本新干线在距轨道中心线 3.5 m 处设置高约 2.0 m,用混凝土、砖面或复合材料建成直立式、倒 L 形或 Y 形隔声墙,将噪声源和接受者分开,隔离噪声的传播。根据测试结果,设置这种隔声屏障,在距 25 m 处的测试点可衰减噪声 6~8 dB(A)。如果在屏障内侧加设吸声材料,降噪效果将更明显。

(2)将高速铁路线路设计在路堑内,降噪的效果取决于路堑的深度和高度,路堑越深,噪声频率越高,则降噪效果越好。日本北海道新干线路堑深度为 4.1~6.4 m,宽度为 20~30 m,相对于平坦地段而言,可衰减噪声 6~10 dB(A)。

(3)在转向架上安装隔声板,在车体下部悬挂车裙,车裙内侧覆盖吸声材料,以减轻轮轨噪声向路旁的辐射。

(4)采用人工隧道通过城市人口密集地区。例如,西班牙通过塞维利亚市区的高速线路及圣胡斯塔火车站全部采用人工隧道建在地下。

3. 受声点的防护措施

(1)高速铁路选线尽可能绕避噪声敏感区,如城市居民区、文教区、科技园以及名胜古迹和旅游胜地等。

(2)市区发展规划用地尽量远离高速铁路两侧,靠近铁路两侧的住宅或学校,可以从建筑物结构上采取降噪措施,否则应予拆迁或改作其他用途。

(3)高速铁路两侧附近用地合理规划利用。在高速铁路两侧附近可修建一些仓库、工厂、商店等对噪声不敏感的建筑物,以起到屏障作用,减轻噪声对周围环境的影响。

8.3 振动及其控制

8.3.1 振动污染

列车运行产生振动,对铁路两侧环境产生振动污染,首先表现在对周围居民睡眠的干扰;其次是对居民心理的影响以及对学习和工作的干扰;或者引起古建筑物保护者的忧虑而要求采取措施。因此,控制高速铁路振动对环境的污染与噪声污染一样,都是高速铁路建设的一项重要任务。

环境振动按振级变化不同分为如下三种。

(1)稳态振动:在观测时间内振级变化不大的环境振动。

(2)冲击振动:具有突发性振级变化的环境振动。

(3)无规振动:未来任何时刻不能预先确定振级的环境振动。

高速铁路列车运行产生的环境振动属于冲击振动,根据日本对新干线振动的实际测量结果,受振点的振级变化很大,距线路 20 m 处,列车速度大于 160 km/h 时振级为 70~95 dB。

高速铁路引起的环境振动的影响因素主要包括如下。

(1)受振点的距离:受振点离轨道越远,振级越小,即在同一环境下,受振点的振级递远递减。

(2)地质条件:高速铁路路基的地质条件不同,振级是有差异的,软土层振级较大,冲积层较小,洪积层更小些。

(3)列车运行速度:受振点的振级与列车速度成正比增长。列车在轨道上行驶时,车轮的垂直动载荷比静态时要大,且随列车速度的增加和轨道不平顺将急剧增加,引起轨道的振动加速度急增,致使铁路两侧环境振动具有明显的速度效应。

(4)高架桥的结构:混凝土结构比钢结构桥振级要小。

(5)线路结构:线路为路堤时振级较小,而线路为路堑时振级较大。

此外,在相同列车速度、距离等条件下,高架桥的结构与线路结构相比,铁路环境振动将大幅度降低,国内研究表明,距铁路外侧轨道中心线 30 m 处 Z 振级将降低 5~10 dB。以上影响因素中,受振点的距离和地质条件是主要因素。

8.3.2 振动环境评价标准

环境振动标准的量值以地面垂向 Z 计权振动加速度级计,单位为 dB。有关高速铁路振动的控制标准仅日本有明确规定:建筑物外地面振动限值 VL_z 为 70 dB(以 10^{-5} m/s² 为基准振动加速)。我国《城市区域环境振动标准》(GB 10070—1988)规定,铁路干线两侧距线路外侧轨道中心 30 m 处住宅区 Z 振级 VL_z 为 80 dB(以 10^{-6} m/s² 为基准振动加速,且为 20 趟列车振动的平均值)。日本新干线振动标准折算成我国标准值应为 90 dB,因而该标准较我国铁路振动标准宽。我国京沪高速铁路建议值为 86 dB(距线路外侧轨道中心线 30 m 以外的地面 Z 振级最大值)。

8.3.3 振动控制技术

按照振动传播的三个环节(振源、传播途径、受振点),主要控制技术可以从以下方面入手。

1. 动车组方面

(1)动车组车辆轻型化:降低车辆轴重,以减小轮轨之间垂直动力作用。例如,日本新干线减轻车辆轴重有明显效果,轴重由 16 t 降到 11.3 t,Z 振级平均值在 12.5 m 和 25 m 处降低 3 dB 左右。

(2)采用弹性车轮:在轮箍与轮心间填夹橡胶垫,以防止振动和消除轮轨间的"唧唧"声。

(3)改进车辆的转向架结构:如选择柔软的弹簧悬挂系统,以降低车体的浮沉自振频率;安装具有适当阻尼的油压减振器,以减轻车体的横向或垂直振动;采用空气弹簧和橡胶件,以隔离和吸收高频振动,避免产生二次激励振动等。

2. 线路、结构物方面

(1)采用无缝长钢轨,将钢轨修磨使其平滑。

(2)采用弹性轨枕和道砟层,以及减振式板式轨道。

(3)提高沿轨道方向的弯曲刚性,以弥补轨道弹性系数降低的不足之处。例如,日本新开发的梯子形轨枕就是一种提高刚性的方法,对减振十分有利。

(4)采用预应力混凝土桥,改变梁式高架桥的长度和跨度,采用减振性支座,安设动态减振器,控制减振辐射方向;尽量不采用无砟钢结构桥。

(5)采用隔振沟,设置柱列式、全反射、连接型的隔振墙,以控制振动的传播,避免产生二次激励振动。

(6)采用排水固结法,设置人工复合地基、反压护道、基底约束齿墙等,使其路基稳固,减轻振动的频率。

应当指出,噪声环境与振动环境影响相互联系,只有采取综合措施,方能保证实现降噪、减振的目的。

8.4 对其他环境的影响及其防护

8.4.1 高速铁路的电磁干扰及其防护措施

电力机车运行时,受电弓在接触网导线上滑动取流。由于两者之间的接触电阻急剧变化甚至发生离线,使牵引电流中出现高频成分,引发一系列无线电干扰。高速铁路带来的电磁干扰会造成电视接收机及电视收转设备、调幅广播接收机、城市移动通信等声音失真、图像不清,高速铁路的高架桥建筑物会对沿线的电视信号产生一定的"遮蔽效应",造成电视信号减弱或画面重影,严重时会出现画面混乱。

要解决电磁干扰问题,首先要改进接触网的参数,提高结构质量,消除电力机车在运行中受电弓离线产生的无线电辐射干扰。为此德国采用接触网定位点使用弹性吊弦,欧洲各国及日本则采用改进受电弓结构设计以及改善其受流条件。另外,将无线电敏感设备远离电气化铁路,采用屏蔽电缆,电视高架无线,对移动系统进行合理布局等措施可使电磁干扰大幅度减少。

8.4.2 高速铁路对生态环境的影响及其防护措施

高速铁路修建对生态环境的影响与普通铁路基本相似,仅限于线路两侧局部范围,其主要影响如下。

1. 对水土流失的影响

填筑路堤或开挖路堑会使局部水土流失加剧,为了消除或减少这种影响,可根据地形、桥涵、农田灌溉合理布置排水系统,最大限度地使原有地表排泄和农田灌溉系统不因铁路路基的修建而遭到破坏。如在铁路两侧侧沟、天沟疏通地表径流;在路堤边坡种草籽,设置护坡、挡土墙等,以增强其稳定性。在大规模的土方施工地点,采取随挖、随运、随铺、随夯的施工方法,不留松土面。尽可能不在雨季进行大规模土方工程施工，以减少施工期间的水土流失。

2. 对植被、农田水利及农业生产的影响

铁路工程施工周期长、规模大，除路基工程必须降低植被覆盖率外，施工期间的临时房屋、便道、弃土堆积、机械碾压、人员践踏等都会对植被有不同程度的损坏，对既有农田水利灌溉网造成不同程度的破坏。高速铁路所经之地大部分为耕地，且地区人口稠密，土地利用率高，耕地变成了交通用地，对该地区的农业生产有不利影响。防护措施有：节约用地，少占耕地良田；集中取土，改造还田；以桥代路，采用高架桥；取土坑改造鱼塘以及造林恢复植被等。

3. 对城市生态环境的影响

客运站、动车段及相应的客运服务设施，使该地区的人口密度剧增，成为交通、商业、邮电的中心，对城市生态环境产生巨大影响。另外，高速铁路进入市区，对城市既有道路、市政工程设施（上、下水道，通信、动力电缆，煤气、供热管道等）、居民区的拆迁以及城市景观、日照、采光等都会造成一定的影响。防护措施有：高速铁路引入城市应与城市规划紧密协调，高速铁路与城市干道采用全立交、全封闭，并尽量绕避城市人口密集的繁华区；施工过程中与市政相关部门协调，改移部分市政设施；高速铁路以及高架桥进入市区，尽量与周围的自然和人文环境高度协调，展示现代化城市的景观美。对敏感地带，应尽可能美化线路路基及隔离栅，加强沿线绿化带工作。必要时对线路绿化带进行垂直绿化。法国巴黎南郊高速铁路沿线居民住宅区营造被称为"绿色马路"的绿化带就是一个典型的例子。这种横断面呈阶梯状的绿化带全长 12 km，其最为显著的特点是将该区段的整个高速铁路封闭覆盖在隆起的人工堆砌的隧道里，实现地下化铁路，可以有效地控制诸如噪声、振动等污染因素。在阶梯状的土堆上除了种植各种花草树木之外，还设置步行道和自行车道供人们使用，而轿车、卡车、摩托车等机动车辆则可以从绿化带的地下通道穿越行驶。

4. 施工对环境的影响

铁路大桥施工规模大、周期长、临时工程占用的场地多、施工人员和机械集中，将会对环境造成不良影响。如大桥桥墩基础开挖的弃土易堵塞河道，使水中的泥沙量增加；施工场地生活和生产废水、废渣及垃圾对周边环境产生污染；施工机械的噪声等也会对周边环境产生影响；进入市区的高架桥施工将会使城市部分道路改移，民用建筑、地下管道拆迁，给城市居民生活带来不便；砂石料场的开采，因开山放炮，势必使居民、禽兽受惊，减少地表植被；挖土会产生水土流失等。防护措施有：施工中开挖的基坑地基完工后立即回填,恢复原状；施工的废土、废渣不得任意弃于河沟；市区高架桥施工避免夜间扰民；施工产生的含油废水,不得直接排入河道；施工期间各种车辆按指定路线行驶；区间路堤填方,采取集中取土,少占农田,减少施工对农作物的损害。

此外,高速铁路经过或邻近古文化遗址、自然保护区、野生动植物保护区、湿地保护区及风景名胜区时,首先应尽可能考虑绕避措施。实在难以绕避时,应根据这些保护区的特点采取相应的措施减少对其干扰。例如,线路通过湿地保护区或其上游时应考虑修建桥梁不阻断其水源,避免湿地的萎缩。

8.4.3 高速铁路对大气环境、水环境等的影响及其防护措施

高速铁路采用电力牵引,实现了无污染的零排放,减轻了对线路城镇大气污染问题,与公路、航空运输相比,是国内外公认的对环境保护的最佳运输方式。但高速铁路仍然有排放废物等对环境的污染问题,主要有以下几种类型。

1. 大气污染

高速铁路与高速公路、飞机相比,能耗最小,大气污染物的排放量明显低于其他运输方式。例如,承担着东京—大阪之间80％客运的新干线,单位运输量产生 CO_2 仅为轿车运输的1/8。但从全局的大气环境分析,供电站产生的污染也要由电力牵引来承担。供电站大气污染物的排放量与采用的燃料有关,火力发电用煤做燃料,排放的污染物（烟尘、SO_2 等）要比用油或天然气作燃料多得多。如果采用水力或核能发电,则污染物的排放量更少,对环境的影响更小。

大气环境污染源还包括高速铁路沿线各站、段和综合维修基地生产或生活固定锅炉排放的烟气,但可经过高效除尘达标后排放。

2. 水质污染

高速铁路与普通铁路比较,由于运行速度快,沿线站段减少,列车上旅客用水量也相应减少。由于采用电力牵引,动车段检修用水和排放的污水量比非电机务段要少。高速列车的客车粪便采用集便器收集,在站段集中排放,可减轻对环境的污染。

高速铁路沿线各站、段和综合维修基地排放的含油类、硫等物质的污染水,电力机车或动车蓄电池废液、列车厕所污水等均会对水质造成污染。为减少污染,可在相应的地点设置油污处理、回收装置,对于用后脏水及厕所污物采用密

封收集、灭菌、定点排放的集中处理技术,且污水污物须经处理后才能排放。特别是高速列车对粪便的处理,各国高速列车均采用集便方式进行污物处理,这不仅是环保的要求,也是因为列车高速运行时强大的高速动力不允许采用直排式厕所。目前高速列车使用的集便器有循环式、喷射式和真空式集便装置,其中真空式集便装置是集便器发展的主流。

3. 旅客垃圾污染

旅客垃圾是指旅客在车站候车及乘坐列车丢弃的各种物品,如看过的报纸,各类饮料瓶、罐、包装材料等,其中有相当一部分物品是可以再生利用的,应将其视为一种再生资源。铁路部门已着手对这类旅客垃圾进行收集、分拣及再生处理。原则上可一个地区设一套具有一定规模,可进行分类、压缩、储运功能的资源再生中心,车站或动车段、所根据需要设垃圾转运站,列车上和车站配备有明确标志的垃圾分类收集箱。

高速铁路由于采用了当代的高新技术,并采取相应的环保措施,使其能够在高于普通铁路一倍以上的速度运行的情况下,仍能达到普通铁路的环保要求,甚至某些环保指标还高于普通铁路。如日本新干线产生噪声比既有线还低,产生的电磁辐射比普通铁路列车产生的电磁辐射还低,列车上产生的污物也比普通铁路少。

第 9 章　高速铁路施工项目管理

工程项目管理是项目管理的一大类,是为使工程项目取得成功(实现所要求的质量、所规定的时限、所批准的费用预算)所进行的全过程、全方位的规划、组织、控制与协调。广义的工程项目管理的内容是指工程项目期内的所有活动的管理问题,狭义的工程项目管理的内容指工程项目实施阶段的管理,主要包括设计管理、施工管理。本书中所涉及的工程项目管理的内容主要是指施工项目管理。

9.1　施工项目成本管理

9.1.1　施工项目成本概念及构成

施工项目成本是指在建设工程项目的施工过程中所发生的全部生产费用的总和,包括消耗的原材料、辅助材料、构配件等费用,周转材料的摊销费或租赁费,施工机械的使用费或租赁费,支付给生产工人的工资、奖金、工资性质的津贴等,以及进行施工组织与管理所发生的全部费用支出。

建设工程项目施工成本由直接成本和间接成本组成。

直接成本是指施工过程中耗费的构成工程实体或有助于工程实体形成的各项费用支出,是可以直接计入工程对象的费用,包括人工费、材料费、施工机械使用费和施工措施费等。

间接成本是指为施工准备、组织和管理施工生产的全部费用的支出,是非直接用于也无法直接计入工程对象,但为进行工程施工所必须发生的费用,包括管理人员工资、办公费、差旅交通费等。

施工成本管理就是要在保证工期和质量满足要求的情况下,采取相应管理措施,包括组织措施、经济措施、技术措施、合同措施等,把成本控制在计划范围内,并进一步寻求成本节约最大化。

9.1.2 施工项目成本计划编制

编制成本计划的程序,因项目的规模大小、管理要求不同而不同。大中型项目一般采用分级编制的方式,即先由各部门提出部门成本计划,再由项目经理部汇总编制全项目的成本计划;小型项目一般采用集中编制方式,即由项目经理部先编制各部门成本计划,再汇总编制全项目的成本计划。无论采用哪种方式,其编制的基本程序如下。

1. 收集和整理资料

广泛收集资料并进行归纳整理是编制成本计划的必要步骤。所需收集的资料也是编制成本计划的依据。这些资料主要包括如下。

①项目经理部与企业签订的承包合同及企业下达的成本降低额、降低率和其他有关技术经济指标。

②有关成本预测、决策的资料。

③施工项目的施工图预算、施工预算。

④施工项目管理规划。

⑤施工项目使用的机械设备生产能力及其利用情况。

⑥施工项目的材料消耗、物资供应、劳动工资及劳动效率等资料。

⑦计划期内的物资消耗定额、劳动定额、费用定额等资料。

⑧以往同类项目成本计划的实际执行情况及有关技术经济指标完成情况的分析资料。

⑨同行业同类项目的成本、定额、技术经济指标资料及增产节约的经验和有效措施。

此外,还应深入分析当前情况和未来的发展趋势,了解影响成本升降的各种有利和不利因素,研究如何克服不利因素和降低成本的具体措施,为编制成本计划提供丰富、具体和可靠的资料。

2. 估算计划成本,确定目标成本

对所收集到的各种资料进行整理分析,根据有关的设计、施工等计划,按照工程项目应投入的物资、材料、劳动力、机械、能源及各种设施等,结合计划期内各种因素的变化和准备采取的各种增产节约措施,进行反复测算、修订、平衡后,估算生产费用支出的总水平,进而提出全项目的成本计划控制指标,最终确定目标成本。

所谓目标成本是项目(或企业)对未来产品成本规定的奋斗目标。目标成本有很多形式,在制定目标成本作为编制施工项目成本计划和预算的依据时,可能以计划成本或标准成本为目标成本,这将随成本计划编制方法的不同而变化。

一般而言,目标成本的计算公式如下。

项目目标成本＝预计结算收入－税金－项目目标利润

目标成本降低额＝项目的预算成本－项目的目标成本

目标成本降低率＝目标成本降低额/项目的预算成本×100％

3. 编制成本计划草案

对大中型项目,各职能部门根据项目经理下达的成本计划指标,结合计划期的实际情况,挖掘潜力,提出降低成本的具体措施,编制各部门的成本计划和费用预算。

4. 综合平衡,编制正式的成本计划

在各职能部门上报了部门成本计划和费用预算后,项目经理部首先应结合各项技术组织措施,检查各计划和费用预算是否合理可行,并进行综合平衡,使各部门计划和费用预算之间相互协调、衔接;其次,要从全局出发,在保证企业下达的成本降低任务或本项目目标成本实现的情况下,分析研究成本计划与生产计划、劳动力计划、材料成本与物资供应计划、工资成本与工资基金计划、资金计划等的相互协调平衡。经反复讨论多次综合平衡,最后确定的成本计划指标,即可作为编制成本计划的依据,项目经理部正式编制的成本计划,上报企业有关部门后即可正式下达至各职能部门执行。

9.1.3　施工项目成本核算方法

1. 建立以项目为成本中心的核算体系

企业内部通过机制转换,形成和建立了内部劳务(含服务)市场、机械设备租赁市场、材料市场、技术市场和资金市场。项目经理部与这些内部市场主体发生的是租赁买卖关系,一切都以经济合同结算关系为基础。它们以外部市场通行的市场规则和企业内部相应的调控手段相结合的原则运行。

2. 实际成本数据的归集

项目经理部必须建立完整的成本核算账务体系,应用会计核算的办法,在配套的专业核算辅助下,对项目成本费用的收、支、结、转进行登记、计算和反映,归集实际成本数据。项目成本核算的账务体系,主要包括会计科目、会计报表和必要的核算台账。

① 会计科目主要包括工程施工、材料采购、主要材料、结构件、材料成本差异、预提费用、待摊费用、专项工程支出、应付购货款、管理费、内部往来、其他往来、发包单位工程款往来等。

② 会计报表主要包括工程成本表、竣工工程成本表等。

3. "三算"跟踪分析

"三算"跟踪分析是对分部分项工程的实际成本与施工预算成本及合同预算(或施工图预算)成本进行逐项分别比较,反映成本目标的执行结果,即事后实际成本与事前计划成本的差异,为了及时、准确、有效地进行"三算"跟踪分析,应按分部分项内容和成本要素划分"三算"跟踪分析项目,先按成本要素分别填制,然后再汇总分部分项综合成本。

项目成本偏差有实际偏差、计划偏差和目标偏差,分别按下式计算。

$$实际偏差 = 实际成本 - 合同预算成本$$

$$计划偏差 = 合同预算成本 - 施工预算成本$$

$$目标偏差 = 实际成本 - 施工预算成本$$

9.1.4 施工项目成本控制措施

1. 组织措施

组织措施是从施工成本管理的组织方面采取的措施。施工成本控制是全员的活动,如实行项目经理责任制,落实施工成本管理的组织机构和人员,明确各级施工成本管理人员的任务和职能分工、权利和责任。施工成本管理不仅是专业成本管理人员的工作,各级项目管理人员都负有成本控制责任。

组织措施的另一方面是编制施工成本控制工作计划,确定合理详细的工作流程。要做好施工采购规划,通过生产要素的优化配置、合理使用、动态管理,有效控制实际成本;加强施工定额管理和施工任务单管理,控制活劳动和物化劳动的消耗;加强施工调度,避免因施工计划不周和盲目调度造成窝工损失、机械利用率降低、物料积压等而使施工成本增加。成本控制工作只有建立在科学管理的基础之上,具备合理的管理体制,完善的规章制度,稳定的作业秩序,完整准确的信息传递,才能取得成效。组织措施是其他各类措施的前提和保障,而且一般不需要增加什么费用,运用得当可以收到良好的效果。

2. 技术措施

技术措施是降低成本的保证,在施工准备阶段应多作不同施工方案的技术经济比较,找出既保证质量,满足工期要求,又降低成本的最佳施工方案。另外,由于施工的干扰因素很多,因此在做方案比较时,应认真考虑不同方案对各种干扰因素影响的敏感性。

不但在施工准备阶段,还应在施工进展的全过程中注意在技术上采取措施,以降低成本。例如进行技术经济分析,确定最佳的施工方法;结合施工方法,进行材料使用的比选,在满足功能要求的前提下,通过代用、改变配合比、使用添加剂等方法降低材料消耗的费用;确定最合适的施工机械、设备使用方案;结合项目的施工组织设计及自然地理条件,降低材料的库存成本和运输成本;先进的施工技术的应用;新材料的应用等。企业还应划拨一定的资金,用于技术改造,虽然这在一定时间内往往表现为成本的支出,但从长远的角度看,则是降低成本、增加效益的举措。

3. 经济措施

①认真做好成本的预测和各种成本计划,由于工程成本的不稳定性、不确定性以及施工过程中会受到各种不利因素的影响等特点,成本的计划应尽量准确。认真做好合同预算成本、施工预算成本,并在施工之前做好两算对比,为成本管理打下基础。在施工中进行成本动态控制,及时发现偏差,分析产生偏差的原因,采取纠偏措施。

②对各种支出,应认真做好资金的使用计划。并在施工中进行跟踪管理,严格控制各项开支。

③及时准确地记录、收集、整理、核算实际发生的成本,并对后期的成本做出分析与预测,做好成本的动态管理。

④对各种变更,及时做好增减账,及时找业主签证。

⑤及时结算工程款。

4. 合同措施

①选用适当的合同结构。这对项目的合同管理至关重要,在施工项目组织的模式中,有多种合同结构模式,在使用时,必须对其分析、比较,要选用适合于工程规模、性质和特点的合同结构模式。

②合同条款严谨细致。在合同的条文中应细致地考虑一切影响成本、效益的因素。特别是潜在的风险因素,通过对引起成本变动的风险因素的识别和分

析,采取必要的风险对策,如通过合理的方式同其他参与方共同承担风险,增加承担风险的个体数量,降低损失发生的比例,并最终使这些策略反映在签订的合同的具体条款中。在一些和外商签订的合同中,还必须很好地考虑货币的支付方式。

③全过程的合同控制。采用合同措施控制项目成本,应贯彻在合同的整个生命期,包括从合同谈判到合同终结的整个过程。

合同谈判是合同生命期的关键时刻。在这个阶段,双方具体地商讨合同的各个条款和各个细节问题,修改合同文本,最终双方就合同内容达成一致,签署合同协议书。这个阶段,虽然项目经理部还没有组建,但管理活动已经开始,必须予以重视。施工企业在报价时,一方面必须综合考虑自己的经营总战略、建筑市场竞争激烈程度和合同的风险程度等因素,以调整不可预见风险费和利润水平;另一方面还应选择最有合同管理和合同谈判方面知识、经验和能力的人作为主谈人,进行合同谈判。承包商的各职能部门特别是合同管理部门要有力地配合,积极提供资料,为报价、合同谈判和合同签订提供信息、建议、意见。

在合同执行期间,项目经理部要做好工程施工记录,保存各种文件图纸,特别是注有施工变更的图纸,注意积累素材,为正确处理可能发生的索赔提供依据,并密切注视对方合同执行的情况,以寻求向对方索赔的机会。为防止对方索赔,我方应积极履行合同。在合同履行期间,当合同履行条件发生变化时,项目经理部应当积极参与合同的修改、补充工作,并着重考虑对成本控制的影响。

9.1.5 施工项目成本分析的基本方法

施工项目成本分析的基本方法包括比较法、因素分析法、差额计算法、比率法等。

1. 比较法

比较法,又称"指标对比分析法",就是通过技术经济指标的对比,检查目标的完成情况,分析产生差异的原因,进而挖掘内部潜力的方法。这种方法具有通俗易懂、简单易行、便于掌握的特点,因而得到了广泛的应用,但在应用时必须注意各技术经济指标的可比性。比较法的应用,通常有下列形式。

(1)将实际指标与目标指标对比。

以此检查目标完成情况,分析影响目标完成的积极因素和消极因素,以便及时采取措施,保证成本目标的实现。在进行实际指标与目标指标对比时,还应注意目标本身有无问题。如果目标本身出现问题,则应调整目标,重新正确评价实际工作的成绩。

(2)本期实际指标与上期实际指标对比。

通过本期实际指标与上期实际指标对比,可以看出各项技术经济指标的变动情况,反映施工管理水平的提高程度。

(3)与本行业平均水平、先进水平对比。

这种对比可以反映本项目的技术管理和经济管理与行业的平均水平和先进水平的差距,进而采取措施赶超先进水平。

2. 因素分析法

因素分析法又称连环置换法。这种方法可用来分析各种因素对成本的影响程度。在进行分析时,首先要假定众多因素中的一个因素发生了变化,而其他因素则不变,然后逐个替换,分别比较其计算结果,以确定各个因素的变化对成本的影响程度。因素分析法的计算步骤如下。

(1)确定分析对象,并计算出实际与目标数的差异。

(2)确定该指标是由哪几个因素组成的,并按其相互关系进行排序。(排序规则是:先实物量,后价值量;先绝对值,后相对值)

(3)以目标数为基础,将各因素的目标数相乘,作为分析替代的基数。

(4)将各个因素的实际数按照上面的排列顺序进行替换计算,并将替换后的实际数保留下来。

(5)将每次替换计算所得的结果,与前一次的计算结果相比较,两者的差异即为该因素对成本的影响程度。

(6)各个因素的影响程度之和,应与分析对象的总差异相等。

3. 差额计算法

差额计算法是因素分析法的一种简化形式,它利用各个因素的目标值与实际值的差额来计算其对成本的影响程度。

4. 比率法

比率法是指用两个以上的指标的比例进行分析的方法。它的基本特点是:先把对比分析的数值变成相对数,再观察其相互之间的关系。常用的比率法有以下几种。

(1)相关比率法。

由于项目经济活动的各个方面是相互联系,相互依存,又相互影响的,因而可以将两个性质不同而又相关的指标加以对比,求出比率,并以此来考察经营成果的好坏。例如,产值和工资是两个不同的概念,但它们的关系又是投入与产出的关系。在一般情况下,都希望以最少的工资支出完成最大的产值。因此,用产值工资率指标来考核人工费的支出水平,就很能说明问题。

(2)构成比率法。

构成比率法又称比重分析法或结构对比分析法。通过构成比率,可以考察成本总量的构成情况及各成本项目占成本总量的比重,同时也可看出量、本、利的比例关系(即预算成本、实际成本和降低成本的比例关系),从而为寻求降低成本的途径指明方向。

(3)动态比率法。

动态比率法,就是将同类指标不同时期的数值进行对比,求出比率,以分析该项指标的发展方向和发展速度。动态比率的计算,通常采用基期指数和环比指数两种方法。

9.1.6　施工项目成本考核

1. 成本考核的原则

(1)阶段性考核与项目竣工考核相结合。
(2)企业考核与项目考核相结合。
(3)资金考核与成本考核相结合。

2. 考核的程序

成本考核一般采取对照岗位考核标准,先个人自评,然后部门考核,最后项目考核、小组考核。

3. 考核结论

为保证项目成本计划的顺利进行,提高项目的经济效益,考核结果应分等级(如四级:90分及以上为优秀;80分至89分为称职;60分至79分为基本称职;60分以下为不称职,限期整改),按分值定性,与工资分配挂钩,也可作为奖惩和效益工资分配的依据。

9.2　施工项目进度管理

9.2.1　施工项目进度管理的作用

施工项目进度管理是项目施工中的重点控制之一,是保证施工项目按期完成,合理安排资源供应,节约工程成本的重要措施。它的主要作用体现在如下几个方面:

(1)通过项目施工进度控制,可以有效地缩短项目建设周期;

(2)通过项目施工进度协调,可以减少不同单位和部门之间的相互干扰;

(3)通过项目施工进度控制,可以落实承建单位各项施工计划,保证施工项目成本、进度和质量目标顺利实现;

(4)通过项目施工进度控制,可以为防止或提出项目施工索赔提供依据。

9.2.2　施工项目进度计划的编制

1. 施工目标工期的确定

为了保障进度计划的预见性和进度控制的主动性,在确定施工进度控制目标(施工进度目标工期)时,必须全面细致地分析影响项目进度的各种因素,采用多种决策分析方法,制定出一个科学、合理的施工目标工期。确定施工目标工期主要根据:工程建设总进度目标对施工工期的要求;施工承包合同或指令性计划工期限制;工期定额或类似工程项目的施工时间(可类比的进度控制数据);工程的难易程度和工程条件的落实情况;企业的组织管理水平和经济效益的要求等。施工目标工期的确定通常可以采用以下方法。

(1)以正常工期为施工目标工期。

正常工期是指与正常施工速度相对应的工期。正常施工速度是根据现有施工条件下制定的施工方案和企业经营的利润目标确定的,用以保证施工活动必要的劳动生产率,从而实现工程的施工计划。

(2)以最优工期为施工目标工期。

最优工期是指总成本最低的工期,它可采用以正常工期为基础,应用工期成本优化的方法求解。

直接费用随工期的缩短而增加;间接费用随工期的缩短而减少。把不同工期下的直接费用和间接费用叠加求出总成本曲线,总成本最低点对应的工期 T_0 即为最优工期,以此作为施工目标工期。

(3)以合同工期或指令性工期为施工目标工期。

通常情况下,建设工程施工承包合同中有明确的施工工期,或者国家实施的工程任务规定了指令性工期。此时,施工目标工期可参照合同工期或指令性工期,结合企业施工生产能力和资源条件确定,并充分估计各种可能的影响因素及风险,适当留有余地,保持一定提前量。这样,即使施工中发生不可预见的意外事件,也不会使施工工期产生太大的偏差。

2. 施工项目进度计划的编制方法

(1)横道图法。

横道图是一种直观的进度计划方法,是用图、表相结合的形式表示各项工程活动的开始时间、结束时间和持续时间,图右边是进度表,图上边的横栏表示时间,用水平线段在时间坐标下标出项目的进度线,水平线段的位置和长短反映该项目从开始到完工的时间。由于横道图能够清楚地表达活动的开始时间、结束时间和持续时间,一目了然,易于理解,且制作简单,在工程中广泛应用,是一种传统的计划表示方法。但横道图不能表达工程活动之间的逻辑关系和某一活动的提前或推迟、持续时间延长等对其他活动的影响,也不能表示工程活动的重要性。

(2)网络图法。

为了适应大规模工程项目建设的需要,20 世纪 50 年代后期发展了一种科学的计划管理新方法——网络计划技术,它是利用网络图的形式,在网络图上加注各项工作的时间参数,来进行工程计划和控制的现代管理方法。网络图是由箭线和节点组成,用来表示工作流程的有向、有序的网状图形。网络图能充分、清晰地表达各工作之间相互制约、相互依赖的复杂逻辑关系;通过网络时间参数的计算,能够分别确定各项工作的最早可能和最迟必须开始时间以及相应的结束时间、总时差和自由时差;可以明确由关键工作组成的关键线路,可以看出哪些工作必须按期完成,哪些工作允许有机动时间;能够进行计划方案的优化和比较等。网络计划符合施工的要求,特别适用于施工的组织和管理,已成为施工进度计划普遍采用的形式。

9.2.3 施工项目进度控制方法和措施

1. 施工项目进度控制的主要方法

(1) 行政方法。

用行政方法控制进度是指上级单位及上级领导、本单位的领导,利用其行政地位及权力,通过发布进度指令,进行指导、协调、考核;利用激励手段(奖、罚、表扬、批评)、监督、督促等方式进行进度控制。行政方法控制进度的重点是进度控制目标的决策和指导,在实施中应由实施者自己进行控制,尽量减少行政干预。使用行政方法控制进度具有直接、迅速、有效等优点,但要提倡科学性,防止主观、武断、片面地瞎指挥。

(2) 经济方法。

用经济方法控制进度是指有关部门和单位用经济手段对进度控制进行影响和制约,主要有:建设银行通过控制投资的投放速度来控制工程项目的实施进度;在承发包合同中,写进有关工期和进度的条款;建设单位通过招标的进度优惠条件鼓励施工单位加快进度;建设单位通过工期提前奖励和延期罚款实施进度控制。

(3) 管理技术方法。

进度控制的管理技术方法是指规划、控制和协调。通过规划确定项目的进度总目标和分目标;控制就是在项目实施的全过程中,进行计划进度与实际进度的比较,发现偏差,及时采取措施进行纠正;通过协调项目建设各方之间的进度关系达到控制进度的目的。

2. 施工项目进度控制的措施

(1) 组织措施。

组织措施包括落实项目经理部的进度控制部门和人员,制定进度控制工作制度,明确各层次进度控制人员的任务和管理职责,对影响进度目标实现的干扰因素和风险因素进行分析,进行施工项目分解,实行目标管理。

(2) 技术措施。

技术措施涉及对实现进度目标有利的设计技术和施工技术的选用。不同的设计理念、设计技术路线、设计方案会对工程进度产生不同的影响,在设计工作的前期,特别是在设计方案评审和选用时,应对设计技术与工程进度的关系做分析比较。在工程进度受阻时,应分析是否存在设计技术的影响因素,为实现进度目标有无设计变更的可能性。

施工方案对工程进度有直接的影响，在决策其选用时，不仅应分析技术的先进性和经济合理性，还应考虑其对进度的影响。在工程进度受阻时，应分析是否存在施工技术的影响因素，为实现进度目标有无改变施工技术、施工方法和施工机械的可能性。

（3）合同措施。

合同措施是以合同形式保证工期进度的实现，如签订分包合同、合同工期与计划的协调、合同工期分析、工期延长索赔等。

（4）经济措施。

经济措施涉及资金需求计划、资金供应的条件和经济激励措施等。为确保进度目标的实现，应编制与进度计划相适应的资源需求计划（资源进度计划），包括资金需求计划和其他资源（人力和物力资源）需求计划，以反映工程实施的各时段所需要的资源。通过资源需求的分析，可发现所编制的进度计划实现的可能性，若资源条件不具备，则应调整进度计划。

资金供应条件包括可能的资金总供应量、资金来源（自有资金和外来资金）以及资金供应的时间。在工程预算中应考虑加快工程进度所需要的资金，其中包括为实现进度目标将要采取的经济激励措施所需要的费用。

（5）信息管理措施。

建立监测、分析、调整、反馈系统，通过计划进度与实际进度的动态比较，提供进度比较信息，实现连续、动态的全过程进度目标控制。

9.2.4　施工进度计划的调整

为了实现进度目标，施工项目控制人员发现问题后，必须对实施的进度进行调整。调整原施工进度计划的方法一般有以下两种。

1. 改变某些工作间的逻辑关系

若检查的实际进度产生的偏差影响了总工期，在工作之间的逻辑关系允许改变的条件下，通过改变关键线路上各工作的先后顺序及逻辑关系来实现缩短工期的目的。

对于大型群体工程项目，单位工程间的相互制约相对较小，可调幅度较大；对于单位工程内部各分部、分项工程之间，由于施工顺序和逻辑关系约束较大，可调幅度较小。采用此种方式进行调整时，由于增加了各工作间的相互搭接时间,因而进度控制工作显得更加重要,实施中必须做好协调工作。

2. 缩短后续某些工作的持续时间

这种方法不改变工作之间的逻辑关系,而是缩短后续某些工作的持续时间,加快进度,以保证计划工期的实现。在项目进度拖延的情况下,为了加快进度,通常是压缩引起总工期拖延的关键线路和某些非关键线路的工作持续时间。一般是根据"工期费用优化"的原理进行调整。具体做法如下。

①研究后续各项工作持续时间压缩的可能性及其极限工作持续时间。

②确定因计划调整、采取必要措施而引起的各项工作的费用变化率。

③选择直接引起拖期的工作及紧后工作优先压缩,以免拖期影响扩散。

④选择费用变化率最小的工作优先压缩,以求花费最小代价,满足既定工期要求。

⑤综合考虑第③条、第④条,确定新的调整计划。

在实际工作中应根据具体情况选用上述方法进行进度计划的调整,某一种方式的调整幅度不能满足工期目标要求时,可以同时采用上述两种方法进行进度计划调整。

在缩短关键工作的持续时间时,通常需要采取一定的措施来达到目的。具体措施如下。

①组织措施。增加工作面,组织更多的施工队伍;增加每天的施工时间(如采用三班制等);增加劳动力和施工机械的数量等。

②技术措施。改进施工工艺和施工技术,缩短工艺技术间歇时间;采用更先进的施工方法,以减少施工过程的数量(如将现框架方案改为预制装配方案),采用更先进的施工机械等。

③经济措施。实行包干奖励,提高奖金数额,对所采取的技术措施进行相应的经济补偿等。

④其他配套措施。改善外部配合条件,改善劳动条件,实行强有力的调度等。

9.3 施工项目质量管理

9.3.1 全面质量管理(TQC)理论

全面质量管理(total quality control,TQC),是20世纪中期在欧美和日本广泛应用的质量管理理念和方法,我国从20世纪80年代开始引进和推广全面质量管理方法。其基本原理就是强调在企业或组织的最高管理者质量方针的指引下,实行全方位、全过程和全员参与的质量管理。

TQC的主要特点是以顾客满意为宗旨;领导参与质量方针和目标的制定;提倡预防为主、科学管理、用数据说话等。建设工程项目的质量管理,同样应贯彻如下三全管理的思想和方法。

(1)全方位质量管理。

建设工程项目的全方位质量管理,是指建设工程项目各方干系人所进行的工程项目质量管理的总称,其中包括工程(产品)质量和工作质量的全面管理。工作质量是产品质量的保证,工作质量直接影响产品质量的形成。业主、监理单位、勘察单位、设计单位、施工总包单位、施工分包单位、材料设备供应商等,任何一方任何环节的怠慢疏忽或质量责任不到位都会造成对建设工程质量的影响。

(2)全过程质量管理。

全过程质量管理是指根据工程质量的形成规律,从源头抓起,全过程推进。《质量管理体系 基础和术语》(GB/T 19000—2016)强调质量管理的"过程方法"管理原则。因此,必须掌握识别过程和应用"过程方法"进行全程质量控制。主要的过程有:项目策划与决策过程;勘察设计过程;施工采购过程;施工组织与准备过程;检测设备控制与计量过程;施工生产的检验试验过程;工程质量的评定过程;工程竣工验收与交付过程;工程回访维修服务过程等。

(3)全员参与质量管理。

按照全面质量管理的思想,组织内部的每个部门和工作岗位都承担有相应的质量职能,组织的最高管理者确定了质量方针和目标,就应组织和动员全体员工参与实施质量方针的系统活动,发挥自己的角色作用。开展全员参与质量管理的重要手段就是运用目标管理方法,将组织的质量总目标逐级进行分解,使之形成自上而下的质量目标分解体系和自下而上的质量目标保证体系。发挥组织系统内部每个工作岗位、部门或团队在实现质量总目标过程中的作用。

9.3.2　质量管理的 PDCA 循环

在长期的生产实践过程和理论研究中形成的PDCA循环,是确立质量管理和建立质量体系的基本原理。PDCA循环从实践论的角度看,管理就是确定任务目标,并按照PDCA循环原理来实现预期目标。每一循环都围绕着实现预期的目标,进行计划实施、检查和处置活动,随着对存在问题的克服、解决和改进,不断增强质量能力,提高质量水平。一个循环的四大职能活动相互联系,共同构成了质量管理的系统过程。

1. 计划(plan)

质量管理的计划职能,包括确定或明确质量目标和制定实现质量目标的行动方案两方面。

实践表明质量计划的严谨周密、经济合理和切实可行,是保证工作质量、产品质量和服务质量的前提条件。

建设工程项目的质量计划,是由项目干系人根据其在项目实施中所承担的任务、责任范围和质量目标,分别进行质量计划而形成的质量计划体系。其中,建设单位的工程项目质量计划,包括确定和论证项目总体的质量目标,提出项目质量管理的组织、制度、工作程序、方法和要求。项目其他各方干系人,则根据工程合同规定的质量标准和责任,在明确各自质量目标的基础上,制定实施相应范围质量管理的行动方案,包括技术方法、业务流程、资源配置、检验试验要求、质量记录方式、不合格处理、管理措施等具体内容和做法的质量管理文件,同时亦须对其实现预期目标的可行性、有效性、经济合理性进行分析论证,并按照规定的程序与权限,经过审批后执行。

2. 实施(do)

实施职能在于将质量的目标值,通过生产要素的投入、作业技术活动和产出过程,转换为质量的实际值。为保证工程质量的产出或形成过程能够达到预期的结果,在各项质量活动实施前,要根据质量管理计划进行行动方案的部署和交底;交底的目的在于使具体的作业者和管理者明确计划的意图和要求,掌握质量标准及其实现的程序与方法。在质量活动的实施过程中,则要求严格执行计划的行动方案,规范行为,把质量管理计划的各项规定和安排落实到具体的资源配置和作业技术活动中。

3. 检查(check)

检查指对计划实施过程进行各种检查,包括作业者的自检、互检和专职管理者专检。各类检查也都包含两大方面:一是检查是否严格执行了计划的行动方案,实际条件是否发生了变化,不执行计划的原因;二是检查计划执行的结果,即产出的质量是否达到标准的要求,对此进行确认和评价。

4. 处置(action)

对于质量检查所发现的质量问题或质量不合格,及时进行原因分析,采取必要的措施,予以纠正,保持工程质量形成过程的受控状态。处置分纠偏和预防改进两个方面。前者是采取应急措施,解决当前的质量偏差、问题或事故;后者是提出目前质量状况信息,并反馈管理部门,反思问题症结或计划时的不足,确定改进目标和措施,为今后类似问题的质量预防提供借鉴。

9.3.3 施工阶段的质量控制

由于施工阶段的质量控制是一个经由对投入资源和条件的质量控制(即施工项目的事前质量控制),进而对施工生产过程以及各环节质量进行控制(即施工项目的事中质量控制),直到对所完成的产出品的质量检验与控制(即施工项目的事后质量控制)为止的全过程的系统控制过程,所以,施工阶段的质量控制可以根据施工项目实体质量形成的不同阶段划分为事前质量预控、事中质量控制和事后质量控制。

1. 事前质量预控

事前质量预控就是要求预先进行周密的质量计划,包括质量策划、管理体系、岗位设置。

把各项质量职能活动,包括作业技术和管理活动建立在有充分能力、条件保证和运行机制的基础上。对于建设工程项目,尤其施工阶段的质量预控,就是通过施工质量计划或施工组织设计或施工项目管理实施规划的制定过程,运用目标管理的手段,实施工程质量事前预控,或称为质量的计划预控。

事前质量预控必须充分发挥组织在技术和管理方面的整体优势,把长期形成的先进技术、管理方法和经验智慧,创造性地应用于工程项目。

事前质量预控要求针对质量控制对象的控制目标、活动条件、影响因素进行周密分析,找出薄弱环节,制定有效的控制措施和对策。

2. 事中质量控制

事中质量控制也称作业活动过程质量控制,是指质量活动主体的自我控制和他人监控的控制方式。自我控制是第一位的,即作业者在作业过程中对自己质量活动行为的约束和技术能力的发挥,以完成预定质量目标的作业任务;他人监控是指作业者的质量活动过程和结果,接受来自企业内部管理者和来自企业外部有关方面的检查检验,如工程监理机构、政府质量监督部门等的监控。事中质量控制的目标是确保工序质量合格,杜绝质量事故发生。

事中质量控制的措施包括:施工过程交接有检查、质量预控有对策、施工项目有方案、图纸会审有记录、技术措施有交底、配制材料有试验、隐蔽工程有验收、设计变更有手续、质量处理有复查、成品保护有措施、质量文件有档案等。

施工项目事中质量控制的实质就是在质量形成过程中如何建立和发挥作业人员及管理人员的自我约束以及相互制约的监督机制，使施工项目质量从分项、分部到单位工程自始至终都处于受控状态。总之，在事前质量预控的前提下，事中质量控制是保证施工项目质量一次交验合格的重要环节，没有良好的作业自控和监控能力，施工项目质量就难以得到保证。

3. 事后质量控制

事后质量控制也称为事后质量把关，以使不合格的工序或产品不流入后道工序、不流入市场。事后质量控制的任务就对质量活动结果进行评价、认定；对工序质量偏差进行纠正；对不合格产品进行整改和处理。

从理论上分析，对于建设工程项目如果计划预控过程所制定的行动方案考虑得越周密，事中自控能力越强、监控越严格，实现质量预期目标的可能性就越大。理想的状况就是希望做到各项作业活动"一次成活""一次交验合格率达100%"。但要达到这样的管理水平和质量形成能力是相当不容易的，即使坚持不懈地努力，也还可能有个别工序或分部分项施工质量会出现偏差，这是因为在作业过程中不可避免地会存在一些计划时难以预料的因素，包括系统因素和偶然因素的影响。

建设工程项目的事后质量控制，具体体现在施工质量验收各个环节的控制方面。

以上系统控制的三大环节，不是孤立和截然分开的，它们之间构成有机的系统过程，实质上也就是质量管理 PDCA 循环的具体化，并在每一次滚动循环中不断提高，使质量管理和质量控制持续改进。

9.3.4　高速铁路施工质量验收

1. 验收的程序和组织

验收的程序是先进行检验批验收，其后是分项工程验收，再后是分部工程验收，最后是单位工程验收。验收工作按其所处阶段分别由监理单位或建设单位组织进行。

检验批应由施工单位自检合格后报监理单位，由监理工程师组织施工单位专职质量检查员等进行验收。监理单位应对全部主控项目进行检查，对一般项目的检查内容和数量可根据具体情况确定,分项工程应由监理工程师组织施工单位分项工程技术负责人等进行验收,检验批和分项工程质量验收记录应按规定表格填写。

2. 施工单位的自检工作

施工单位的自检是各阶段质量验收的基础。施工单位要加强过程控制,落实内部质量责任制,做好自检、互检和交接检。施工单位应在自检合格的基础上,把各种验收记录表填好后,向监理单位或建设单位提出验收申请。

3. 监理单位的验收工作

监理单位由专业监理工程师组织对检验批、分项工分部工程的质量进行验收,总监理工程师参与单位工程的质量验收。

4. 勘察设计单位的验收工作

勘察设计单位要对与勘察设计质量有关的检验项目进行确认,如对主体结构的地质条件进行确认、对需要检验的复合地基承载力进行确认等;参与重要的、特殊的分部工程的质量验收;参与每个单位工程的质量验收。

5. 建设单位的验收工作

建设单位组织施工单位、监理单位、勘察设计单位对单位工程的质量进行验收。单位工程由分包单位施工时,分包单位应对所承担的工程项目按高速铁路施工质量验收标准规定的程序进行检查评定,总包单位应派人参加。分包工程完成后,应将有关工程资料移交总包单位。

单位工程的质量验收是施工质量过程控制的最后一道程序,是建设投资转化为工程实体的标志,也是检验设计质量和施工质量的重要环节。

当参加验收各方对工程施工质量验收意见不一致时,可请铁路建设行政主管部门或其委托的质量监督部门协调处理。

9.4 施工项目合同管理

9.4.1 工程项目合同管理的基本原则

1. 符合法律法规的原则

订立合同的主体、内容、形式、程序等都要符合法律法规规定。合同当事人订立、履行合同,唯有遵守法律和行政法规,合同才受国家法律的保护,当事人预期的目的才有保障。

2. 平等自愿的原则

自愿是指合同当事人在法律、法规允许范围内,根据自己的意愿签订合同,即有权选择订立合同的对象,合同的条款内容,合同订立时间,依法变更和解除合同,任何单位和个人不得非法干预。贯彻平等自愿的原则,必须体现签约各方在法律地位上的完全平等。合同要在双方友好协商的基础上订立,签约双方都是平等的,任何一方都不得把自己的意志(例如单方提出的不平等条款)强加于另一方,更不得强迫对方同自己签订合同。

3. 公平原则

公平原则是《民法典》的基本原则之一。合同当事人应当遵循公平原则确定各方的权利和义务。根据公平原则,民事主体必须按照公平的观念设立、变更或者取消民事法律关系。在订立工程项目合同中贯彻公平原则,反映了商品交换等价有偿的客观规律和要求。贯彻该原则的最基本要求即是签约各方的合同权利、义务要对等而不能失去公平,要合理分担责任。

4. 诚实信用原则

合同当事人行使权利、履行义务应当遵循诚实信用原则。诚实守信原则实质上是社会良好道德、伦理观念上升为国家意志的体现。在订立合同中贯彻诚实信用原则,要求当事人应当诚实,实事求是向对方介绍自己订立合同的条件、要求和履约能力,充分表达自己的真实意愿,不得有隐瞒、欺诈的成分,在拟订合同条款时,要充分考虑对方的合法权益和实际困难,以善意的方式设定合同权利和义务。

5. 等价有偿的原则

等价有偿原则是《民法典》的一项原则,也是订立合同的一项基本原则。

6. 不得损害社会公共利益和扰乱社会经济秩序原则

合同当事人订立、履行合同,应当尊重社会公德,不得扰乱社会经济秩序,损害社会公共利益。

9.4.2 FIDIC 合同条件

国际咨询工程师联合会简称 FIDIC,在国际上具有很高的权威性,其成员为各国(或地区)咨询工程师协会。FIDIC 内部设有合同管理委员会,根据国际通用的项目管理模式编制了许多规范性的合同文本,其中应用较广的有1987年发布的《土木工程施工合同条件》《电气和机械工程合同条件》,1994年发布的《土木工程施工分包合同条件》,1995年发布的《设计——建造与交钥匙工程合同条件》以及1998年发布的《业务/咨询工程师标准服务协议书》等。随着国际上工程建设规模不断扩大,项目管理模式多样化发展,FIDIC于1999年又制定了《施工合同条件》《工程设备和设计——施工合同条件》《设计、采购、施工(EPC)/交钥匙工程合同条件》《简明合同格式》及《成套装备与设计——施工合同条件》。这些文本站在客观、公正的立场上,协调平衡了合同双方的利益与要求,内容详尽、严谨。考虑到工程项目合同涉及面广,技术性强,文本除明确业主和承包商的责、权、利以外,还明确了咨询工程师在项目管理中的职责和作用。这些文本保护了双方的合法权益,得到了国际上广泛的肯定,不仅为FIDIC成员国采用,而且世界银行、亚洲开发银行、非洲开发银行的贷款项目中也常常采用,成为国际通行的合同示范文本。

由于篇幅所限,这里仅讲述《施工合同条件》通用条件的主要内容。

1. 合同文件的组成

通用条件的条款规定,构成对业主和承包商有约束力的合同文件包括以下几方面的内容。

(1)合同协议书。业主发出中标函的28 d内,接到承包商提交的有效履约保证后,双方签署的法律性标准化格式文件。为了避免履行合同过程中产生争议,专用条件指南中说明最好注明接受的合同价格、基准日期和开工日期。

(2)中标函。业主签署的对投标书的正式接受函,可能包含作为备忘录记载的合同签订前谈判时可能达成一致并共同签署的补遗文件。

(3)投标函。承包商填写并签字的法律性投标函和投标函附录,包括报价和对招标文件及合同条款的确认文件。

(4)合同专用条件。

(5)合同通用条件。

(6)规范。

2. 合同担保

(1)承包商提供的担保。

合同条款中规定,承包人签订合同时应提供履约担保,接受预付款前应提供预付款担保。担保书分为企业法人提供的保证书和金融机构提供的保函两类格式。保函均为不需承包商确认违约的无条件担保形式。

(2)业主提供的担保。

大型工程建设资金的融资可能包括从某些国际援助机构、开发银行等筹集的款项,这些机构往往要求业主应保证履行给承包商付款的义务,因此在专用条件范例中,增加了业主应向承包商提交"支付保函"的可选择使用的条款,并附有保函格式。业主提供的支付保函担保金额可以按总价或分项合同价的某一百分比计算,担保期限至缺陷通知期满后 6 个月,并且为无条件担保,使合同双方的担保义务对等。

通用条件的条款中未明确规定业主必须向承包商提供支付保函,具体工程的合同内是否包括此条款取决于业主主动选用或融资机构的强制性规定。

3. 合同价格

通用条件中分别定义了"接受的合同款额"和"合同价格"的概念。"接受的合同款额"指业主在中标函中对实施、完成和修复工程缺陷所接受的金额,来源于承包商的投标报价并对其确认。"合同价格"则指按照合同各条款的约定,承包商完成建造和保修任务后,对所有合格工程有权获得的全部工程款。

最终结算的合同价可能与中标函中注明的接受的合同款额不一致。主要是因为大型复杂工程的施工期较长,通用条件中包括合同工期内因物价变化对施工成本产生影响后计算调价费用的条款,每次支付工程进度款时均要考虑约定可调价范围内项目当地市场价格的涨落变化,而这笔调价款没有包含在中标价格内,仅在合同条款中约定了调价原则和调价费用的计算方法。

4. 指定分包商

指定分包商是由业主(或工程师)指定、选定,完成某项特定工作内容并与承包商签订分包合同的特殊分包商。合同条款规定,业主有权将部分工程项目的施工任务或涉及提供材料、设备、服务等工作内容发包给指定分包商实施。

5. 解决合同争议的方式

任何合同争议均交由仲裁或诉讼解决,一方面往往会导致合同关系的破裂,另一方面解决起来费时、费钱且对双方的信誉有不利影响。为了解决工程师的决定可能处理得不公正的情况,通用条件中增加了"争端裁决委员会"处理合同争议的程序。

(1)解决合同争议的程序。

①提交工程师决定。

FIDIC编制的施工合同条件的基本出发点之一,是合同履行过程中建立以工程师为核心的项目管理模式,因此不论是承包商的索赔还是业主的索赔均应首先提交给工程师。任何一方要求工程师作出决定时,他应与双方协商尽力达成一致。如果未能达成一致,则应按照合同规定并适当考虑有关情况后作出公正的决定。

②提交争端裁决委员会决定。

双方起因于合同的任何争端,包括对工程师签发的证书、作出的决定、指示、意见或估价不同意接受时,可将争议提交合同争端裁决委员会,并将副本送交对方和工程师。裁决委员会在收到提交的争议文件后84 d内作出合理的裁决。作出裁决后的28 d内任何一方未提出不满意裁决的通知,则此裁决即为最终的决定。

③双方协商。

任何一方对裁决委员会的裁决不满意,或裁决委员会在84 d内没能作出裁决,在此期限后的28 d内应将争议提交仲裁。仲裁机构在收到申请后的56 d才开始审理,这一时间要求双方尽量以友好的方式解决合同争议。

④仲裁。

如果双方仍未能通过协商解决争议,则只能在合同约定的仲裁机构最终解决。

(2)争端裁决委员会。

签订合同时,业主与承包商通过协商组成裁决委员会。裁决委员会可约定为1名或3名成员,一般由3名成员组成,合同每一方应提名一位成员,由对方批准。双方应与这两名成员共同商定第三位成员,第三人作为主席。争端裁决委员会属于非强制性但具有法律效力的行为,相当于我国法律中解决合同争议的调解,但其性质则属于个人委托。成员应对承包合同的履行和合同的解释方面有经验,能流利地使用合同中规定的交流语言。

6. 施工阶段的合同管理

(1)施工进度管理。

①承包商编制施工进度计划。

承包商应在合同约定的日期或接到中标函后的42 d内(合同未作约定)开工,工程师则应至少提前7 d通知承包商开工日期。承包商收到开工通知后的

28 d内,按工程师要求的格式和详细程度提交施工进度计划,说明为完成施工任务而打算采用的施工方法、施工组织方案、进度计划安排,以及按季度列出根据合同预计应支付给承包人费用的资金估算表。

合同履行过程中,一个准确的施工计划对合同涉及的有关各方都有重要的作用。不仅要求承包人按计划施工,而且工程师也应按计划做好保证施工顺利进行的协调管理工作,同时也是判定业主是否延误移交施工现场、迟发图纸以及他应提供的材料、设备,成为影响施工应承担责任的依据。

②工程师对施工进度的监督。

为了便于工程师对合同的履行进行有效的监督和管理以及协调各合同之间的配合,承包商每个月都应向工程师提交进度报告,说明前一阶段的进度情况和施工中存在的问题,以及下一阶段的实施计划和准备采取的相应措施。

当工程师发现实际进度与计划进度严重偏离时,不论实际进度是超前还是滞后,为了使进度计划有实际指导意义,有权随时指示承包人编制改进的施工进度计划,并再次提交工程师认可后执行,新进度计划将代替原来的计划。

③顺延合同工期。

通用条件的条款中规定可以给承包商合理延长合同工期的条件通常可能包括延误发放图纸、延误移交施工现场、承包商依据工程师提供的错误数据导致放线错误、不可预见的外界条件、施工中遇到文物和古迹对施工进度的干扰以及发生不可抗力事件等。

(2)施工质量管理。

①建立承包商的质量体系。

通用条件规定,承包商应按照合同的要求建立一套质量管理体系,以保证施工符合合同要求。在每一工作阶段开始实施前,承包商应将所有工作程序的细节和执行文件提交工程师,供其参考。

②现场资料管理。

承包商的投标书被认为他在投标阶段对招标文件中提供的图纸、资料和数据进行过认真审查和核对,并通过现场考察和质疑已取得了对工程可能产生影响的有关风险、意外事故及其他情况的全部必要资料。业主同样有义务向承包商提供基准日(指投标截止日期前第28天)后得到的所有相关资料和数据。不论是招标阶段提供的资料还是后续提供的资料,业主应对资料和数据的真实性和正确性负责,但对承包商依据资料的理解、解释或推论导致的错误不承担责任。

③质量的检查和检验。

为了保证工程的质量,工程师除了按合同规定进行正常的检验外,还可以在认为必要时依据变更程序指示承包商变更规定检验的位置或细节、进行附加检验或试验等。由于额外检查和试验是基准日前承包商无法合理预见的情况,影响到的费用和工期视检验结果是否合格划分责任归属。

④对承包商设备的控制。

工程质量的好坏和施工进度的快慢,很大程度上取决于投入施工的机械设备、临时工程在数量和型号上的满足程度。对承包商设备的控制包括对承包人自有的施工设备和租赁的施工设备的控制。当工程师发现承包人使用的施工设备影响了工程进度或施工质量时,有权要求承包人增加或更换施工设备,由此增加的费用和工期延误责任由承包人承担。

⑤环境保护。

承包商的施工应遵守环境保护的有关法律和法规的规定,采取一切合理措施保护现场内外的环境,限制因施工作业引起的污染、噪声或其他对公众和财产造成的损害或妨碍。施工产生的散发物、地面排水和排污不能超过环保规定的数值。

(3)工程变更管理。

工程变更,是指施工过程中出现了与签订合同时的预计条件不一致的情况,而需要改变原定施工承包范围内的某些工作内容。工程师可以根据施工进展的实际情况,在认为必要时就对合同中任何工程的改变等方面发布变更指令,变更估价由双方协商确定。

(4)工程进度款的支付管理。

①预付款。

预付款又称动员预付款,是业主为了帮助承包商解决施工前期开展工作时的资金短缺,从未来的工程款中提前支付的一笔款项。合同工程是否有预付款,以及预付款的金额多少、支付(分期支付的次数及时间)和扣还方式等均要在专用条款内约定。通用条件内针对预付款金额不少于合同价22%的情况,规定了管理程序。

a.动员预付款的支付。预付款的数额由承包商在投标书内确认。承包商需首先将银行出具的履约保函和预付款保函交给业主并通知工程师,工程师在21 d内签发"预付款支付证书",业主按合同约定的数额和外币比例支付预付款。预付款保函金额始终保持与预付款等额,即随着承包商对预付款的偿还逐渐递减保函金额。

b. 动员预付款的扣还。预付款在分期支付工程进度款的支付中按百分比扣减的方式偿还。

②用于永久工程的设备和材料预付款。

由于合同条件是针对包工包料承包的单价合同编制的,因此规定由承包商自筹资金采购工程材料和设备,只有当材料和设备用于永久工程后,才能将这部分费用计入工程进度款内结算支付。通用条件规定,为了帮助承包商解决订购大宗主要材料和设备所占用资金的周转,订购物资经工程师确认合格后,按发票价值 80% 作为材料预付的款额,含在当月应支付的工程进度款内。双方也可以在专用条款内修正这个百分比,目前施工合同的约定通常在 60%~90% 范围内。

③业主的资金安排。

为了保障承包商按时获得工程款的支付,通用条件内规定,如果合同内没有约定支付表,当承包商提出要求时,业主应提供资金安排计划。

④保留金。

保留金是按合同约定从承包商应得的工程进度款中相应扣减的一笔金额,保留在业主手中,作为约束承包商严格履行合同义务的措施之一。当承包商有一般违约行为使业主受到损失时,可从该项金额内直接扣除损害赔偿费。

合同内以履约保函和保留金两种手段作为约束承包商忠实履行合同义务的措施,当承包商严重违约而使合同不能继续顺利履行时,业主可以凭履约保函向银行获取损害赔偿;而因承包商的一般违约行为令业主蒙受损失时,通常利用保留金补偿损失。履约保函和保留金的约束期均是承包商负有施工义务的责任期限(包括施工期和保修期)。

⑤工程进度款的支付程序。

a. 工程量计量。工程量清单中所列的工程量仅是对工程的估算量,不能作为承包商完成合同规定施工义务的结算依据。每次支付工程月进度款前,均需通过测量来核实实际完成的工程量,以计量值作为支付依据。

采用单价合同的施工工作内容应以计量的数量作为支付进度款的依据,而总价合同或单价包干混合式合同中,按总价承包的部分可以按图纸工程量作为支付依据,仅对变更部分予以计量。

b. 承包商提供报表。每个月的月末,承包商应按工程师规定的格式提交一式 6 份本月支付报表,提出本月已完成合格工程的应付款要求和对应扣款的确认。

c. 工程师签证。工程师接到报表后,对承包商完成的工程形象、项目、质量数量以及各项价款的计算进行核查。当有疑问时,可要求承包商共同复核工程量。在收到承包商的支付报表的 28 d 内,按核查结果以及总价承包分解表中核实的实际完成情况签发支付证书。

d. 业主支付。承包商的报表经过工程师认可并签发工程进度款的支付证书后,业主应在接到证书后及时给承包商付款。业主的付款时间不应超过工程师收到承包商的月进度付款申请单后的 56 d。如果逾期支付将承担延期付款的违约责任,延期付款的利息按银行贷款利率加 3% 计算。

7. 竣工验收阶段的合同管理

(1)竣工检验和移交工程。

①竣工检验。

承包商完成工程并准备好竣工报告所需报送的资料后,应提前 21 d 将某一确定的日期通知工程师,说明此日后已准备好进行竣工检验。工程师应指示在该日期后 14 d 内的某日进行。此项规定同样适用于按合同规定分部移交的工程。

②颁发工程接收证书。

工程通过竣工检验达到了合同规定的"基本竣工"要求后,承包商在他认为可以完成移交工作前 14 d 以书面形式向工程师申请颁发接收证书。基本竣工是指工程已通过竣工检验,能够按照预定目的交给业主占用或使用,而非完成了合同规定的包括扫尾、清理施工现场及不影响工程使用的某些次要部位缺陷修复工作后的最终竣工,剩余工作允许承包商在缺陷责任期内继续完成。

工程师接到承包商申请后的 28 d 内,如果认为已满足竣工条件,即可颁发工程接收证书;若不满意,则应书面通知承包商,指出还需完成哪些工作后才达到基本竣工条件。工程接收证书中包括确认工程达到竣工的具体日期。工程接收证书颁发后,不仅表明承包商对该部分工程的施工义务已经完成,而且对工程照管的责任也转移给业主。

(2)未能通过竣工检验。

①重新检验。

如果工程或某区段未能通过竣工检验,承包商对缺陷进行修复和改正,在相同条件下重复进行此类未通过的试验和对任何相关工作的竣工检验。

②重复检验仍未能通过。

当整个工程或某区段未能通过按重新检验条款规定所进行的重复竣工检验

时,工程师应有权选择以下任何一种处理方法:

a.指示再进行一次重复的竣工检验;

b.如果由于该工程缺陷致使业主基本上无法享用该工程或区段所带来的全部利益,拒收整个工程或区段(视情况而定),在此情况下,业主有权获得承包商的赔偿。

(3)竣工结算。

颁发工程接收证书后的84 d内,承包商应按工程师规定的格式报送竣工报表。工程师接到竣工报表后,应对照竣工图进行工程量详细核算,对其他支付要求进行审查,然后再依据检查结果签署竣工结算的支付证书。此项签证工作,工程师也应在收到竣工报表后28 d内完成。业主依据工程师的签证予以支付。

8.缺陷责任期阶段的合同管理

缺陷责任期即国内施工文本所指的工程保修期,自工程接收证书中写明的竣工日开始,至工程师颁发履约证书为止的日历天数。尽管工程移交前进行了竣工检验,但只是证明承包商的施工工艺达到了合同规定的标准,设置缺陷责任期的目的是考验工程在动态运行条件下是否达到了合同中技术规范的要求。若承包商未能负责,业主有权雇用其他人实施并予以付款。如果属于承包商应承担的责任原因导致,业主有权按照业主索赔的程序由承包商赔偿。

9.4.3 我国工程项目货物采购合同管理

货物采购合同是工程项目合同体系中的重要组成部分,与施工合同居于同样重要的地位。工程项目是一个特殊的产品,发包人购买的是工程实体的形成过程,而构成工程实体的过程中,最为重要的就是施工和货物采购。货物采购合同应依据工程承包合同的相关内容订立,在实践中,有的货物由发包人负责提供,也可以由承包人负责采购,无论是发包人自己采购的货物,还是承包人采购的货物,都应当由双方当事人在施工合同中作出明确约定,并符合施工合同对货物的质量要求和工程进度需要的安排。也就是说,货物采购合同的订立要以施工合同为依据,并且与其他工程建设事项互相衔接。

目前,我国还没有统一的货物采购合同示范文本,货物采购合同一般都是由当事人按照《民法典》的规定,双方协商约定。本书仅就货物采购合同的主要内容做介绍,在实际工作中应以新的货物采购合同示范文本为准。

1. 货物采购合同的主要内容

(1)货物名称、种类。

需要采购的各种货物,应在合同中予以明确和具体化,这是货物采购中最重要的条款之一。在合同中,应详细写明各种货物的品种、型号、规模、等级、花色、数量等,还要写明货物不符合合同规定时买方提出异议的时间。

(2)质量要求。

质量条款是货物采购供应合同中的重要条款,也是货物的验收和区分责任的依据。货物的质量关系到该货物能否满足购货人的需要,是否适用于约定的用途。货物的质量要求主要体现在货物的性能、功能、耐用程度、可靠性、外观、经济性等方面。实践中,相当多的经济纠纷是因质量问题引起的,因此,一定要在合同中说明货物质量各项要求。供货人应保证货物是用一流的工艺和材料制造而成的,并完全符合合同规定的质量、规格和性能的要求,还应保证所提供的货物经正确安装、正常运转和保养,在其使用寿命期内应具有稳定可靠的性能。成套供货的货物,不仅对主件有质量要求,对附件也要有质量要求。

(3)技术标准。

货物的技术标准指国家对采购货物的性能、规格、质量、检验方法、包装以及储运条件等所作的统一规定,是设计、生产、检验、供应、使用该产品的技术依据。合同双方当事人在确定货物技术标准时,如该货物有国家标准或行业标准的,应按照国家标准或行业标准执行;如没有国家标准和行业标准的,则按地方标准或企业标准执行;当事人有特殊要求的,由双方协商,在合同中约定。

实行招标采购的货物,合同中货物的技术标准应与招标文件中规定的技术标准相一致。

(4)包装要求。

除合同中另有约定外,供货人提供的全部货物,均应采用国家标准或行业标准要求的保护措施进行包装,满足远距离运输、防潮、防震、防锈和防粗暴装卸要求,确保货物安全无损运抵现场。由于包装不善所引起的货物锈蚀、损坏和损失均由供货人承担。

采用包装箱对货物进行包装的,供货人应在包装箱的四侧以醒目的方式标记出提货人、目的地、货物名称、货物毛重或净重、尺寸等内容。

(5)交货条款。

交货条款包括交货方式、运输方式、到货地点、提货人、交(提)货期限等内容。

合同中必须明确约定交货方式，是一次性交货，还是分期分批交货，是现场交货，还是购货人自提。

采用现场交货方式的，供货人负责办理运输和保险，将货物运抵现场并进行卸货。有关运输和保险的一切费用由供货人承担。所有货物运抵现场的日期为交货日期。供货人应在合同约定的交货期前将货物名称、数量、包装箱件数、总毛重、总体积、备妥交货日期以及对货物在运输和仓储的特殊要求及注意事项通知购货人。

合同中还应明确交货地点、运输方式以及交货期限。合同中规定的到货地点，即合同履行地。双方应根据各种运输工具的特点，结合货物的特性和数量、路程的远近、供应任务的缓急等因素协商选择合理的运输方式和运输工具。交货期限是货物由供货人转移给购货人的具体时间要求，它涉及合同是否按期履行问题和货物意外损失危险的责任承担问题。合同中的交货期限，应写明年份和月份。实际交货日期早于或迟于合同规定的，即视为提前或逾期交货，当事人应承担相应的责任。在履行合同过程中，如果供货人遇到不能按时交货和提供服务的情况，应及时以书面形式将不能按时交货的理由、延误时间通知购货人。购货人在收到通知后，应给予答复，如果同意，可通过修改合同，酌情延长交货期限；如果供货人任意拖延交货，将被追究违约责任。

(6)检验和验收。

在交货前，供货人应对货物的质量、规格、性能、数量和重量等进行详细而全面的检验，并出具一份证明货物符合合同约定的文件，但有关质量、规格、性能、数量或重量的检验不应视为最终检验。供货人检验的结果应在检验文件中加以说明。

货物运抵现场后，购货人应对货物进行验收。验收包括对货物的名称、品种、规格、型号、花色、数量、质量、包装等进行检测和测试，以确定是否与合同相符。验收标准应根据合同约定的质量标准进行。如果质量标准是国家标准、行业标准、地方标准的，应按规定标准验收；如果质量标准是双方约定的其他标准的，应按其他标准验收，供货人应附产品合格证或质量保证书及必要的技术资料；如果质量标准是以样品为依据的，双方应共同封存样品，分别保管，按封存的样品进行验收。如发现货物的规格或数量与合同不符，购货人有权拒付货款，并应在合同约定的时间内，根据供货人自行检验的结果或当地质检部门出具的检验证明向供货人提出索赔。

(7)质量保证期。

质量保证期为供货人对货物质量责任的保修期限。供货人对货物的质量是负责任的,但并非无期限、无条件地负责,双方应该在合同中明确有关责任期限的约定。货物采购合同应约定一个适当的质量保证期,在质量保证期内,如果货物的数量、质量或规格与合同不符,或证实货物是有缺陷的,包括潜在的缺陷或使用不符合要求的材料制造等,购货人应以书面形式通知供货人,供货人在收到通知后应在约定的时间内免费维修或更换有缺陷的货物或部件。

(8)价格和结算。

价格条款是货物采购合同的重要条款,是双方当事人进行结算的依据。货物的价格,实行招标采购的货物,按中标人的中标价格执行;不实行招标采购的货物,属于国家定价的应按国家定价执行;属于国家指导价的货物则按国家指导价执行;不属于国家定价和国家指导价的,由双方根据市场价格协商定价。

在价格条款中,应写明付款总额、付款方式、付款次数、付款时间、付款币种,以及延期付款时利息的计算方法。结算是对货物价款的了结和清算。目前在我国货物价款采用转账方式比较普遍,包括异地托收承付、异地委托收款信用证结算、汇兑结算、票据结算等。合同中应明确规定货款的结算办法和结算时间,并注明双方的开户银行和账户名称、账号。

(9)违约责任。

①供货人违约责任。

a. 不能按时交货的,应向购货人偿付违约金。具体偿付比例可由双方在合同中约定。

b. 提前交货或多交的货物的品种、型号、规格、质量不符合合同约定的,供货人应承担购货人代保管期内实际发生的保管、保养等费用。

c. 购货人按供货人通知的时间、地点前往提货而未提到时,供货人应负逾期交货的违约责任,并承担购货人因此而支付的实际费用。

d. 货物的规格、品种、质量不符合合同约定的,如果购货人同意使用,应当按质论价,由供货人负责包修、包换、包退,并承担修理、调换、退货所发生的实际费用;不能修理或调换的,按不能交货处理。在交售货物中掺杂使假、以次充好的,购货人有权拒收,供货人同时应向购货人偿付相应的违约金。

e. 产品包装不符合合同约定的,必须重新包装的,供货人应重新包装,并承担因此支付的费用。因包装不符合规定造成货物损坏或者丢失的,供货人应负责赔偿。

f. 由于货物错发到货地点或接货单位造成逾期交货的,供货人应支付违约金。未经购货人同意,供货人擅自改变运输路线和运输工具的,应承担由此增加的费用。

②购货人违约责任。

a. 中途退货或无故拒收货物,应支付违约金,并承担供货人由此发生的费用和赔偿由此造成的损失。具体赔偿比例双方在合同中约定。

b. 自提货物未按供货人通知的日期或合同规定的日期提货的,应承担供货人在此期间所支付的保管费、保养费。

c. 未按合同规定日期付款的,应按合同约定支付违约金。在此期间如遇国家规定的价格上涨,承担由此而多发生的费用。

d. 错填或临时变更到货地点且没提前通知供货人的,应承担由此而多支付的费用。

e. 在合同约定的验收期限内,未进行验收或验收后在规定的期限内,未提出异议的,视为默认。对于提出质量异议或因其他原因提出拒收的一般货物,在代保管期内,应按原包装妥善保管、保养,不得动用,一经动用即视为接收。

(10)争议。

货物采购合同发生争议,双方应协商解决,协商不成可聘请咨询工程师或有关行业主管部门等第三方进行调解,协调不成时,可按照合同选择仲裁机构仲裁或向有管辖权的人民法院提起诉讼。

2. 货物采购合同的履行

货物的生产过程,就是合同的履行过程。与工程采购不同,货物采购合同签订后要实行催交和现场监造与检验,这是货物合同履行的重要保证,是货物招标投标工作的延续。

(1)催交。

因为采购的货物是在制造厂家生产制造的,货物是否能及时交付,一方面固然要依靠供货人的努力,另一方面,还要依靠购货人派遣咨询工程师作为驻厂代表进行催交货物。

催交工作的任务主要是督促供货人能按合同规定的期限要求提供货物和技术文件,以满足现场施工安装的需要,故催交工作贯穿合同签订后直到货物制造完成,并具备出厂检验合格证的全过程。催交工作的重点是保证货物生产制造的进度和工期,在催交的过程中,驻厂代表及时地发现制造过程中的问题,并且能采取有效的控制和改正措施,以防止进度拖延。

催交工作是货物采购必不可少的重要环节。国外工程公司对催交工作也十分重视,为确保设备、材料按时到货,保证工程顺利进行,会投入一定的人力做催交工作。做好催交工作,对保证工程项目的总进度具有重要作用。催交工作主要包括下列内容。

①催促供货人按照合同规定,及时向招标人提交一份详细的制造进度表,明确交货日期,以便催交工作的开展。

②检查供货人主要原材料的采购和准备进展情况,并检查供货人主要外协配件和配套辅机的采购进展情况。

③检查设备、材料的制造、组装、试验、检验和装运的准备情况。检查各关键工序是否按生产计划进行。催交人员应不断评估供货人的进度状态,确保全部关键控制点的进度按期进行。

(2)现场监造与检验。

与工程采购不同,为确保货物的质量符合采购合同规定的要求,避免由于质量问题而影响工程建设,或给以后生产经营带来困难,货物采购尤其是设备采购,购货人需要派遣咨询工程师在供货厂家进行现场监造与检验,包括对原材料进货的检验、设备制造加工监造检验、组装和中间产品的监造检验、整体货物性能的监造检验、包装监造检验、运输条件检验等。现场监造与检验的要求应事先在合同中约定。

①监造与检验的主要内容。

a. 工程师的职责就是保证货物的质量和制造进度符合要求。货物质量主要是通过建立和实施质量保证体系来保证的。咨询工程师应首先了解制造厂质量保证体系文件的制订和有效实施情况,并对其提出建议。

b. 咨询工程师应掌握货物招标采购合同的全部内容,特别是要掌握合同中的技术标准、规范要求、货物的质量要求和时间要求,以及检验标准要求,并且据此制订监造检验计划,列出重点监造检验目录。

c. 在货物制造开始之前,咨询工程师要组织召开协调会议,使供货人明确产品要求,检验内容、方式、时间以及各自的义务等。

d. 货物制造工作中,咨询工程师应根据需要进驻制造现场进行监造与检验。监造与检验的方法一般是日检、实测、记录、照相等。当需要使用测试仪器时,供货人应提供协助和方便。

e. 货物制造完毕后,咨询工程师应参加全面的质量验收,认真做好出厂前的检验测试,把问题消除在出厂之前,并写出检验报告。检验报告应该是根据采购订货合同及其附件提出的技术规格和要求,对采购的设备和材料进行检验、测试和其他有关质量检查的真实情况的记录。为了提高编写检验报告的质量,咨询工程师应根据经验编制统一的格式。检验报告的结论部分,应该明确被检验的设备和材料可以验收、有条件验收或拒收等。

f. 根据具体情况,也可聘请有资格和有信誉的第三方检验机构承担货物的检验工作。

g. 设备、材料运抵施工现场后,仓储管理人员要开箱检验,合格后方能入库。

②监造与检验的要求。

a. 在机械设备制造之前,工程师要召开预检会议,审查制造厂的检验计划。

b. 机械设备检验应按订货合同文件规定的标准、规范进行。

c. 认真做好检验报告,因为检验报告是对机构设备质量的真实记录。

d. 对合格产品,有关参检方要联名签字,并且一切文件要完整无损。对不合格产品,咨询工程师要提出处理意见。

e. 对产品质量有争议的问题,应聘请第三方检验,也可请专家或有关专业部门检验,得出公正的结论。

货物制造完毕,运抵施工现场并入库后,货物采购合同才宣布履行完毕,采购工作宣布结束。

9.4.4 索赔管理

1. 索赔概念及作用

索赔是合同当事人在合同实施过程中,根据法律、合同规定及惯例,对并非由于自己的过错,而是属于应由合同对方承担责任且实际发生了损失,向对方提出给予补偿的要求。索赔事件的发生,可以是一定行为造成的,也可以由不可抗力引起;可以是合同当事人一方引起的,也可以是任何第三方行为引起的。索赔的性质属于经济补偿行为,而不是惩罚。索赔的损失结果与被索赔人的行为并不一定存在法律上的因果关系。

索赔的主要作用如下。

(1)索赔是合同管理的主要环节,是挽回成本损失的主要手段。

(2)工程索赔的健康开展,对双方的管理与合同的履约管理都提出很高的要求,它有利于促进双方加强内部管理,提高管理素质,严格履行合同,维护市场正常秩序。

(3)能促使双方迅速掌握索赔和处理索赔的方法和技巧,有利于熟悉国际惯例,有利于对外开放和对外承包工程的开展。

(4)可促使双方根据合同执行的实际情况,实事求是地调整工程造价和工期,把原来计入工程造价的一些不可预见费用,改为按实际发生的损失支付,有助于降低工程造价,使工程造价更合理。

2. 承包商向业主的索赔

(1)常见的索赔内容。

①不利的自然条件与人为障碍引起的索赔。

不利的自然条件是指施工中遭遇到的实际自然条件比招标文件中所描述的更困难、更恶劣,是一个有经验的承包商无法预测的不利的自然条件与人为障碍,导致了承包商必须花费更多的时间和费用,在这种情况下,承包商可以向业主提出索赔要求。

②工程变更引起的索赔。

在工程施工过程中,由于工地上不可预见的情况,环境的改变,在监理工程师认为必要时,可以对工程或其任何部分的外形、质量或数量作出变更。任何此类变更,承包商均不应以任何方式使合同作废或无效。但如果监理工程师确定的工程变更单价或价格不合理,或缺乏说服承包商的依据,则承包商有权就此向业主进行索赔。

③工期延期的费用索赔。

工期延期的索赔通常包括两个方面:一是承包商要求延长工期;二是承包商要求偿付由于非承包商原因导致工程延期而造成的损失。一般这两方面的索赔报告要求分别编制。因为工期和费用索赔并不一定同时成立。

④加速施工费用的索赔。

一项工程可能遇到各种意外的情况或由于工程变更而必须延长工期。但由于业主的原因,坚持不予延期,迫使承包商加班赶工来完成工程,从而导致工程成本增加,承包商可以提出索赔。

⑤业主不正当地终止工程而引起的索赔。

由于业主不正当地终止工程,承包商有权要求补偿损失,其数额是承包商在被终止工程中的人工、材料、机械设备的全部支出,以及各项管理费用、保险费、贷款利息、保函费用的支出(减去已结算的工程款),并有权要求赔偿其盈利损失。

⑥物价上涨引起的索赔。

物价上涨是各国市场的普遍现象,尤其在一些发展中国家。由于物价上涨,人工费和材料费不断增长,引起了工程成本的增加。如何处理物价上涨引起的合同价调整问题,常用的办法有以下三种。

a. 对固定总价合同不予调整。这适用于工期短、规模小的工程。

b. 按价差调整合同价。在工程结算时,对人工费及材料费的价差,即现行价格与基础价格的差值,由业主向承包商补偿。

c. 用调价公式调整合同价。在每月结算工程进度款时,利用合同文件中的调价公式,计算人工、材料等的调整数。

⑦法律、货币及汇率变化引起的索赔。

如果业主在规定的应付款时间内未能按工程师的任何证书向承包商支付应支付的款额,承包商可在提前通知业主的情况下,暂停工作或减缓工作速度,并有权获得任何误期的补偿和其他额外费用的补偿(如利息)。

⑧不可抗力的后果。

如果承包商因不可抗力,妨碍其履行合同规定的任何义务,使其遭受延误和(或)招致增加费用,承包商有权根据"承包商的索赔"的规定要求索赔。

(2)合同示范文本中规定的索赔条款。

为了健康开展工程索赔工作,FIDIC 制定的《施工合同条件》和我国的《建设工程施工合同(示范文本)》都写出了涉及索赔的条款,为开展索赔提供了依据。

3. 业主向承包商的索赔

由于承包商不履行或不完全履行约定的义务,或者由于承包商的行为使业主受到损失时,业主可向承包商提出索赔。示范文本中也包括了业主向承包商索赔的内容和条件,主要如下。

(1)工期延误索赔。

由于承包商的责任,使竣工日期拖后,影响到业主对该工程的利用,给业主带来经济损失,业主有权对承包商进行索赔,即由承包商支付误期损害赔偿费。施工合同中的误期损害赔偿费,通常是由业主在招标文件中确定的。业主在确定误期损害赔偿费的费率时,一般要考虑以下因素:

①业主盈利损失;

②由于工程拖期而引起的贷款利息增加;

③工程拖期带来的附加监理费;

④由于工程拖期不能使用,继续租用原建筑物或租用其他建筑物的租赁费。

误期损害赔偿费的计算方法,在每个合同文件中均有具体规定。一般按每延误一天赔偿一定的款额计算,累计赔偿额一般不超过合同总额的 10%。

(2)施工缺陷索赔。

当承包商的施工质量不符合合同的要求,或使用的设备和材料不符合合同规定,或在缺陷责任期未满以前未完成应该负责修补的工程时,业主有权向承包商追究责任,要求补偿所受的经济损失。如果承包商在规定的期限内未完成缺陷修补工作,业主有权雇佣他人来完成工作,发生的费用由承包商负担。如果承包商自费修复,则业主可索赔重新检验费。

(3)对指定分包商的付款索赔。

在承包商未能提供已向指定分包商付款的合理证明时,业主可以直接按照监理工程师的证明书,将承包商未付给指定分包商的所有款项(扣除保留金)付给这个分包商,并从应付给承包商的任何款项中如数扣回。

(4)业主合理终止合同或承包商不正当地放弃工程的索赔。

如果业主合理地终止承包商的承包,或者承包商不合理放弃工程,则业主有权从承包商手中收回中新的承包商完成工程所需的工程款与原合同未付部分的差额。

4. 索赔费用的组成

索赔费用的主要组成部分,同工程款的计价内容相似。按我国现行规定,建筑安装工程合同价包括直接工程费、间接费、计划利润和税金。我国的这种规定,同国际上通行的做法还不完全一致。按国际惯例,建筑安装工程合同价一般包括直接费、间接费和利润。直接费包括人工费、材料费和机械使用费;间接费包括工地管理费、保险费、利息、总部管理费等。

从原则上说,承包商有索赔权利的工程成本增加,都是可以索赔的费用。这些费用都是承包商为了完成额外的施工任务而增加的开支。但是,对于不同原因引起的索赔,承包商可索赔的具体费用内容是不完全一样的。哪些内容可索赔,要按照各项费用的特点、条件进行分析论证。现概述如下。

(1)人工费。

人工费包括施工人员的基本工资、工资性质的津贴、加班费、奖金以及法定的安全福利等费用。对于索赔费用中的人工费部分而言,人工费是指完成合同之外的额外工作所花费的人工费用;由于非承包商责任的工效降低所增加的人工费用;超过法定工作时间的加班劳动费;法定人工费增长以及非承包商责任工程延误导致的人员窝工费和工资上涨费等。

(2)材料费。

材料费的索赔包括:

①由于索赔事项材料实际用量超过计划用量而增加的材料费；

②由于客观原因材料价格大幅度上涨的费用；

③由于非承包商责任工程延误导致的材料价格上涨和超期储存费用。

材料费中应包括运输费、仓储费，以及合理的损耗费用。如果由于承包商管理不善，造成材料损坏失效，则不能列入索赔计价。

(3) 施工机械使用费。

施工机械使用费的索赔包括：

①由于完成额外工作增加的机械使用费；

②非承包商责任工效降低增加的机械使用费；

③由于业主或监理工程师原因导致机械停工的窝工费。

窝工费的计算，如系租赁设备，一般按实际租金和调进调出费的分摊计算；如系承包商自有设备，一般按台班折旧费计算，而不能按台班费计算，因台班费中包括了设备使用费。

(4) 分包费用。

分包费用索赔指的是分包商的索赔费，一般也包括人工、材料、机械使用费的索赔。分包商的索赔应如数列入总承包商的索赔款总额以内。

(5) 工地管理费。

索赔款中的工地管理费是指承包商完成额外工程、索赔事项工作以及工期延长期间的工地管理费，包括管理人员工资、办公、通信、交通费等。但如果对部分工人窝工损失索赔时，因其他工程仍然进行，可能不予计算工地管理费索赔。

(6) 利息。

在索赔额的计算中，通常包括利息。利息的索赔通常发生于下列情况：

①拖期付款的利息；

②由于工程变更和工程延期增加投资的利息；

③索赔款的利息；

④错误扣款的利息。

至于这些利息的具体利率应是多少，在实践中可采用不同的标准，主要有如下几种规定：

①按当时的银行贷款利率；

②按当时的银行透支利率；

③按合同双方协议的利率；

④按中央银行贴现率加3%。

(7) 总部管理费。

索赔款中的总部管理费主要指的是工程延误期间所增加的管理费。

(8) 利润。

一般来说,由于工程范围的变更、文件有缺陷或技术性错误、业主未能按时提供现场等引起的索赔费用,承包商可以列入利润。但对于工程暂停的索赔,由于利润通常是包括在每项实施的工程内容的价格之内的,而延误工期并未影响削减某些项目的实施,也未导致利润减少。所以,一般监理工程师很难同意在工程暂停的费用索赔中加进利润损失。

索赔利润的款额计算通常是与原报价单中的利润百分率保持一致。即在成本的基础上,增加原报价单中的利润率,作为该项索赔款的利润。

5. 索赔证据

证据是索赔的关键,证据不足或没有证据,索赔是不能成立的。常见的可以索赔的证据除合同文本外有如下几种。

(1) 投标文件。投标文件是组成施工合同的重要部分,其内容包括承发包双方的要约和承诺,在索赔要求中可以直接作为证据。

(2) 会议纪要。在施工过程中发包人、承包人、监理人及有关方面针对工程召开的一切会议的纪要。但纪要要经过参与会议的各方签认,或由发包人或其代理人签章发给承包企业才有法律效力。

(3) 往来信件。合同双方的往来信件,特别是对承包企业提出问题的答复信或认可信等。

(4) 指令或通知。发包人驻工地代表或监理工程师发出的各种指令、通知,包括工程设计变更、工程暂停等指令。

(5) 施工组织设计。这是指包括施工进度计划在内,并经发包人驻工地代表或监理工程师批准的施工组织设计或施工方案。

(6) 施工现场的各种记录。如施工记录、施工日报、工长日记、检查人员日记或记录,以及经发包人驻工地代表或监理工程师签认的工程中停电、停水、停气和道路封闭、开通记录或证明等。

(7) 工程照片。这是指注明日期、可以直观的工程照片。

(8) 气象资料。现场每日天气状况记录,或请发包人驻工地代表或监理工程师签证的气象记录。

(9) 各种验收报告。如隐蔽工程验收报告、中间验收工程报告、材料实施报告以及设备开箱验收报告等。

(10)建筑材料的采购、运输、保管和使用等方面的原始凭证。

(11)政府主管工程造价部门发布的材料价格信息、调整造价的方法和指数等。

(12)各种可以公开的成本和会计资料。

(13)国家发布的法律、法令和政策文件,特别是涉及工程索赔的各类文件,一定要注意积累。

6. 索赔程序

索赔程序主要包括提出索赔意向,调查干扰事件,寻找索赔理由和证据,计算索赔值,起草索赔报告,通过谈判最终解决索赔争议。

承包商可按下列程序以书面形式提出索赔:

(1)索赔事件发生28 d内,向工程师发出索赔意向通知;

(2)发出索赔意向通知后28 d内,向工程师提出延长工期和(或)补偿经济损失的索赔报告及有关资料;

(3)工程师在收到承包商送交的索赔报告及有关资料后,于28 d内给予答复,或要求承包商进一步补充索赔理由和证据;

(4)工程师在收到承包商送交的索赔报告和有关资料后28 d内未予答复或未提出进一步要求,视为该项索赔已经认可;

(5)当该索赔事件持续进行时,承包商应当阶段性向工程师发出索赔意向,在索赔事件终了28 d内,向工程师送交索赔的有关资料和最终索赔报告。索赔答复程序与(3)、(4)规定相同。

反之,由于承包商不履行合同义务,给业主造成损失,业主的索赔程序和时限与上述规定相同。

9.5 施工项目安全管理

9.5.1 安全管理概述

1. 安全管理的概念

施工项目安全管理是一项综合性管理,是施工项目管理的重要组成部分,它是指在项目施工的全过程中,运用科学管理的理论、方法,通过法规、技术、组织等手段所进行的规范劳动者行为,控制劳动对象、劳动手段和施工环境条件,消除或减少不安全因素,使人、物、环境构成的施工生产体系达到最佳安全状态,实现项目安全目标等一系列活动的总称。

施工项目具有露天、高空作业多,受环境影响大,工程结构复杂等特性,使得施工项目生产过程的安全事故与其他行业相比,发生的频率要高,因此在项目管理中应高度重视安全管理问题,将其作为一项复杂的系统工程认真加以研究和防范,尽可能事先排除各种导致安全事故的原因。安全生产管理包括以下三个方面的内容。

(1)对劳动者的管理。通过依法制定有关安全的政策、法规,给予劳动者的劳动安全、身体健康以法律保障,以约束劳动者的不安全行为,消除或减少主观上的安全隐患。

(2)对劳动手段与劳动对象的管理。采取改善施工工艺、改进设备性能的方法,消除和控制生产过程中可能出现的危险因素,并通过安全技术保证措施,达到规范物的状态,以消除和减轻其对劳动者的威胁和造成的财产损失。

(3)对劳动条件(施工环境)的管理。采取防止、控制施工中高温、严寒、粉尘、噪声、振动、毒物对劳动者安全与健康影响的医疗、保健、防护等一系列措施,改善和创造良好的劳动条件,防止职业伤害,保护劳动者身体健康和生命安全。

2. 安全管理的原则

(1)管生产同时管安全。

安全寓于生产之中,并对生产发挥促进与保证作用。管生产同时管安全,不仅是对各级领导人员明确安全管理责任,同时,也向一切与生产有关的机构、人员明确了业务范围内的安全管理责任。

(2)坚持安全管理的目的性。

安全管理的内容是对生产中的人、物、环境因素的管理,有效地控制人的不安全行为和物的不安全状态,消除或避免事故,达到保护劳动者的安全与健康的目的。没有明确目的的安全管理是一种盲目行为,在一定意义上,盲目的安全管理,只能纵容威胁人的安全与健康的状态,向更为严重的方向发展或转化。

(3)贯彻预防为主的方针。

安全生产的方针是"安全第一、预防为主"。安全第一是从保护生产力的角度和高度,表明在生产范围内安全与生产的关系,肯定安全在生产活动中的位置和重要性。进行安全管理不是处理事故,而是在生产活动中,针对生产的特点,对生产因素采取管理措施,有效控制不安全因素的发展与扩大,把可能发生的事故消灭在萌芽状态,以保证生产活动中人的安全与健康。

(4)坚持"四全"动态管理。

安全管理不是少数人和安全机构的事,而是一切与生产有关的人共同的事。安全管理涉及生产活动的各方面,涉及从开工到竣工交付的全部生产过程,涉及全部生产时间,涉及一切变化着的生产因素。因此,生产活动中必须坚持全员、全过程、全方位、全天候的动态安全管理。

(5)安全管理重在控制。

进行安全管理的目的是预防、消灭事故,防止或消除事故伤害,保护劳动者的安全与健康。在安全管理的主要内容中,虽然都是为了达到安全管理的目的,但是对生产因素状态的控制,与安全管理目的关系更直接,显得更为突出。因此,对生产中人的不安全行为和物的不安全状态的控制,是动态的安全管理的重点。

(6)在管理中发展提高。

既然安全管理是在变化着的生产活动中的管理,是一种动态管理。其管理就意味着是不断发展、不断变化的,以适应变化的生产活动,消除新的危险因素。然而更为需要的是不间断地摸索新的规律,总结管理、控制的办法与经验,指导新的变化后的管理,从而使安全管理不断上升到新的高度。

3. 施工项目安全目标

施工项目安全目标是在项目施工过程中,安全工作所要达到的预期效果。

施工项目安全目标应根据项目施工的特点制定,应具有先进性和可行性。施工项目总的安全目标值包括:项目施工过程控制伤亡事故发生的指标、控制交通安全事故的指标、尘毒治理要求达到的指标、控制火灾发生的指标等。

项目总的安全目标确定后,还要按层次进行安全目标分解,形成安全目标体系,即施工项目总的安全目标、项目经理部下属各单位、各部门的安全目标、施工班组安全目标、个人安全目标。在安全目标体系中,总目标值是最基本的安全指标,而下一层的目标值应略高一些,以保证上一层安全目标实现。如项目总安全目标要求重大伤亡事故为零,中层的安全目标就应除此之外还要求重伤事故为零,施工队一级的安全目标还应进一步要求轻伤事故为零,班组一级要求险肇事故为零,个人则做到违章为零。

4. 高速铁路建设工程安全生产的特点

(1)学习任务繁重,多工种交叉作业,施工情况复杂。

高速铁路工程是一项涉及多专业、多工种相互配套的系统工程,它最大的特点是施工工程量大、战线长、技术类型多、结构复杂。高速项目投资巨大、工期长且由很多的分部分项工程组成,因此,相互联系和制约的因素较多,从而构成错综复杂的施工顺序、施工方法、运输方法和施工机具的配备。

(2)高危作业较多,劳动者素质普遍偏低。

铁路施工涉及露天、野外、高空等高危作业比较多。目前,高速铁路建设中农民工占80%以上,大量未经培训的农民工参与高速铁路建设,手工劳动和繁重体力劳动多,劳动者素质普遍比较低,这就使高速铁路建设规模大、技术新、标准高,却难以制订与之相配套、相适应的安全生产技术和保证措施。

(3)作业环境艰苦,施工情况多变。

在施工过程中,由于地质、水文、气候的变化难测,特别是高速铁路大多邻近既有线施工,还要考虑在行车干扰的情况下施工,既要保证通过能力和安全运营,又要保证工程任务的完成,从而增加了施工的多变性。除此之外,高铁在施工过程中还需要处理好征地、拆迁、补偿、道路、供水、供电等一系列问题,这就进一步加大了安全事故发生的概率。

(4)工期紧,安全教育培训仓促,效果不明显。

由于历史的原因,我国铁路建设速度一直跟不上国民经济发展的速度,为使高速铁路能够尽快地为国民经济服务,与国外同等级铁路建设工期相比,我国高速铁路的建设工期普遍紧张,多数企业为了赶工期对职工的三级安全教育多半是在仓促中完成的,其培训的效果很差。铁路施工企业三级安全教育执行情况也不容乐观,而作为铁路建设的主要劳动力的农民工,却因工作流动性较大基本得不到企业的安全技能培训。

(5)安全生产投入不足,违章现象时有发生。

铁路建筑市场的激烈竞争导致各施工企业竞相压价,在低价中标的情况下,部分施工企业为了降低成本就减少了对保证安全生产的必要措施和费用的投入,同时各方从业人员过分注意自身的经济利益,轻视自身的安全,导致施工企业有章不循、纪律松弛、违章指挥、违章操作、管理不严、监督不力和违反劳动纪律的现象很普遍。

9.5.2 安全管理措施

9.5.2.1 落实安全责任、实行责任管理

施工项目经理承担控制、管理施工生产进度、成本、质量、安全等目标的责任。因此,必须同时承担进行安全管理、实现安全生产的责任。

(1)建立、完善以项目经理为首的安全生产领导机构,有组织、有领导地开展安全管理活动,承担组织、领导安全生产的责任。

(2)建立各级人员安全生产制度,明确各级人员的安全责任。抓制度落实、抓责任落实,定期检查各安全责任落实情况。

(3)施工项目应通过监察部门的安全生产资质审查,并得到认可。

(4)施工项目负责施工生产中物的状态审验与认可,承担物的状态漏验、失控的管理责任。

(5)一切管理、操作人员均需与施工项目签订安全协议,向施工项目做出安全保证。

(6)安全生产责任落实情况的检查,应认真、详细地记录,作为分配、补偿的原始资料之一。一般地,每个施工项目应根据具体情况,成立以项目经理为主的安全生产委员会或领导小组。同时,根据建设工程的性质、规模和特点,配备规定数量的专职和兼职安全管理员,督促检查各类人员贯彻执行安全管理,协助项目经理推动安全管理工作,保证施工管理顺利进行。

9.5.2.2 安全教育

1. 安全事故诱因分析

诱发安全事故的主要原因有人的不安全行为,物的不安全状态及管理上的缺陷,因此安全教育要从提高安全意识及增强安全技术知识方面进行教育和培训。

(1)人的不安全行为。

不安全行为是人表现出来的,与人的心理特征相违背,属非正常行为。人在生产活动中,曾引起或可能引起事故的行为,必然是不安全行为。人出现一次不安全行为,不一定就会发生事故、造成伤害,然而不安全行为最终一定会导致事故。即使物的因素作用是事故的主要原因,也不能排除隐藏在不安全状态背后的,人的行为失误的转换作用。

(2)物的不安全状态。

人机系统把生产过程中发挥一定作用的机构、物料、生产对象以及其他生产要素统称为物。物都具有不同形式、性质的能量,有出现能量意外释放,引发事故的可能性。由于物的能量可能释放引起事故的状态,称为物的不安全状态。这是从能量与人的伤害之间的联系所给出的定义。如果从发生事故的角度,也可把物的不安全状态看作为曾引起或可能引起事故的物的状态。

在生产过程中,物的不安全状态极易出现。所有的物的不安全状态,都与人的不安全行为或人的操作、管理失误有关。往往在物的不安全状态背后,隐藏着人的不安全行为或失误。物的不安全状态既反映了物的自身特性,又反映了人的素质和人的决策水平。物的不安全状态的运动轨迹,一旦与人的不安全行为的运动轨迹交叉,就是发生事故的时间与空间。因此,物的不安全状态是发生事故的直接原因。正确判断物的具体不安全状态,控制其发展对预防、消除事故有直接的现实意义。

2. 安全教育的主要内容

项目经理部应切实加强现场工作人员的安全教育,本着谁使用谁负责安全的原则,实施培训考核上岗制,建立健全培训档案制度。安全教育贯穿于整个项目建设过程,教育的主要内容包括如下。

(1)安全思想教育。

教育操作人员具有良好的自我保护意识,时时处处注意安全,防范风险于未然。

(2)安全技术教育。

教育操作人员了解其施工生产的一般流程,安全生产一般应注意的事项,工种、岗位安全生产知识,重点熟悉安全生产技术和安全技术操作规程等。

(3)安全法制和纪律教育。

让操作人员充分了解安全生产法规和责任制度、安全生产规章制度、职工守则、劳动纪律、安全生产奖惩条例。

9.5.2.3 安全检查

工程项目安全检查的目的是清除隐患、防止事故、改善劳动条件及提高员工安全生产意识,是安全控制工作的一项重要内容。通过安全检查可以发现工程中的危险因素,以便有计划地采取措施,保证安全生产。施工项目的安全检查应由项目经理组织,定期进行。

1. 安全检查的形式

(1)全面安全检查。

全面安全检查内容应包括职业健康安全管理方针、管理组织机构及其安全管理的职责、安全设施、操作环境、防护用品、卫生条件、运输管理、危险品管理、火灾预防、安全教育和安全检查制度等。对全面检查的结果必须进行汇总分析,详细探讨所出现的问题及相应对策。

(2)经常性安全检查。

工程项目和班组应开展经常性安全检查,及时排除事故隐患。工作人员必须在工作前,对所用的机械设备和工具进行仔细的检查,发现问题立即上报。下班前,还必须进行班后检查,做好设备的维修保养和清整场地等工作,保证交接安全。

(3)专业或专职安全管理人员的专业安全检查。

由于操作人员在进行设备的检查时,往往是根据其自身的安全知识和经验进行主观判断,因而有很大的局限性,不能反映出客观情况,流于形式。而专业或专职安全管理人员则有较丰富的安全知识和经验,通过其认真检查就能够得到较为理想的效果。专业或专职安全管理人员在进行安全检查时,必须不徇私情,按章检查,发现违章操作情况要立即纠正,发现隐患及时指出并提出相应防护措施,并及时上报检查结果。

(4)季节性安全检查。

要对防风防沙、防涝抗旱、防雷电、防暑防寒等工作进行季节性的检查,根据各个季节自然灾害的发生规律,及时采取相应的防护措施。

(5)节假日检查。

在节假日,坚持上班的人员较少,往往放松思想警惕,容易发生意外,而且一旦发生意外事故,也难以进行有效的救援和控制。因此,节假日必须安排专业安全管理人员进行安全检查,对重点部位要进行巡视。同时配备一定数量的安全保卫人员,搞好安全保卫工作,绝不能麻痹大意。

(6)要害部门重点安全检查。

对于企业要害部门和重要设备必须进行重点检查。由于其重要性和特殊性,一旦发生意外,会造成大的伤害,给企业的经济效益和社会效益带来不良的影响。为了确保安全,对设备的运转和零件的状况要定时进行检查,发现损伤立刻更换,决不能"带病"作业;一到有效年限即使没有故障,也应该予以更新,不能因小失大。

2. 安全检查的主要内容

(1)查思想。检查企业领导和员工对安全生产方针的认识程度,建立健全安全生产管理和安全生产规章制度。

(2)查管理。主要检查安全生产管理是否有效,安全生产管理和规章制度是否真正得到落实。

(3)查隐患。主要检查生产作业现场是否符合安全生产要求,检查人员应深入作业现场,检查工人的劳动条件、卫生设施、安全通道,零部件的存放,防护设施状况,电气设备、压力容器、化学用品的储存,粉尘及有毒有害作业部位点的达标情况,车间内的通风照明设施,个人劳动防护用品的使用是否符合规定等。要特别注意对一些要害部位和设备加强检查,如锅炉房,变电所,以及各种剧毒、易燃、易爆等场所。

(4)查整改。主要检查对过去提出的安全问题和发生生产事故及安全隐患是否采取了安全技术措施和安全管理措施,进行整改的效果如何。

(5)查事故处理。检查对伤亡事故是否及时报告,对责任人是否已经作出严肃处理。

在安全检查中必须成立一个适应安全检查工作需要的检查组,配备适当的人力物力检查结束后应编写安全检查报告,说明已达标项目、未达标项目、存在问题、原因分析,作出纠正和预防措施的建议。

3. 安全检查的组织

(1)制定安全检查制度,按制度要求的规模、时间、原则、处理、报偿全面落实。

(2)成立由第一责任人为首,业务部门、全体人员参加的安全检查组织。

(3)安全检查必须做到有计划、有目的、有准备、有整改、有总结、有处理。

4. 安全检查的注意事项

(1)安全检查要深入基层、紧紧依靠职工,坚持领导与群众相结合的原则,组织好检查工作。

(2)建立检查的组织领导机构,配备适当的检查力量,挑选具有较高技术业务水平的专业人员参加。

(3)做好检查的各项准备工作,包括思想、业务知识、法规政策和物资、奖金准备。

(4)明确检查的目的和要求。既要严格要求,又要防止一刀切,要从实际出发,分清主次矛盾,力求取得实效。

(5)把自查与互查有机结合起来。基层以自检为主,企业内相应部门间互相检查,取长补短,相互学习和借鉴。

(6)坚持查改结合。检查不是目的,只是一种手段,整改才是最终目的。发现问题,要及时采取切实有效的防范措施。

(7)建立检查档案。结合安全检查表的实施,逐步建立健全检查档案,收集基本的数据,掌握基本安全状况,为及时消除隐患提供数据,同时也为以后的安全检查奠定基础。

(8)在制定安全检查表时,应根据用途和目的确定具体的安全检查表的种类。制定安全检查表要在安全技术部门的指导下,充分依靠职工来进行。初步制定出来的检查表,要经过群众的讨论,反复试行,再加以修订,最后由安全技术部门审定后方可正式实行。

5. 安全生产规章制度的检查

为了实施安全生产管理制度,工程承包企业应结合本身的实际情况,建立健全一整套本企业的安全生产规章制度,并落实到具体的工程项目施工任务中。在安全检查时,应对企业的施工安全生产规章制度进行全面检查。施工安全生产规章制度一般应包括以下内容:

(1)安全生产奖励制度;

(2)安全值班制度;

(3)各种安全技术操作规程;

(4)危险作业管理审批制度;

(5)易燃、易爆、剧毒、放射性、腐蚀性等危险物品生产、储运、使用的安全管理制度;

(6)防护物品的发放和使用制度;

(7)安全用电制度;

(8)加班加点审批制度;

(9)危险场所动火作业审批制度;

(10)防火、防爆、防雷、防静电制度;

(11)危险岗位巡回检查制度;

(12)安全标志管理制度。

9.5.2.4 施工安全技术措施

1. 施工安全控制

(1)安全控制的概念。

安全控制是生产过程中涉及的计划、组织、监控、调节和改进等一系列致力于满足生产安全所进行的管理活动。

(2)安全控制的目标。

安全控制的目标是减少和消除生产过程中的事故,保证人员健康安全和财产免受损失。具体应包括:

①减少或消除人的不安全行为;

②减少或消除设备、材料的不安全状态;

③改善生产环境和保护自然环境。

(3)施工安全控制的特点。

建设工程施工安全控制的特点如下。

①控制面广。

由于建设工程规模较大,生产工艺复杂、工序多,在建造过程中流动作业多,高处作业多,作业位置多变,遇到的不确定因素多,安全控制工作涉及范围大,控制面广。

②控制的动态性。

a.建设工程项目的单件性。每项工程所处的条件不同,所面临的危险因素和防范措施也会有所改变,员工在转移工地后,熟悉一个新的工作环境需要一定的时间,有些工作制度和安全技术措施也会有所调整,员工同样有一个熟悉的过程。

b.建设工程项目施工的分散性。因为现场施工是分散于施工现场的各个部位,尽管有各种规章制度和安全技术交底的环节,但是面对具体的生产环境时,仍然需要自己的判断和处理,有经验的人员还必须适应不断变化的情况。

③控制系统交叉性。

建设工程项目是开放系统,受自然环境和社会环境影响很大,同时也会对社会和环境造成影响,安全控制需要把工程系统、环境系统及社会系统结合起来。

④控制的严谨性。

由于建设工程施工的危害因素复杂、风险程度高、伤亡事故多,所以预防控制措施必须严谨,如有疏漏就可能发展到失控,进而酿成事故,造成损失和伤害。

(4)施工安全控制程序。

①确定每项具体建设工程项目的安全目标。

按"目标管理"方法在以项目经理为首的项目管理系统内进行分解,从而确定每个岗位的安全目标,实现全员安全控制。

②编制建设工程项目安全技术措施计划。

工程施工安全技术措施计划是对生产过程中的不安全因素,用技术手段加以消除和控制的文件,是落实"预防为主"方针的具体体现,是进行工程项目安全控制的指导性文件。

③安全技术措施计划的落实和实施。

安全技术措施计划的落实和实施包括建立健全安全生产责任制,设置安全生产设施,采用安全技术和应急措施,进行安全教育和培训,安全检查,事故处理,沟通和交流信息,通过一系列安全措施的贯彻,使生产作业的安全状况处于受控状态。

④安全技术措施计划的验证。

安全技术措施计划的验证是通过施工过程中对安全技术措施计划实施情况的安全检查,纠正不符合安全技术措施计划的情况,保证安全技术措施的贯彻和实施。

⑤持续改进。

根据安全技术措施计划的验证结果,对不适宜的安全技术措施计划进行修改、补充和完善。

2. 施工安全技术措施的一般要求

(1)施工安全技术措施必须在工程开工前制定。

施工安全技术措施是施工组织设计的重要组成部分,应在工程开工前与施工组织设计一同编制。为保证各项安全设施的落实,在工程图纸会审时,就应特别注意考虑安全施工的问题,并在开工前制定好安全技术措施,使得用于该工程的各种安全设施有较充分的时间进行采购、制作和维护等准备工作。

(2)施工安全技术措施要有全面性。

按照有关法律法规的要求,在编制工程施工组织设计时,应当根据工程特点制定相应的施工安全技术措施。对于大中型工程项目、结构复杂的重点工程,除必须在施工组织设计中编制施工安全技术措施外,还应编制专项工程施工安全技术措施,详细说明有关安全方面的防护要求和措施,确保单位工程或分部分项工程的施工安全。对爆破、拆除、起重吊装、水下、基坑支护和降水、土方开挖、脚手架、模板等危险性较大的作业,必须编制专项安全施工技术方案。

(3)施工安全技术措施要有针对性。

施工安全技术措施是针对每项工程的特点制定的,编制安全技术措施的技术人员必须掌握工程概况、施工方法、施工环境、施工条件等一手资料,并熟悉安全法规、标准等,才能制定有针对性的安全技术措施。

(4)施工安全技术措施应力求全面、具体、可靠。

施工安全技术措施应把可能出现的各种不安全因素考虑周全,制定的对策措施方案应力求全面、具体、可靠,这样才能真正做到预防事故的发生。但是,全面具体不等于罗列一般通常的操作工艺、施工方法以及日常安全工作制度、安全纪律等。这些制度性规定,安全技术措施中不需要再作抄录,但必须严格执行。

(5)施工安全技术措施必须包括应急预案。

由于施工安全技术措施是在相应的工程施工实施之前制定的,所涉及的施工条件和危险情况大都是建立在可预测的基础上,而建设工程施工过程是开放的过程,在施工期间的变化是经常发生的,还可能出现预测不到的突发事件或灾害(如地震、火灾、台风、洪水等)。所以,施工技术措施计划必须包括面对突发事件或紧急状态的各种应急设施、人员逃生和救援预案,以便在紧急情况下,能及时启动应急预案,减少损失,保护人员安全。

(6)施工安全技术措施要有可行性和可操作性。

施工安全技术措施应能够在每个施工工序之中得到贯彻实施,既要考虑保证安全要求,又要考虑在现场环境条件和施工技术条件下能否做得到。

3. 主要的工程施工安全技术措施简介

建设工程结构复杂多变,工程施工涉及专业和工种很多,安全技术措施内容很广泛。但归结起来,可以分为一般工程安全技术措施、特殊工程安全技术措施、季节性安全技术措施和应急措施等。

(1)一般工程安全技术措施。

一般工程是指结构共性较多的工程,其施工生产作业既有共性,也有不同之处。由于施工条件、环境等不同,同类工程不同之处在共性措施中就无法处理。应根据有关法规的规定,结合以往的施工经验与教训,制定安全技术措施。一般工程施工安全技术措施主要有以下几个方面:

①土石方开挖工程,应根据开挖深度、土质类别,选择开挖方法,确定保证边坡稳定或采取的支护结构措施,防止边坡滑动和塌方;

②脚手架、吊篮等选用及设计搭设方案和安全防护措施;

③高处作业的上下安全通道;

④爆破作业的安全防护;

⑤施工洞口的防护方法和主体交叉施工作业区的隔离措施;

⑥场内运输道路及人行通道的布置;

⑦编制临时用电的施工组织设计和绘制临时用电图纸,在建工程(包括脚手架具)的外侧边缘与外电架空线路的间距达到最小安全距离采取的防护措施;

⑧防火、防毒、防爆、防雷等安全措施；
⑨混凝土与砌体工程的浇筑要求；
⑩起重机回转半径达到项目现场范围以外的要设置安全隔离设施。
(2)特殊工程施工安全技术措施。

结构比较复杂、技术含量高的工程称为特殊工程。对于结构复杂、危险性大的特殊工程，应编制单项的安全技术措施。如爆破、大型吊装、沉箱、沉井、烟囱、水塔、特殊架设作业，高层脚手架、井架和拆除工程必须制定专项施工安全技术措施，并注明设计依据，做到有计算、有详图、有文字说明。

(3)季节性施工安全技术措施。

季节性施工安全技术措施是考虑不同季节的气候条件对施工生产带来的不安全因素，可能造成的各种突发性事件，从技术上、管理上采取的各种预防措施。一般工程的施工组织设计或施工方案的安全技术措施中，都需要编制季节性施工安全技术措施。对危险性大、高温期长的建设工程，应单独编制季节性的施工安全技术措施。季节性主要指夏季、雨季和冬季。各季节性施工安全技术措施的主要内容是：

①夏季气候炎热，高温时间持续较长，主要是做好防暑降温工作，避免员工中暑和因长时间暴晒造成的职业病；

②雨季进行作业，主要应做好防触电、防雷击、防水淹泡、防塌方、防台风和防洪等工作；

③冬季进行作业，主要应做好防冻、防风、防火、防滑、防煤气中毒等工作。

(4)应急措施。

应急措施是在事故发生或各种自然灾害发生的情况下的应对措施。为了在最短的时间内达到救援、逃生、防护的目的，必须在平时就准备好各种应急措施和预案，并进行模拟训练，尽量使损失减小到最低限度。应急措施可包括：

①应急指挥和组织机构；
②施工场内应急计划、事故应急处理程序和措施；
③施工场外应急计划和向外报警程序及方式；
④安全装置、报警装置、疏散口装置、避难场所等；
⑤有足够数量并符合规格的安全进、出通道；
⑥急救设备(担架、氧气瓶、防护用品、冲洗设施等)；
⑦通信联络与报警系统；
⑧与应急服务机构(医院、消防等)建立联系渠道；
⑨定期进行事故应急训练和演习。

9.5.3 安全事故的分类和处理

9.5.3.1 安全事故的分类

1. 按照事故发生的原因分类

我国《企业职工伤亡事故分类》(GB 6441—1986)将企业事故分为20类:物体打击、车辆伤害、机械伤害、起重伤害、触电、淹溺、灼烫、火灾、高处坠落、坍塌、冒顶片帮、透水、放炮、瓦斯爆炸、火药爆炸、锅炉爆炸、容器爆炸、其他爆炸、中毒和窒息及其他伤害。

其中与建筑业有关的有以下12类。

(1)物体打击:指落物、滚石、锤击、碎裂、崩块、砸伤等造成的人身伤害,不包括因爆炸而引起的物体打击。

(2)车辆伤害:指被车辆挤、压、撞和车辆倾覆等造成的人身伤害。

(3)机械伤害:指被机械设备或工具绞、碾、碰、割、戳等造成的人身伤害,不包括车辆、起重设备引起的伤害。

(4)起重伤害:指从事各种起重作业时发生的机械伤害事故,不包括上下驾驶时发生的坠落伤害,起重设备引起的触电及检修时制动失灵造成的伤害。

(5)触电:由于电流经过人体导致的生理伤害,包括雷击伤害。

(6)灼烫:指火焰引起的烧伤、高温物体引起的烫伤、强酸或强碱引起的灼伤、放射线引起的皮肤损伤,不包括电烧伤及火灾事故引起的烧伤。

(7)火灾:在火灾时造成的人体烧伤、窒息、中毒等。

(8)高处坠落:由于危险势能差引起的伤害,包括从架子、屋架上坠落以及平地坠入坑内等。

(9)坍塌:指建筑物、堆置物倒塌以及土石塌方等引起的事故伤害。

(10)火药爆炸:指在火药的生产、运输、储藏过程中发生的爆炸事故。

(11)中毒和窒息:指煤气、油气、沥青、化学、一氧化碳中毒等。

(12)其他伤害:包括扭伤、跌伤、冻伤、野兽咬伤等。

2. 按事故后果严重程度分类

(1)轻伤事故:造成职工肢体或某些器官功能性或器质性轻度损伤,表现为劳动能力轻度或暂时丧失的伤害,一般每个受伤人员休息1个工作日以上,105个工作日以下。

(2)重伤事故:一般指受伤人员肢体残缺或视觉、听觉等器官受到严重损伤,能引起人体长期存在功能障碍或劳动能力有重大损失的伤害,或者造成每个受伤人损失105个工作日以上的失能伤害。

(3)死亡事故:一次死亡职工1~2人的事故。

(4)重大伤亡事故:一次死亡3人以上(含3人)的事故。

(5)特大伤亡事故:一次死亡10人以上(含10人)的事故。

(6)特别重大伤亡事故:凡符合下列情况之一者即为特别重大伤亡事故。

①民航客机发生的机毁人亡(死亡四十人及其以上)事故。

②专机和外国民航客机在中国境内发生的机毁人亡事故。

③铁路、水运、矿山、水利、电力事故造成一次死亡五十人及其以上,或者一次造成直接经济损失一千万元及其以上的。

④公路和其他发生一次死亡三十人及其以上或直接经济损失在五百万元及其以上的事故(航空、航天器科研过程中发生的事故除外)。

⑤一次造成职工和居民一百人及其以上的急性中毒事故。

⑥其他性质特别严重、产生重大影响的事故。

9.5.3.2 安全事故的处理

1. 安全事故处理的原则(四不放过的原则)

强化安全生产监管监察行政执法。各级安全生产监管监察机构要增强执法意识,做到严格、公正、文明执法。依法对生产经营单位安全生产情况进行监督检查,指导督促生产经营单位建立健全安全生产责任制,落实各项防范措施。组织开展好企业安全评估,搞好分类指导和重点监管。对严重忽视安全生产的企业及其负责人或业主,要依法加大行政执法和经济处罚的力度。认真查处各类事故,坚持事故原因未查清不放过、责任人员未处理不放过、整改措施未落实不放过、有关人员未受到教育不放过的"四不放过"原则,不仅要追究事故直接责任人的责任,同时要追究有关负责人的领导责任。

2. 安全事故处理程序

依据《生产安全事故报告和调查处理条例》及《建设工程安全生产管理条例》,安全事故的报告和处理应遵循以下规定程序。

(1)事故报告。

①伤亡事故发生后,负伤者或者事故现场有关人员应当立即直接或者逐级

报告企业负责人。企业负责人接到重伤、死亡、重大死亡事故报告后,应当立即报告企业主管部门和企业所在地安全行政管理部门、劳动部门、公安部门、人民检察院、工会。

②企业主管部门和劳动部门接到死亡、重大死亡事故报告后,应当立即按系统逐级上报;死亡事故报至省、自治区、直辖市企业主管部门和劳动部门;重大死亡事故报至国务院有关部门。

③发生死亡、重大死亡事故的企业应当保护事故现场,并迅速采取必要措施抢救人员和财产,防止事故扩大。

(2)安全事故调查。

①参加调查组的单位:

a.轻伤、重伤事故,由企业负责人或其指定人员组织生产、技术、安全等有关人员以及工会成员参加的事故调查组,进行调查;

b.死亡事故,由企业主管部门会同企业所在地设区的市(或者相当于设区的市一级)安全行政管理部门、劳动部门、公安部门、工会组成事故调查组,进行调查;

c.重大伤亡事故,按照企业的隶属关系由省、自治区、直辖市企业主管部门或者国务院有关主管部门会同同级安全行政管理部门、劳动部门、公安部门、监察部门、工会组成事故调查组,进行调查;

d.事故调查组应当邀请人民检察院派人参加,还可邀请其他部门的人员和有关专家参加。

②事故调查组成员应当符合下列条件:

a.具有事故调查所需要的某一方面的专长;

b.与所发生事故没有直接利害关系。

③事故调查组的职责:

a.查明事故发生原因、过程和人员伤亡、经济损失情况;

b.确定事故责任者;

c.提出事故处理意见和防范措施的建议;

d.写出事故调查报告。

事故调查组有权向发生事故的企业和有关单位、有关人员了解有关情况和索取有关资料,任何单位和个人不得拒绝。

事故调查组在查明事故情况以后,如果对事故的分析和事故责任者的处理不能取得一致意见,劳动部门有权提出结论性意见;如果仍有不同意见,应当报上级劳动部门及有关部门处理;仍不能达成一致意见的,报同级人民政府裁决,但不得超过事故处理工作的时限。任何单位和个人不得阻碍、干涉事故调查组的正常工作。

3. 安全事故处理注意事项

事故调查组提出的事故处理意见和防范措施建议,由发生事故的企业及其主管部门负责处理。

因忽视安全生产、违章指挥、违章作业、玩忽职守或者发现事故隐患、危害情况而不采取有效措施以致造成伤亡事故的,由企业主管部门或者企业按照国家有关规定,对企业负责人和直接责任人员给予行政处分;构成犯罪的,由司法机关依法追究刑事责任。

在伤亡事故发生后隐瞒不报、谎报、故意迟延不报、故意破坏事故现场,或者无正当理由,拒绝接受调查以及拒绝提供有关情况和资料的,由有关部门按照国家有关规定,对有关单位负责人和直接责任人员给予行政处分;构成犯罪的,由司法机关依法追究刑事责任。

在调查、处理伤亡事故中玩忽职守、徇私舞弊或者打击报复的,由其所在单位按照国家有关规定给予行政处分;构成犯罪的,由司法机关依法追究刑事责任。

伤亡事故处理工作应当在 90 日内结案,特殊情况不得超过 180 日。伤亡事故处理结案后,应当公开宣布处理结果。

9.6　高速铁路竣工验收

9.6.1　竣工验收阶段

高速铁路竣工验收分为静态验收、动态验收、初步验收、安全评估、正式验收等 5 个阶段。初步验收合格后进行安全评估,安全评估通过后可开通初期运营;正式验收合格后投入正式运营。

静态验收是对建设项目的工程按设计完成且质量合格、设备安装调试完毕且质量合格进行检查确认的过程。动态验收是在静态验收合格后,通过联调联试、动态检测对列车运行状态下工程质量全面检查和确认,并通过运行试验对整体系统在正常和非正常运行条件下的行车组织、客运服务以及应急救援等进行检验的过程。初步验收是在动态验收合格后,对工程建设情况,以及静态验收、动态验收情况进行确认的过程。安全评估是经初步验收合格后,且初步验收发现的影响运营安全的问题得到解决后,对安全管理、设备设施、规章制度、人员素质等是否具备开通安全运营条件进行检查评价的过程。正式验收是在开通初期运营一年以上由国家主管部门或委托交通运输部组织对建设项目整体情况进行检查和评价的过程。

1. 静态验收

应达到以下条件方可进行静态验收:主体工程及其配套工程、辅助工程已按设计文件建成;环境保护设施、水土保持设施与主体工程同步建成;劳动、安全、卫生及消防设施与主体工程同步建成;承包单位按有关规范、标准对工程质量和系统功能自检合格;精测网复测已经完成,复测资料完备,复测成果已移交;辅助工程(含公路立交桥)已经移交完毕;监理单位对工程质量评定合格;建设用地经依法批准;竣工文件已按规定的编制内容和标准基本完成。

静态验收程序如下。①施工单位按照施工图和合同约定完成全部工程施工和设备安装、调试并经自检合格,经监理单位同意后,向建设单位申请验收,并报送工程验收申请报告。②静态验收领导小组审查达到验收条件后,铁路局和建设单位向工管中心申请开展静态验收;申请报告内容包括项目完成情况、验收方案、验收组织(根据建设情况,可分段分专业安排验收),以及零星土建工程和少数非行车设备未完成施工情况等;工管中心审查后向建设单位下达开始静态验收通知,通知抄送建设司、运输局。③接到同意验收通知后,静态验收领导小组组织专业验收组按照有关规定进行验收。④专业验收组应在确定的时间内完成检查,对检查发现的问题提出处理意见、整改期限、复检时间等,建设单位组织相关责任单位进行整改,专业验收组对整改问题进行复查,复查合格后填写专业工程验收记录。静态验收领导小组协调专业间接口验收。⑤静态验收领导小组完成验收工作后编制静态验收报告。静态验收报告报建设司,抄送计划司、安监司、运输局、信息办、工管中心。静态验收报告应包括静态验收过程、验收人员组成、验收程序、存在问题及整改情况、遗留的零星土建工程和少数非行车设备、验收结论等内容,并附相关数据和试验报告。

建设司将静态验收报告分送部专业专家组正副组长单位,专业专家组对静态验收情况及报告进行审查,审查意见送铁路局和建设单位,抄送建设司、工管中心。铁路局和建设单位按照审查意见进行整改。整改结束后,铁路局和建设单位编写整改报告,整改报告报建设司,抄送计划司、安监司、运输局、信息办、工管中心。

2. 动态验收

应达到以下条件方可进行动态验收：静态验收存在的问题整改完毕，静态验收合格；联调联试、动态检测和运行试验大纲已经批准；工机具、常备材料、交通工具已按设计文件配备到位。

动态验收程序如下。①建设单位组织编写联调联试、动态检测和运行试验大纲，在静态验收完成30日前报铁路局；铁路局组织初审，初审后报工管中心；跨铁路局项目，工管中心要指定一个铁路局作为牵头单位，牵头铁路局会同其他铁路局对大纲联合初审后上报工管中心。工管中心牵头、有关部门参加，对大纲进行集中审查，由交通运输部总工程师签发铁工管函批复。②铁路局根据批准的大纲、既有线和高速铁路管理相关规定，组织编制动态验收期间的行车和施工作业管理细则。跨铁路局的建设项目，由牵头铁路局组织编制。③铁路局确认具备动态验收条件后，动态验收领导小组按照批准的大纲和管理细则启动动态验收。跨铁路局的建设项目，各铁路局分别负责管内部分的动态验收工作，牵头铁路局负责组织全线拉通调试和运行试验等工作。工管中心牵头、运输局等相关部门参加，对动态验收工作进行协调指导。④动态验收领导小组就动态检测中发现的问题进行研究，由建设单位组织整改；整改问题复查合格后，填写动态验收记录表，检测单位编制动态检测试验报告。⑤动态验收完成后，铁路局和建设单位编制动态验收报告；动态验收报告报建设司，抄送计划司、安监司、运输局、信息办、工管中心。动态验收报告应包括动态验收组织及人员、存在问题及整改情况、验收结论等内容，并附相关数据和检测试验报告。

建设司将动态验收报告分送专业专家组正副组长单位，专业专家组对动态验收情况及报告进行审查，审查意见送铁路局和建设单位，抄送建设司、工管中心。铁路局和建设单位按照审查意见进行整改，工管中心对整改工作进行监督。整改结束后，铁路局和建设单位编制整改报告，整改报告报建设司，抄送计划司、安监司、运输局、信息办、工管中心。

3. 初步验收及安全评估

应达到以下条件方可进行初步验收：静态验收、动态验收合格；环境保护设施、水土保持设施经主管部门检查认可；劳动、安全、卫生及消防设施经相关部门检查认可；竣工文件按规定编制达到档案验收标准。

初步验收程序如下。①动态验收合格并达到初步验收条件后，建设单位会同铁路局向建设司报送初步验收申请报告。②工程质量监督机构向建设司提交建设项目工程质量监督报告。③建设司组织部内相关部门进行研究,认为达到初步验收条件的,向交通运输部提出初步验收建议及初步验收委员会组成建议。④初步验收委员会组织检查资料和现场确认,召开初步验收会议,编制初步验收报告,明确验收结论。

初步验收合格且初步验收发现的影响运营安全的问题得到解决后,按照交通运输部有关规定进行安全评估,形成安全评估报告。安全评估办法由交通运输部安全监察部门另行组织制定。

安全评估通过后,按交通运输部规定进行初期运营。

4. 正式验收

应达到以下条件方可进行正式验收:初步验收合格且初期运营一年后;初期运营中发现的问题整改完毕,初期运营状态良好;"国有土地使用证"已经全部领取;环境保护、水土保持经相应行政主管部门验收合格;建设资金已全部到位,按合同与建设各方完成费用结算;竣工决算已经编制完成并上报主管部门审查;档案验收工作已完成。

正式验收程序如下。①具备正式验收条件后,建设单位会同铁路局向交通运输部上报正式验收申请报告。②建设司组织部内相关部门进行研究,经确认符合正式验收条件的,向交通运输部报告申请正式验收。③国家主管部门或交通运输部组建高速铁路项目正式验收委员会。④高速铁路项目正式验收委员会检查资料和文件,组织现场检查,召开正式验收会议,对工程质量、初步验收结论以及初期运营情况进行整体评价,形成正式验收结论,出具"正式验收证书"。

9.6.2 竣工验收依据及主要内容

竣工验收依据主要包括:国家有关法律、法规;经批准的可行性研究报告;经批准的初步设计(含变更设计)文件;审核合格的施工图;设备技术说明书;国家和交通运输部颁布的设计规范、工程施工质量验收标准。

竣工验收主要内容有:检查工程是否按批准的设计文件建成,配套、辅助工程是否与主体工程同步建成;检查工程质量是否符合国家和交通运输部颁布的相关设计规范及工程施工质量验收标准;检查工程设备配套及设备安装、调试情况,国外引进设备合同完成情况;检查概算执行情况及财务竣工决算编制情况;检查联调联试、动态检测、运行试验情况;检查环保、水保、劳动、安全、卫生、消防、防灾安全监控系统、安全防护、应急疏散通道、办公生产生活房屋等设施是否按批准的设计文件建成、合格,精测网复测是否完成、复测成果和相关资料是否移交设备管理单位,工机具、常备材料是否按设计配备到位,地质灾害整治及建筑抗震设防是否符合规定;检查工程竣工文件编制完成情况,竣工文件是否齐全、准确;检查建设用地权属来源是否合法,面积是否准确,界址是否清楚,手续是否齐备。

建设项目基本符合竣工验收标准,且达到开通运营条件、确保运营安全的情况下,零星土建工程和少数非行车设备尚未按设计规定的内容全部建成,可进行静态验收、动态验收和初步验收,零星土建工程和少数非行车设备必须在正式验收前完成施工和安装。

9.6.3 验收组织

竣工验收采用先期验收、专家检查、政府验收的组织方式。先期验收包括铁路局和建设单位组织的静态验收和动态验收;专家检查包括对静态验收、动态验收结果进行评审,为初步验收、正式验收提供专家意见;政府验收包括初步验收和正式验收。

静态验收由铁路局组织,建设单位配合,在施工单位自检合格、监理单位确认的基础上进行。铁路局牵头成立由铁路局负责人为组长,建设单位负责人为副组长,铁路局和建设单位处室(部门)负责人、监理、勘察设计、施工单位负责人参加的静态验收领导小组,负责静态验收工作。静态验收领导小组下设工务、通信、信号、信息、电力、牵引供电、房建、客服设施、土地、环水保等专业验收组;专业验收组由铁路局处室负责人任组长,建设单位部门负责人为副组长,铁路局处室人员,以及勘察设计、施工、监理单位现场或专业负责人参加。动态验收由铁路局组织、建设单位配合,在静态验收合格后进行。铁路局牵头成立由铁路局负责人为组长,建设单位、检测单位负责人为副组长,铁路局和建设单位处室(部门)负责人、检测单位部门负责人参加的动态验收领导小组,负责动态验收工作。初步验收由交通运输部初步验收委员会组织,在动态验收合格后进行。初步验收委员会由交通运输部领导、有关业务部门负责人、质量监督机构负责人、验收专家组及专业验收组正副组长,建设单位、运营单位负责人以及其他专家组成。安全评估在初步验收合格后进行,安全评估按交通运输部有关规定组织。正式验收由正式验收委员会组织,在初期运营一年后进行;正式验收委员会由国家主管部门或交通运输部按相关规定成立。

建设项目跨越两个及以上铁路局的，各铁路局负责管内部分的静态验收、动态验收工作，以及初步验收、正式验收的配合工作；交通运输部工程管理中心指定一个牵头铁路局，牵头铁路局做好牵头工作。

交通运输部可以委托铁路局对建设项目的单位工程先行组织初步验收，初步验收报告报交通运输部备案。交通运输部成立由铁道部总工程师为组长的高速铁路验收专家组；验收专家组下设工务工程、供电工程、电务工程、信息工程、房建工程、客服设施、环水保专业专家组。验收专家组对静态、动态验收情况及验收报告进行审查，对是否进行下一步工作提出意见。

工务工程专业专家组由运输局为组长单位、工管中心为副组长单位，供电工程专业专家组由运输局为组长单位、工管中心为副组长单位，电务工程专业专家组由运输局为组长单位、工管中心为副组长单位，信息工程专业专家组由信息办为组长单位、运输局和工管中心为副组长单位，房建工程专业专家组由工管中心为组长单位、运输局为副组长单位，客服设施专业专家组由运输局为组长单位、工管中心为副组长单位，环水保专业专家组由计划司为组长单位、工管中心为副组长单位，专业专家组组长单位和副组长单位共同组建专业专家组。

建设项目的勘察设计单位、施工单位、监理单位参加初步验收和正式验收。

9.6.4　高速铁路建设项目档案管理

9.6.4.1　收集整理

项目建设过程中形成的、具有查考利用价值的各种形式和载体的项目文件均应收集齐全。项目归档文件的收集、整理工作要与项目建设同步进行。

建设单位应在项目开工前遵循相关法律法规、规章制度和标准规范，建立覆盖项目各类文件、档案的管理制度和业务规范。明确项目文件的管理流程、编制程序、编制要求和格式（模板）、分类编号、归档范围、保管期限和归档要求等。竣工图要明确编制程序、编制要求、审查流程和责任等。照片和音视频文件要明确编制程序、摄录主体、阶段、内容、范围、节点、部位、技术参数、归档要求等。在项目建设期间加强对参建单位的检查、业务指导，确保项目文件收集齐全、整理规范。

建设单位依据"铁路建设项目文件归档范围和保管期限表"，结合项目建设内容、管理模式等特征编制符合项目实际情况的归档范围和保管期限表。

项目文件在办理完毕后，应及时收集，并实行预立卷制度。归档的项目文件应为原件,因故使用复制件归档时,应加盖复制件提供单位公章或档案证明章,确保与原件一致无误。已实施电子施工日志、隐蔽工程影像资料等信息化管理的建设项目应按照项目公司有关要求办理。

项目文件应由文件形成单位或部门整理,整理内容包括项目文件价值鉴定、分类、组卷、排列、编目、装订等。

项目文件整理应遵循项目文件的形成规律和成套性特点,保持卷内文件的有机联系,分类科学、组卷合理,便于保管和利用。整理工作要符合《铁路建设项目档案管理办法》。

9.6.4.2 归档移交

项目前期文件在工作(活动)结束后及时归档。管理性文件一般按年度归档,同一事由产生的跨年度文件应在办结年度归档。勘察设计、施工、监理等文件应在工程完工后及时归档,建设周期长的项目可分阶段归档。验收文件在静态验收、动态验收、初步验收、安全评估、国家验收通过后及时归档。会计资料按《中国铁路总公司会计档案管理实施办法》的要求及时归档。

建设单位各部门形成的文件组卷完毕经部门负责人审查合格后,向建设单位档案部门归档;施工文件组卷完毕经施工单位自查后依次由监理部门、建设单位工程管理部门、档案部门进行审查;监理文件和第三方检测文件组卷完毕并自查后,依次由建设单位工程管理部门和档案部门进行审查。每个审查环节均应形成记录和整改闭环。

项目文件归档时,归档单位(部门)应编制交接清册(含交接手续、档案质量、案卷目录),交接双方清点无误后,办理归档移交手续。

项目档案的归属与流向应满足铁路运营维护、安全保管和有效利用的需要。凡是在大中城市规划区范围内的重点建设项目,应按照国家档案局《城市建设档案归属与流向暂行办法》、住房和城乡建设部《城市建设档案管理规定》,向所在地城市建设档案馆移交相关项目档案。铁路大、中型建设项目应向军委后勤保障部运输投送局、省军区、武警总部(队)移交所需要的项目档案。按委托运营协议向委托运营及设备维管单位移交所需要的项目档案。按照总公司档案进馆范围向总公司移交。按照约定向出资方移交所需要的项目档案。

建设单位派出的工程建设指挥部在项目竣工后,应将项目档案移交建设单位档案部门。

项目档案编制两套以上的应区分正副本。正本为应归档项目文件的原件,交项目建设单位,建设单位应保存项目的全套档案。

9.6.4.3 项目档案管理

建设单位档案部门应依据项目档案分类方案对全部项目档案进行统一汇签整理和排列上架。记录工程部位的音像档案,宜与该单位工程的纸质档案统一编号且与其他音像档案集中存放保管。

建设单位应参考《机关全宗卷规范》的规定,建立项目档案管理卷,包括项目概况、项目文件收集整理情况、项目档案管理情况等,记录、反映项目档案管理历史情况。

项目档案保管期限分为永久、30年、10年,建设单位应依据"铁路建设项目文件归档范围和保管期限表"对档案进行价值鉴定,确定保管期限。同一案卷内有不同保管期限的文件时,保管期限应从长。

建设单位及参建单位应为项目档案的安全保管提供必要的设施设备,确保档案安全。档案库房应符合防火、防盗、防水、防潮、防高温、防紫外线照射、防尘、防有害生物(霉、虫、鼠等)的要求。

建设单位档案部门应建立档案库房管理和档案利用制度,对利用的范围、对象、审批等做出规定,加强日常库房管理,确保档案实体安全和信息安全。建设单位档案部门应对档案接收、保管、利用等情况进行统计并建立统计台账。

9.6.4.4 项目电子文件归档与电子档案管理

项目档案管理应积极采用信息技术强化管理。项目电子文件归档、电子档案管理和项目档案数字化应符合国家及行业有关标准规范的要求。

项目电子文件归档范围应参照纸质项目文件归档范围并结合项目实际情况确定。项目电子档案应参照纸质档案进行分类。

项目电子文件形成部门负责电子文件的归档工作,负责对完成整理的项目电子文件信息包进行鉴定和检查,包括内容是否齐全完整、格式是否符合要求、与纸质或其他载体文件内容的一致性等。档案部门负责电子文件归档的指导、协调和电子档案接收、保管、利用等工作。

项目电子文件一般采用物理归档。在纸质项目文件归档时采取在线归档或离线归档的方式向档案部门移交经过整理的项目电子文件,并在内容、格式、相关说明及描述上与纸质项目档案保持一致,且二者应建立联系。

建设单位可通过档案管理系统管理项目全部电子档案。接入内部网的项目档案信息管理系统,应通过有效技术手段和管理方法确保档案数据得到有效保护,防止因偶然或恶意的原因使网络数据遭到破坏、更改、泄露,杜绝网络系统的信息丢失、篡改、失泄密、系统破坏等事件发生。项目电子档案保存实行备份制度。

建设单位可根据实际情况,对项目档案进行数字化。委托第三方进行数字化加工的建设项目,委托单位应与数字化加工单位签订保密协议,明确保密要求、责任和失泄密的处罚措施。采取建立安防系统、加强数字化存储设备管理和数字化人员管理等措施,确保档案信息安全。

参建单位采用电子签名等技术手段时,电子签名资格的注册和认证应当符合《中华人民共和国电子签名法》的规定,并经建设单位认可。

9.6.4.5　项目档案验收

项目档案验收是铁路建设项目申请国家验收的前提条件。项目档案验收分初步验收和正式验收两个阶段。

项目档案初步验收由项目静态验收组织单位负责,与项目静态验收同步进行。项目档案初步验收应具备以下条件:项目基本建成,满足静态验收的相关条件;项目文件基本收集齐全,整理立卷。

项目档案正式验收前,建设单位应组织参建单位根据档案工作的相关要求,对项目档案进行全面自检并整改完善,确认满足以下条件后按规定向验收组织单位提出验收申请;项目通过初步验收并投入初期运营;项目档案通过初步验收并完成问题整改;完成项目文件的收集、整理、归档,实现项目档案的集中统一管理。

项目档案正式验收申请报告的主要内容包括:项目建设及项目档案管理概况;保证项目档案的完整、准确、系统、规范和安全所采取的管理、控制措施;项目文件(含电子文件)形成、收集、整理与归档情况,竣工图的编制情况及质量状况;档案在项目建设、管理、初期运营中的作用;存在的问题及解决措施。

建设单位应在项目档案正式验收前准备以下材料:档案管理规章制度、业务规范;档案业务指导(会议、交底、培训、检查、验收等)工作记录;档案分类编号方案;档案统计台账、移交清册、案卷目录及项目单位工程划分表;招投标清单、合同清单、主要设备清单;档案初步验收意见及存在问题的整改情况;监理单位对档案质量的审核情况和结论的汇总。

参考文献

[1] 安国栋.高速铁路施工组织设计[M].北京:中国铁道出版社,2009.
[2] 安国栋.高速铁路无砟轨道技术标准与质量控制[M].北京:中国铁道出版社,2009.
[3] 陈应先.高速铁路线路与车站设计[M].北京:中国铁道出版社,2001.
[4] 国家铁路局.高速铁路设计规范:TB 10621—2014[S].北京:中国铁道出版社,2014.
[5] 中华人民共和国铁道部.高速铁路轨道工程施工质量验收标准:TB 10754—2010[S].北京:中国铁道出版社,2011.
[6] 中国铁路总公司.高速铁路隧道工程施工技术规程:Q/CR 9604—2015[S].北京:中国铁道出版社,2015.
[7] 中华人民共和国铁道部.高速铁路工程测量规范:TB 10601—2009[S].北京:中国铁道出版社,2010.
[8] 中国铁路总公司.高速铁路路基工程施工技术规程:Q/CR 9602—2015[S].北京:中国铁道出版社,2016.
[9] 高波.高速铁路隧道设计[M].北京:中国铁道出版社,2010.
[10] 韩宝明,李学伟.高速铁路概论[M].2版.北京:北京交通大学出版社,2010.
[11] 贾利民.高速铁路安全保障技术[M].北京:中国铁道出版社,2010.
[12] 蒋先国.高速铁路四电系统集成[M].成都:西南交通大学出版社,2010.
[13] 李向国.高速铁路技术[M].北京:中国铁道出版社,2005.
[14] 李学伟.高速铁路概论[M].北京:中国铁道出版社,2010.
[15] 林瑜筠,谭丽,涂序跃,等.高速铁路信号技术[M].北京:中国铁道出版社,2012.
[16] 刘建国,幸筱流.高速铁路概论[M].北京:中国铁道出版社,2013.
[17] 钱立新.世界高速铁路技术[M].北京:中国铁道出版社,2003.
[18] 卿三惠.高速铁路施工技术[M].北京:中国铁道出版社,2013.
[19] 上海铁路局.高速铁路施工工序管理要点[M].北京:中国铁道出版社,2010.

[20] 铁道部工程设计鉴定中心.高速铁路隧道[M].北京:中国铁道出版社,2006.

[21] 王瑷琳.高速铁路路基施工及维护[M].成都:西南交通大学出版社,2010.

[22] 王炳龙.高速铁路路基工程[M].北京:中国铁道出版社,2007.

[23] 王平.高速铁路道岔设计理论与实践[M].成都:西南交通大学出版社,2011.

[24] 岳祖润.高速铁路施工技术与管理[M].北京:中国铁道出版社,2010.

[25] 张曙光.京沪高速铁路系统优化研究[M].北京:中国铁道出版社,2009.

[26] 张晓炜,智小慧.高速铁路桥梁施工技术与装备[M].北京:华中科技大学出版社,2010.

[27] 郑州铁路局.铁路牵引供电[M].北京:中国铁道出版社,2012.

[28] 中国铁路总公司.铁路技术管理规程:高速铁路部分[M].北京:中国铁道出版社,2014.

[29] 中国铁路总公司.高速铁路桥涵工程施工技术规程:Q/CR 9603—2015[S].北京:中国铁道出版社,2015.

[30] 周建东,谯生有.高速铁路施工测量[M].西安:西安交通大学出版社,2011.

[31] 刘辉.中国高速铁路的创新与发展[J].领导科学论坛,2018(12):42-62.

[32] 谢娟娟.党领导中国高铁发展的奋斗历程与基本经验[J].理论学习与探索,2022(01):22-25.

[33] 国家发展和改革委员会交通运输司.国家《中长期铁路网规划》内容简介[J].交通运输系统工程与信息,2005(04):1-4.

[34] 铁道部.中长期铁路网规划(2008年调整)[J].综合运输,2008(12):7-9.

[35] 中华人民共和国国家发展和改革委员会.中长期铁路网发展规划[EB].[2022-07-13].http://www.nra.gov.cn/jglz/fgzd/gfwj/201607/t20160721_308872.shtml.

[36] 周君,刘钊,王亚军.国内外高速铁路建设与运营模式比较[J].铁路工程造价管理,2013,28(03):51-53.

[37] 中华人民共和国国家铁路局.高速铁路竣工验收办法[EB].[2022-07-13].http://www.nra.gov.cn/jglz/gcjg/fggz/202204/t20220405_292226.shtml.

［38］ 中国国家铁路集团有限公司. 中国铁路总公司铁路建设项目档案管理办法［EB］.［2022-07-13］. https：//ishare. iask. sina. com. cn/f/3g0aFZrPWz. html.

后　　记

　　我们的生活以及国家的发展离不开铁路的运行，缺少它们我们的生活将会变得不再便捷。在具体的铁路施工技术与项目管理过程中会存在各种各样的困难，所以对铁路施工技术与项目管理的研究十分重要。当然我们不能只是纸上谈兵，而是要将这些技术方法与管理策略运用到实际中去，只有这样，我们才能在实施过程中发现更多的问题，然后改进这些方法与策略，让铁路施工技术与项目管理方案制定更加完整、更加完美。相信通过铁路施工人员与项目管理人员的努力，铁路施工与管理相关问题的研究会越来越深入。总之，通过对铁路施工技术与项目管理的探讨分析，我国的铁路施工技术与项目管理的相关问题最终会得到解决，铁路施工技术与项目管理也会发展得越来越好。